Fiction Fiction

Edition Angewandte — Book Series of
the University of Applied Arts Vienna
Edited by Gerald Bast, Rector

edition:'ʌngewʌndtə
Universität für angewandte Kunst Wien
University of Applied Arts Vienna

Fiction Fiction
Language Arts and the Practice of Spatial Storytelling

Elena Peytchinska
Thomas Ballhausen

With contributions by Lucia D'Errico,
Sabina Holzer, Elisabeth Schäfer,
Ferdinand Schmatz

DE GRUYTER

Table of Contents

7

00:01:02:08

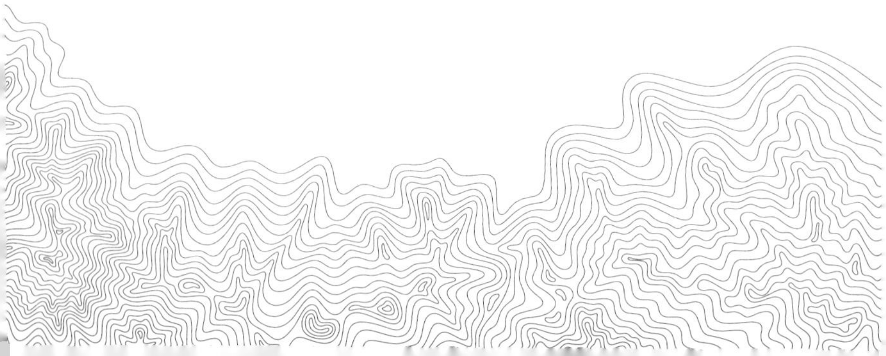

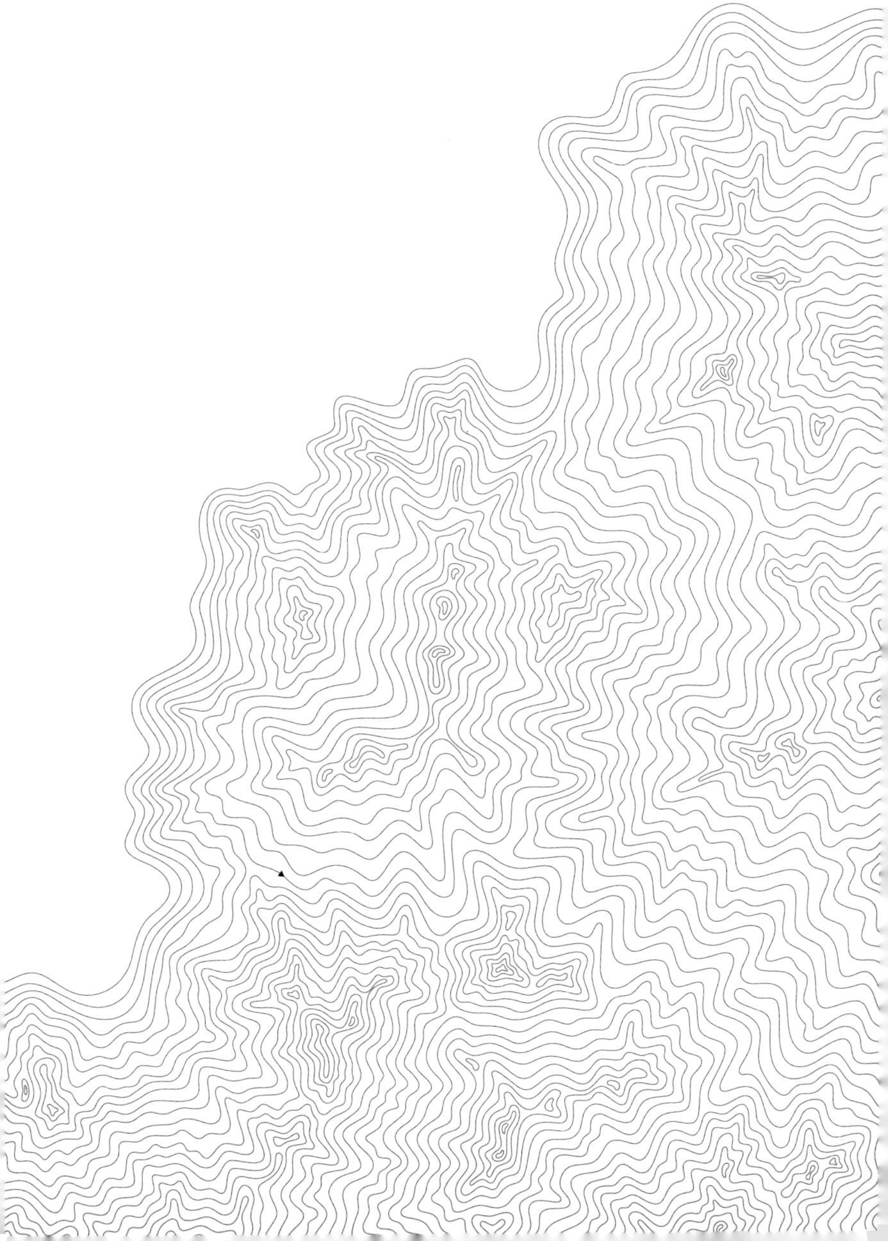

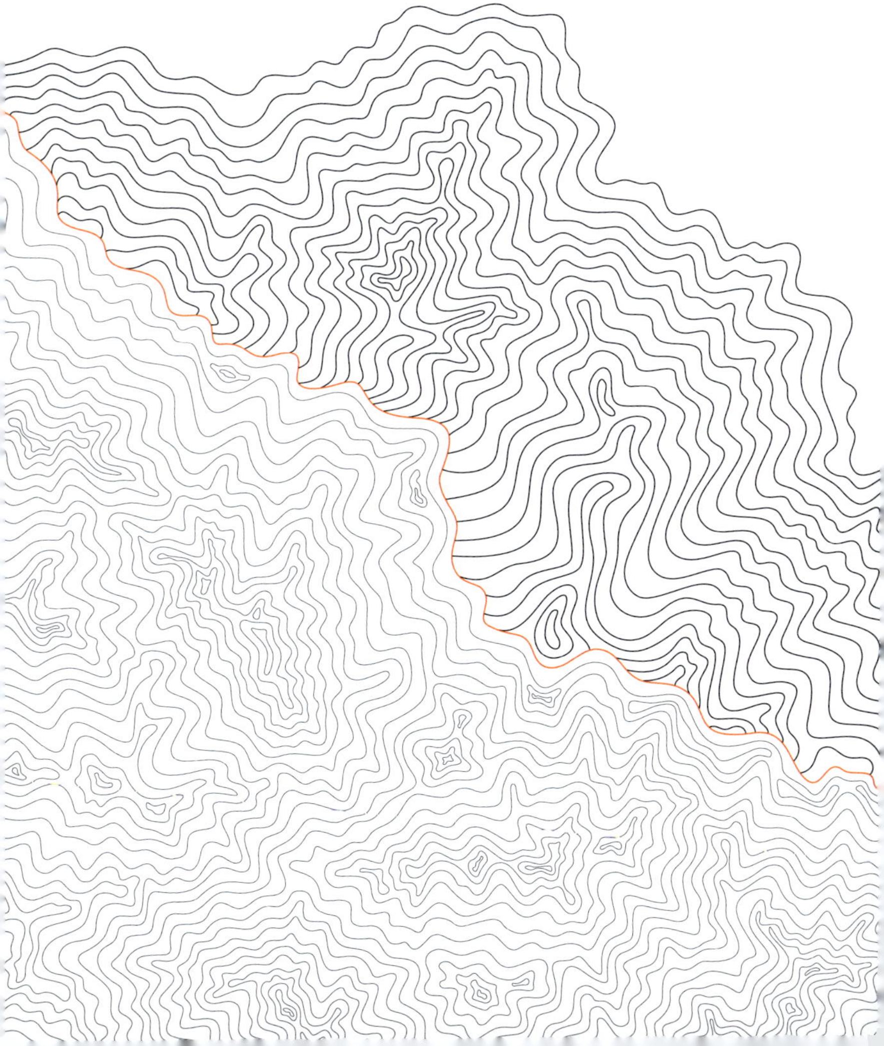

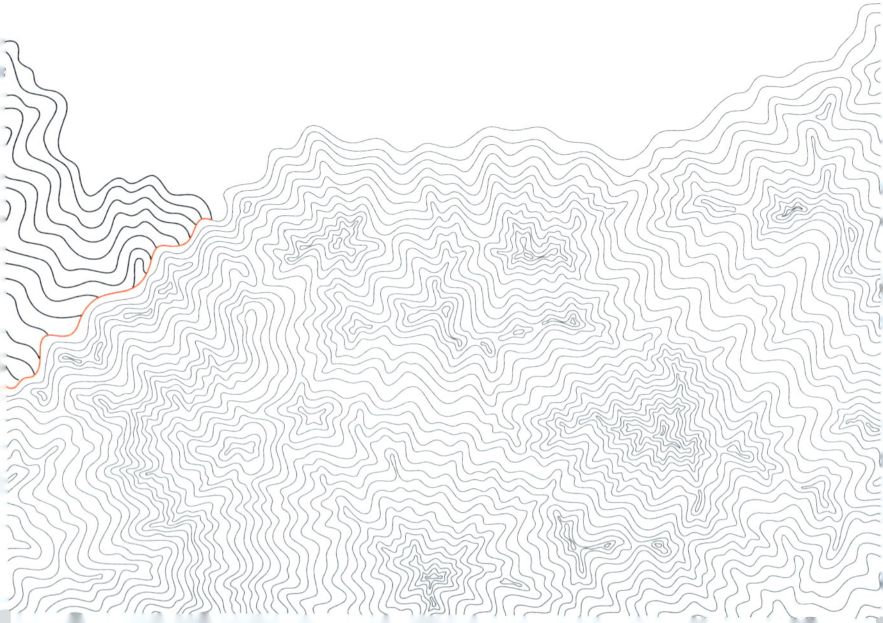

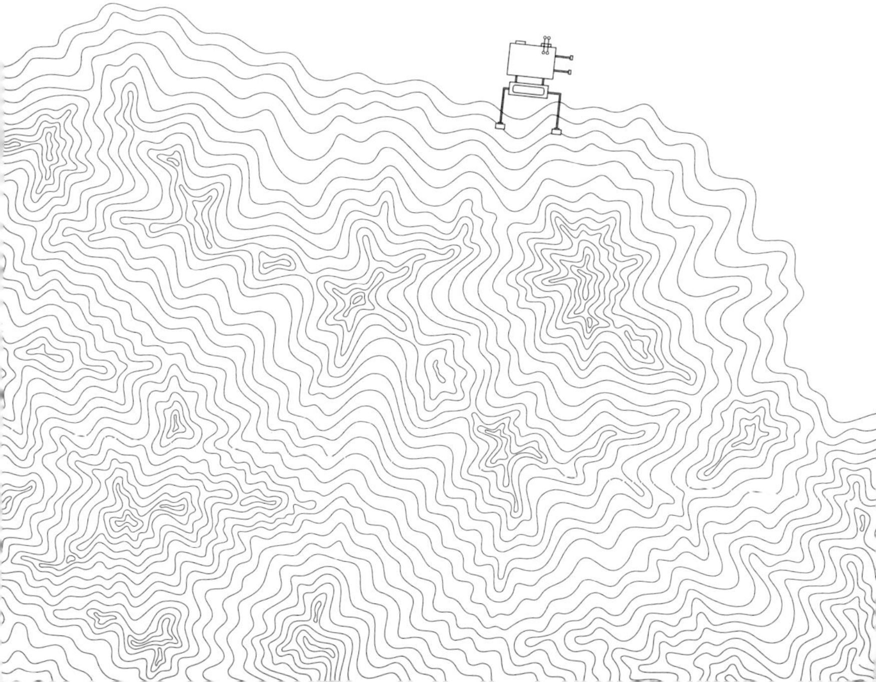

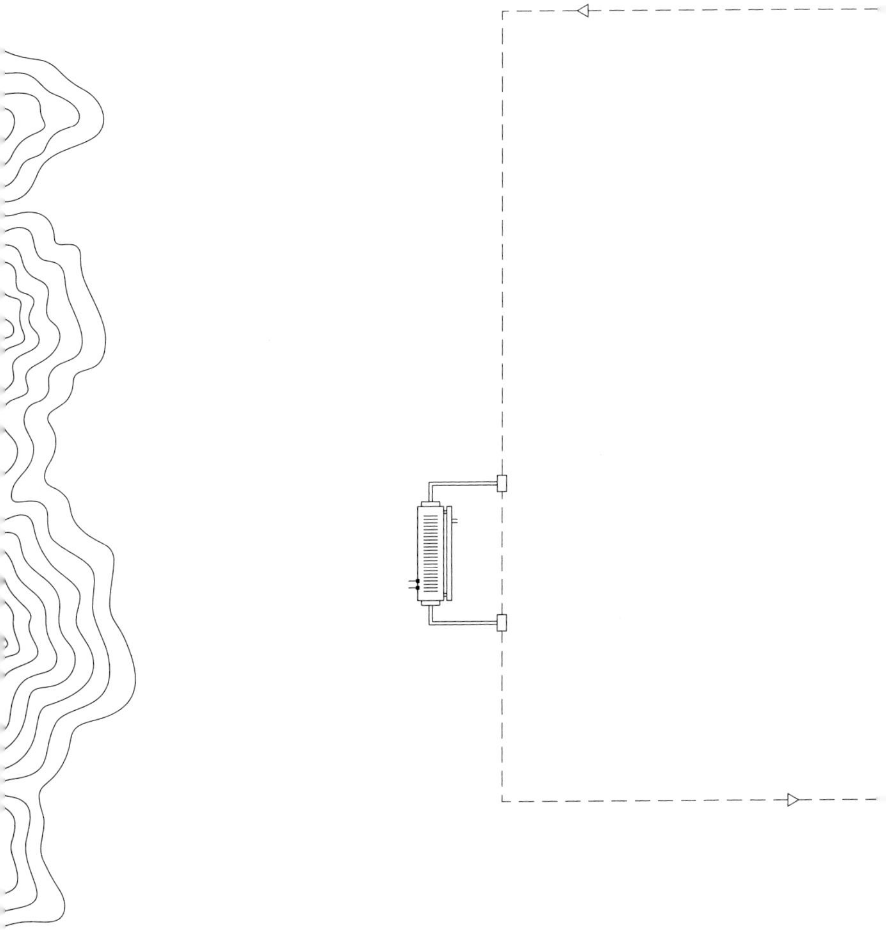

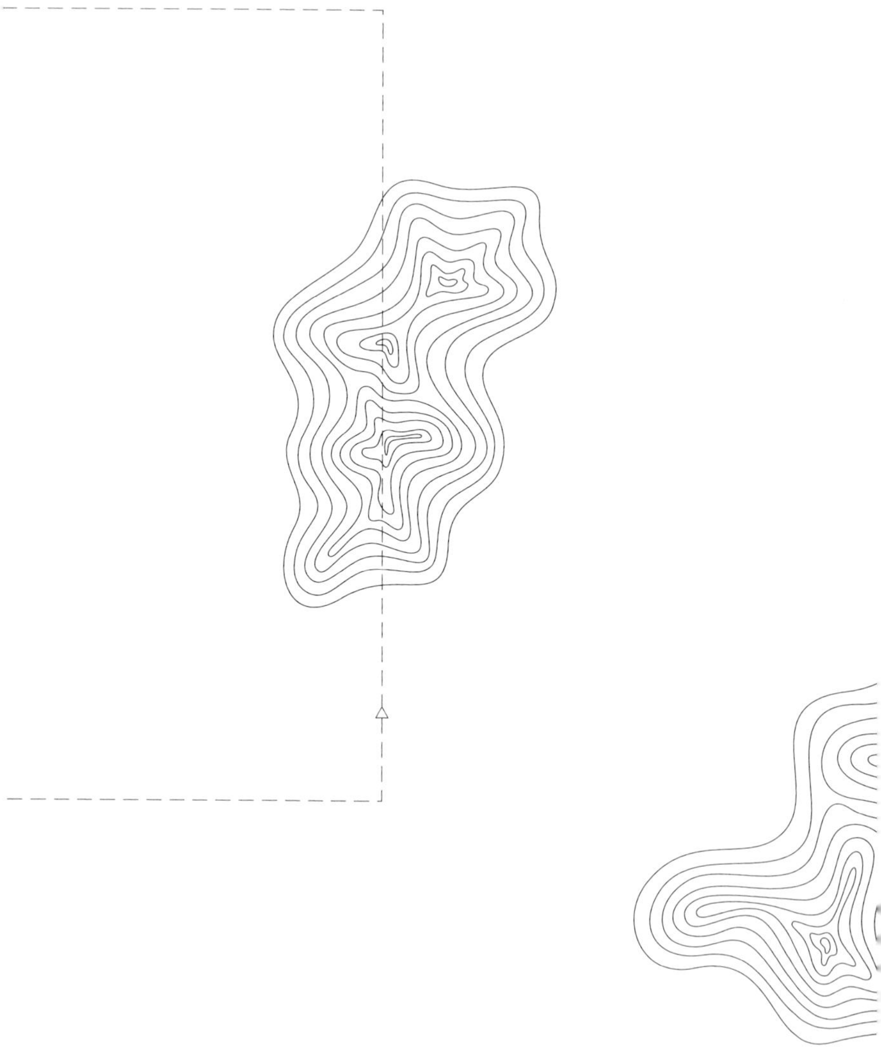

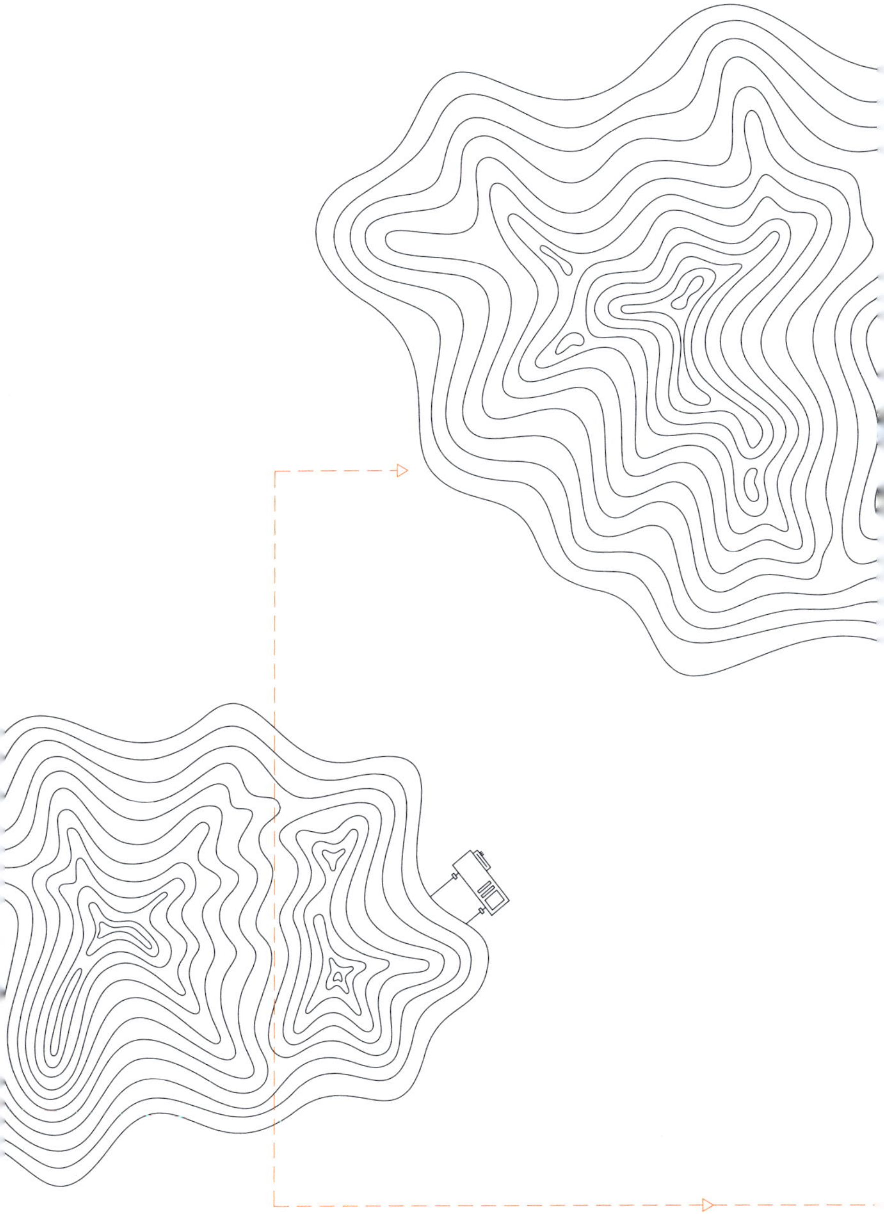

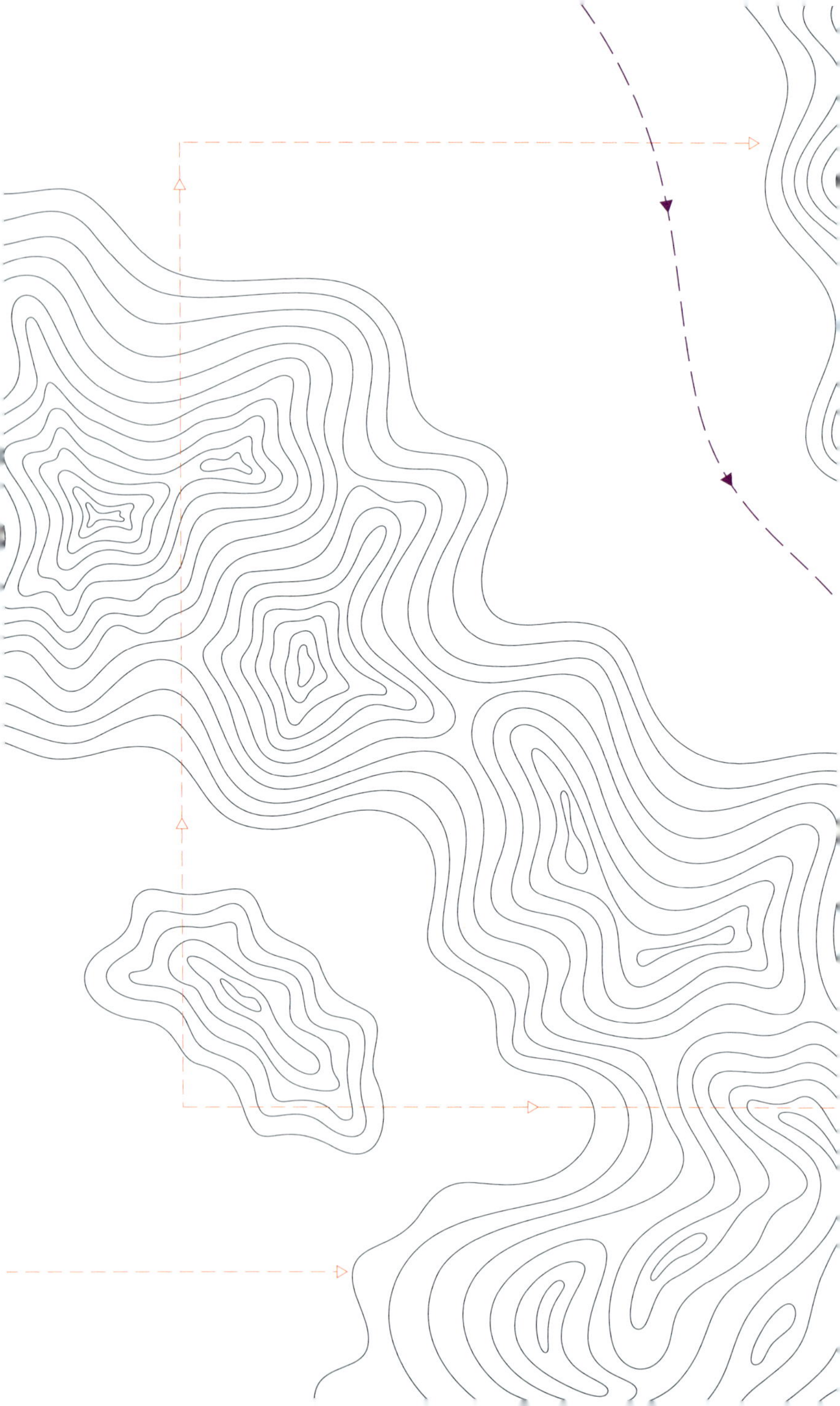

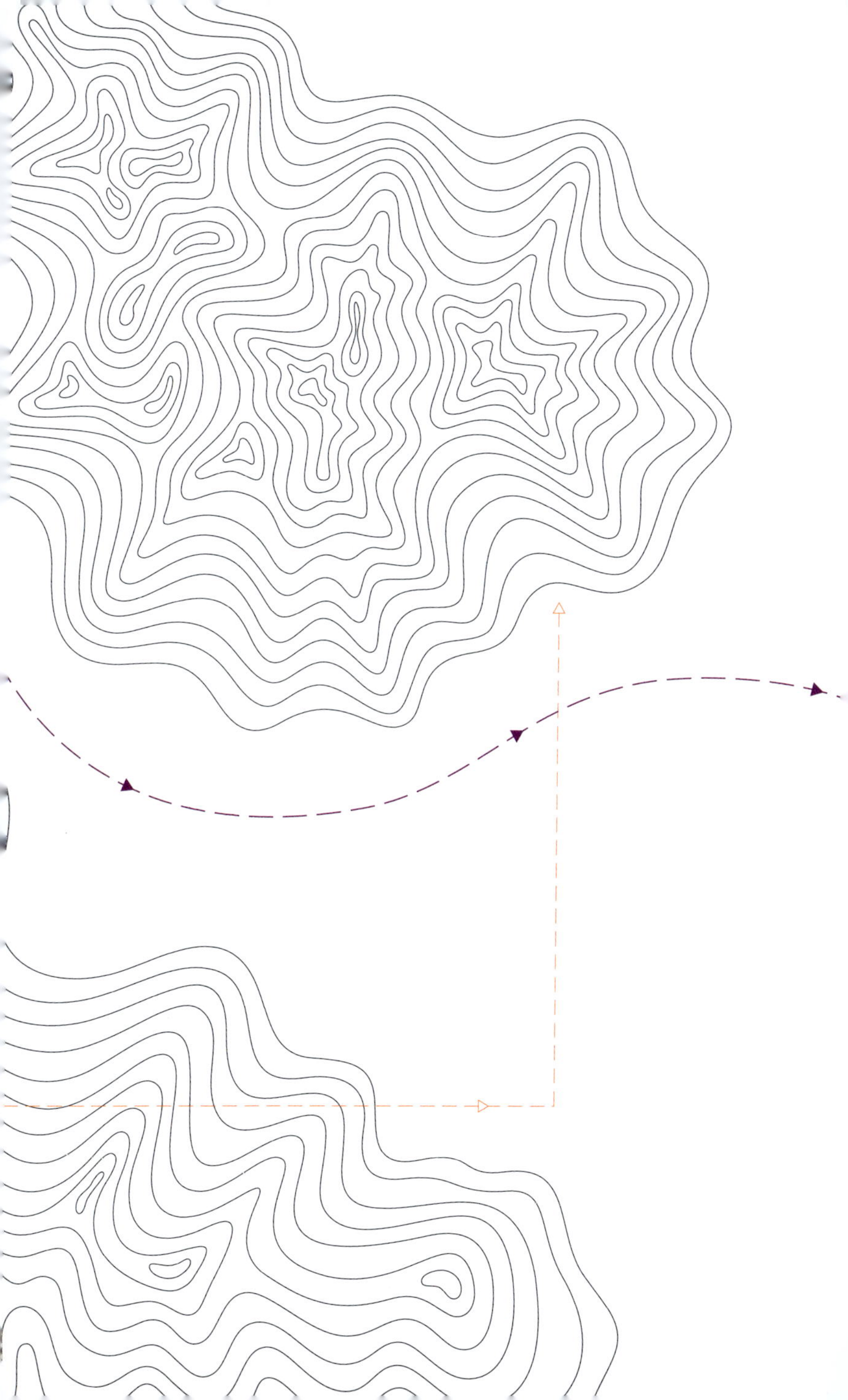

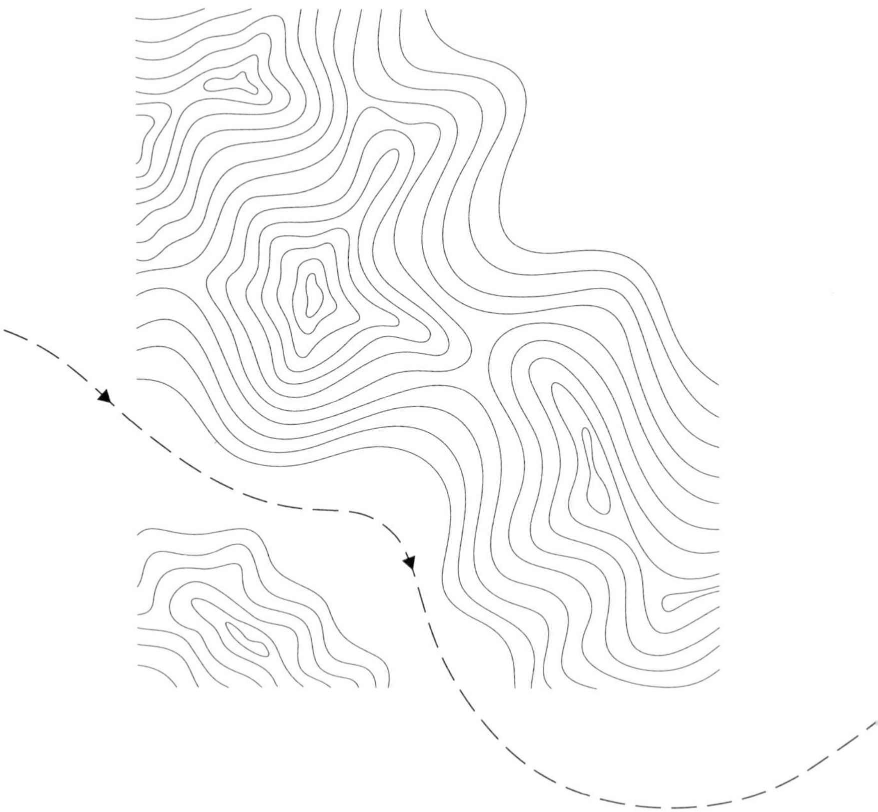

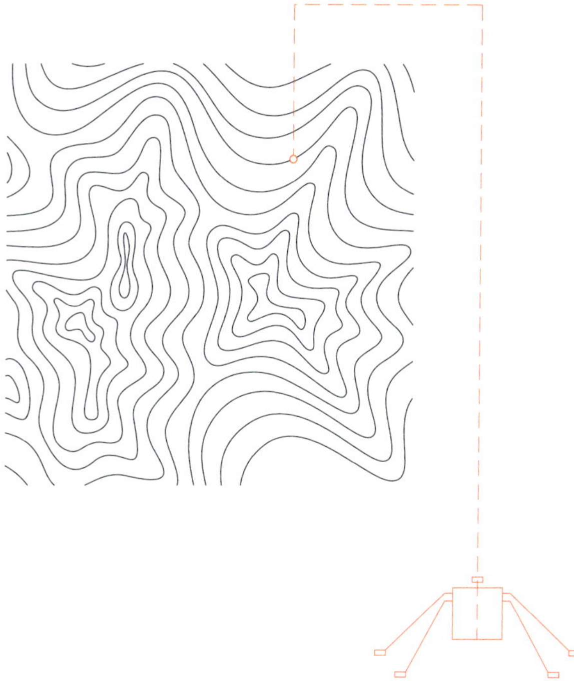

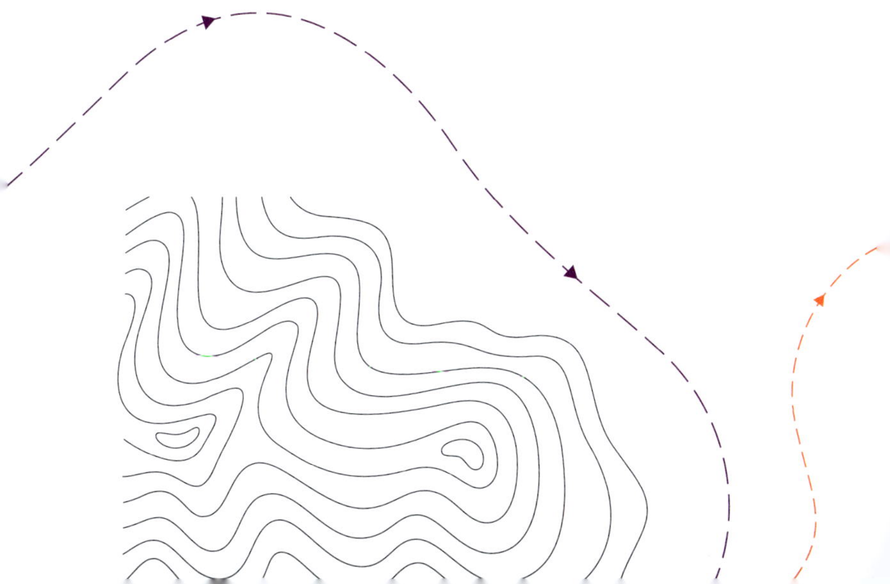

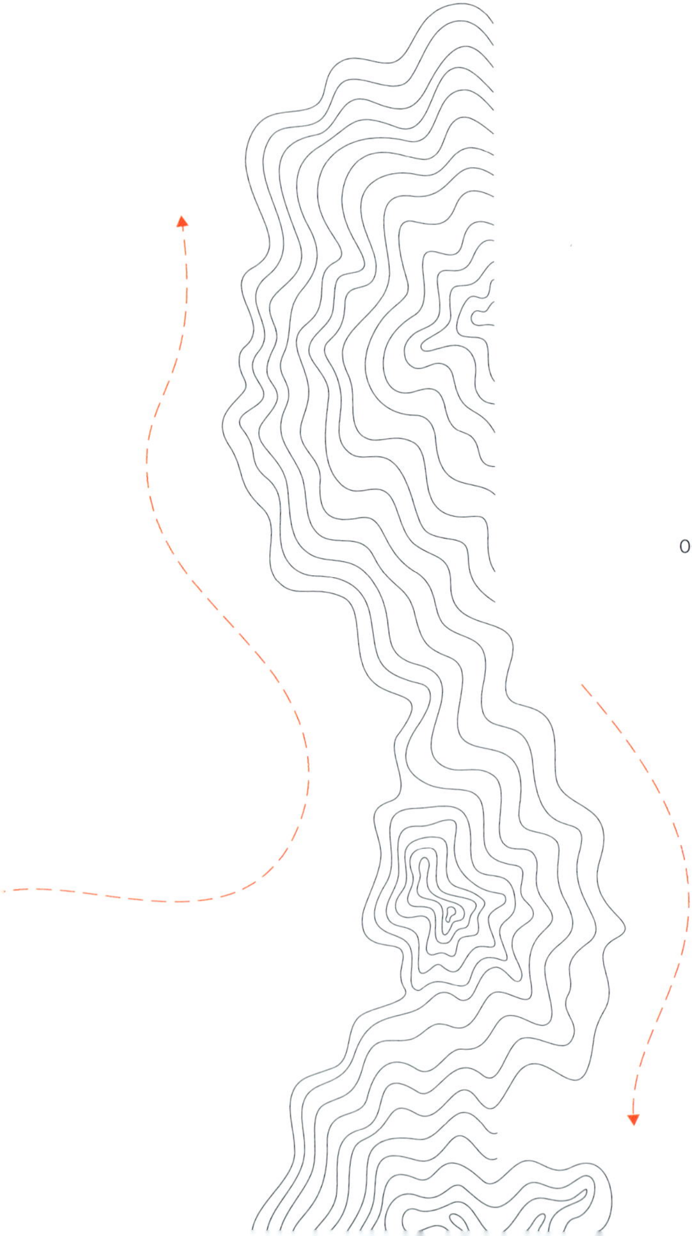

22

00:03:22:18

Das Ich verschwindet im Augapfel.

FERDINAND SCHMATZ

Das Verschwinden ist keine Verschwendung, es ist ein Waltenlassen, kein Halten. Das sich Platz schafft im Verlangen, nicht nur sich weiterzuspinnen.

Fäden aus dem Auge in das Auge und weiter in die Hand und weiter in das Außen, das ein Innen ist, von Linie zu Linie.

Wäre das Fiktion als Gegebenes, so ist der Schaltplan im Netzwerk der eigentliche Schalter, nein die Schaltung, die nicht aufhört, Eins / Null, Licht aus Licht an. Vice versa.

Wer führt die Hand, das ist die Frage nicht wert, wen kümmert's, wer sieht. Der Augapfel ist die Kugel der Räume.

So oder so gehen PeytchinskaBallhausen vor, indem sie wartend rasen, um das Ich und das Auge den Apfel finden als Zeichen und Wort.

The I Disappears in the Eyeball.

FERDINAND SCHMATZ

Disappearing is not dissipation, it is dispensing, not holding. Which creates space in its desire to spin out not only itself.

Threads from the eye into the eye and on into the hand and on into the outside, which is an inside, from line to line.

If this were fiction as something given, then the connection diagram in the network is the actual switch, no, the shift that never ceases, one / zero, light off light on.
Vice versa.

Who guides the hand, that's not worth asking, who cares who sees? The eyeball is the sphere of spaces.

Anyway PeytchinskaBallhausen proceed by rushing in a waiting manner, finding the ball around the I and the eye as sign and word.

Es kann auch umgekehrt gehen, das Zeichen und das Wort ZEICHNEN das Auge zum Apfel, das wir spüren mit ihnen.
Das fliegende Auge ruht.

Du Elena, du Thomas, wir sind im Auge, du Thomas, du Elena, wir sind im Apfel. Das ist der Raum. Die entweder / oder Schaltung funktioniert gleichsam thermodynamisch, das heißt, sie steuert auf ihre Auflösung hin. Sie wird exponentiell kommen, eintreten, aber das, Ferdinand, hat Zeit.

Die Sonne der Fakten geht noch lange nicht unter.
Die Türen sind aus dem Holz der Wege.

Das Glasauge ist eine Vergrößerungskugel, die den Schaltplan seiner Geraden enthebt und die fliehenden Punkte zeigt, die Bewegung sind, unaufhörlich.
Das ist das Drama des Untergangs mit allen hellsten Sonnenaufgängen hinter dem Auge, das BallhausenPeytchinska risikobereit eingehen.

RhizophormaPharmakon,
es sind zwei Weisen,
FABULAFICTION,
der Raumerzeugung,
aber das Wort davor und das danach kann gleich gesetzt werden.

Je nach Buch mündet das gleiche Wort nie in den selben Raum.

It may also work the other way around, the
sign and the word DRAWING the eye for the
ball, which we feel with them.

The flying eyeball is at rest.
You Elena, you Thomas, we are in the eye,
you Thomas, you Elena, we are in the ball.
This is the space. The either / or switch
works quasi thermodynamically, meaning
that it is heading towards its dissolution.
It will come, occur exponentially, but that,
Ferdinand, can wait.

The sun of facts will not sink for a
long time yet.
The doors are made of the blindness of
alleys.

27 *The I Disappears in the Eyeball.*

The glass eye is a magnifying sphere that
divests the connection diagram of its lines
and shows the vanishing points which are
movement, incessant.
It is the drama of sinking with all the
brightest sunrises behind the eye, which
BallhausenPeytchinska are willing to risk.

RhizophormaPharmakon,
these are two ways,
FABULAFICTION,
of creating space,
but the word before and the one thereafter
can be considered synonymous.

According to book, the same word never
opens out into the same space.

Das ist alles nicht so rätselhaft, was sieer und ersie da an stellen, setzen, aber es ist nicht leicht, die Stellen, die sie in sich und in uns bewegen, zu beschreiben, aber ein Schreiben, du Ferdinand, verlangt es, nämlich ohne den einzigen Namen im Punkt zu fixieren, denn das hieße dann, ich ...:

Das Ich
verschwindet
im Augapfel.

All this is not so mysterious what shehe and heshe are getting up to, putting on, but it is not easy to describe the places they are moving in themselves and in us – but scribing, you Ferdinand, it demands, that is to say without fixating the only name in the point, for that would mean, I ...:

31

00:07:12:21

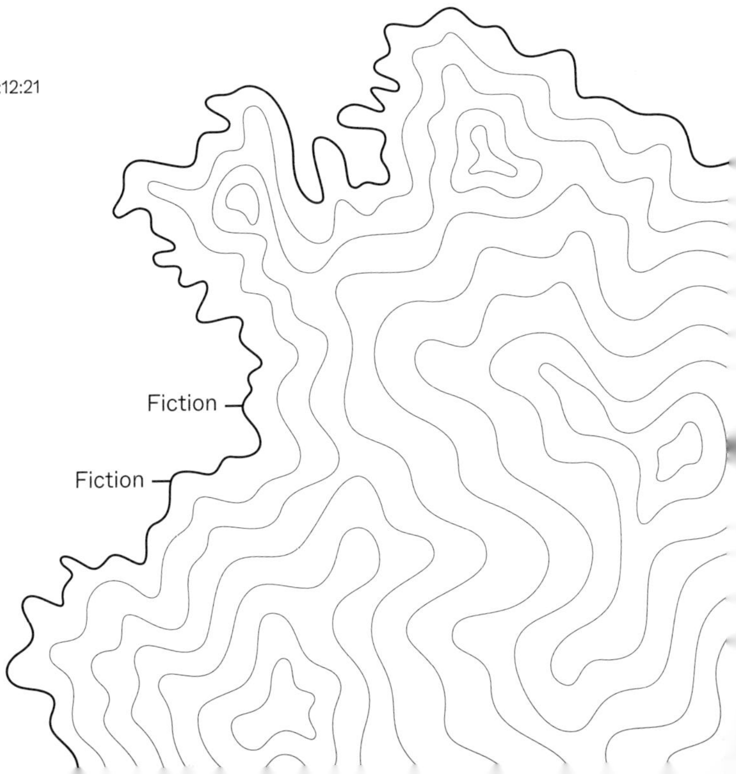

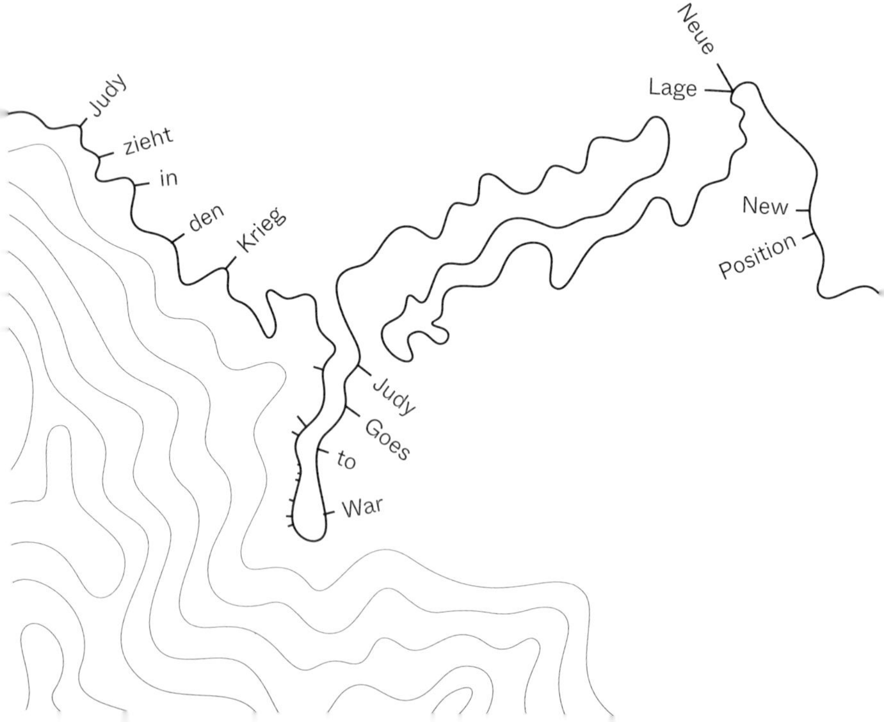
Judy
zieht
in
den
Krieg
Judy
Goes
to
War
Neue
Lage
New
Position

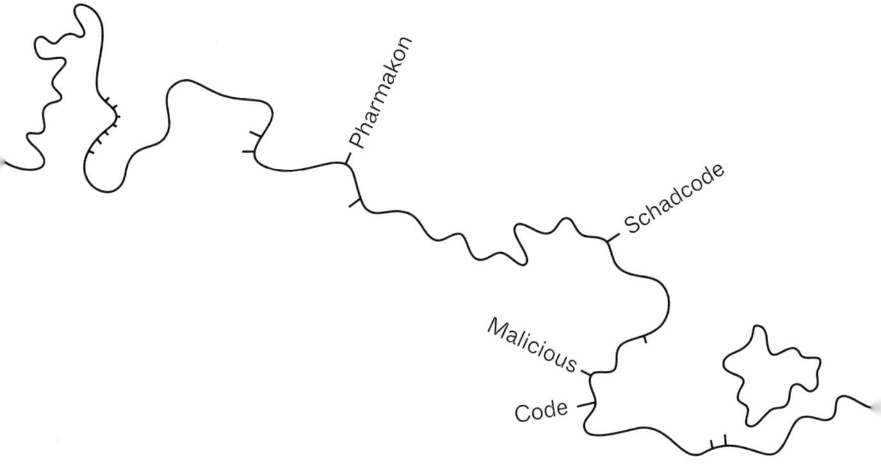
Pharmakon
Schadcode
Malicious
Code

Rhizophora oder Was aus ihrem Mund kam

Rhizophora or What Came Out of Her Mouth

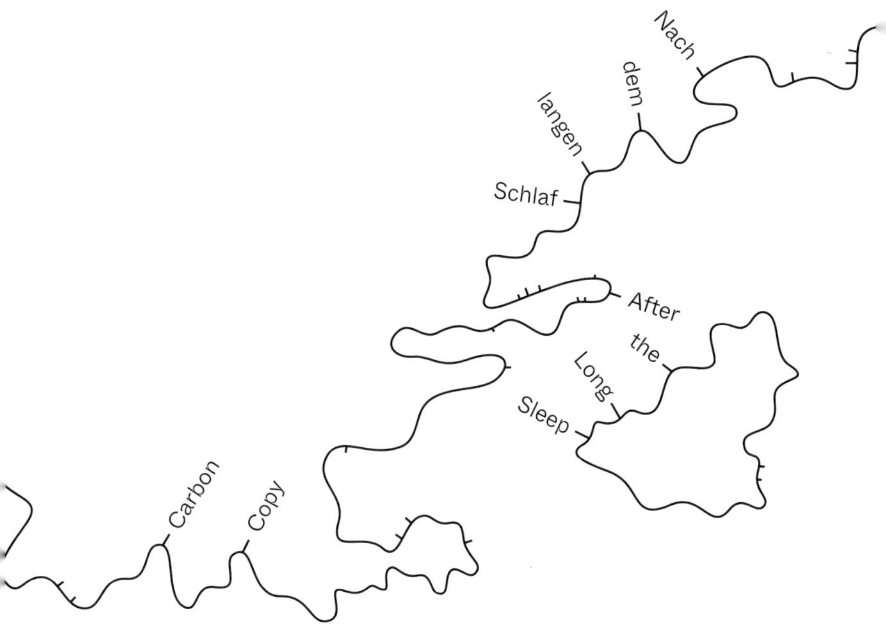
Nach dem langen Schlaf
After the Long Sleep
Carbon Copy

36

00:08:01:12

Wir ölen den mechanischen Rücken der Schönheit

We Oil the Mechanic Backside of Beauty

After Callimachus.

A Bibliographical Nightmare

Judy zieht in den Krieg

„Think of the long trip home.
Should we have stayed at home and
thought of here?
Where should we be today?“

Elizabeth Bishop: Questions of Travel

Weben, nicht die Wahrheit, ist mein Geschäft.

Eingeschlagen in papierne Worte oder Bahnen aus
schönen Sätzen.

Wenn der Preis passt, folgt die Textur dem jeweiligen
Wunsch.

Nähte sind kaum zu sehen, das besagt die Garantie,
sichert meinen Erfolg, die Wahrheit meiner Hexerei,
die sich in Wirkungen zeigt.

Von weit kommen die Kunden immer noch zu mir an
den südlichen Stadtrand, um meine Waren zu erwerben.

Versuchen stets, sich nicht über die Lage meiner Warte
zu wundern, mein Ausharren über die Jahre hinweg.

Wir waren immer schon verwickelt.

“Think of the long trip home.
Should we have stayed at home and
thought of here?
Where should we be today?”

Elizabeth Bishop: Questions of Travel

Judy Goes to War

Weaving, not truth, is my business.

Wrapped in words of paper or lengths of beautiful sentences.

If the price is right, the texture follows the respective wish.

Stitching is almost invisible, according to the guarantee, secures my success, the truth of my sorcery, which shows in effects.

Customers still come from afar to me, to the southern suburb, in order to purchase my wares.

Always try not to be astonished at the location of my lookout, my perseverance throughout the years.

We have always been entangled.

Ich passe an, ergänze, ersetze. Ich webe, höre geduldig zu.

Eine Bühnenrolle gibt mir meinen neuen Namen, meine Funktion.

Zwischen den Befestigungsanlagen und vorgeschobenen Posten habe ich mich eingerichtet, eine permanente Ruine inmitten tödlicher Anlagen.

Dieser Ort ist ein Wrack, diese Zeit ein Schiffbruch, aber ich sage mir stets, der Ausblick von der obersten Plattform aus lohnt.

Wenn ich nicht arbeite, lese oder zum Vergnügen auf verirrte feindliche Spähdrohnen schieße, halte ich Ausschau nach Dir.

Mein Haar ist grau, ja, aber ich halte immer noch Ausschau.

I blame you for the moonlit sky and the dream that died…

Unsere Angelegenheiten sind tragikomisch, eigenartig, denn wir sind Gegenstände der Geschichte.

Die Hintergründe, was auch immer den Weg in die Schulbücher finden wird, entziehen sich zumeist.

Davor platziert: die Existenzen, so verwirrend nah am Sterben gebaut.

Also bäumt man sich auf, höflich und erzählend nach ein wenig Erkenntnis tastend.

Lies: *science fiction, speculative fabulation, string figures, speculative feminism, so far.*

I adjust, amend, replace. I weave, I listen patiently.

A stage role gives me my new name, my function.

I have established myself between the fortifications and the outposts on the fringe, a permanent ruin in the midst of a deadly complex.

This place is a derelict, this time a shipwreck, but I always tell myself that the view from the uppermost platform is worth it.

When I am not working, reading or amusing myself with shooting stray enemy scout drones, I am on the lookout for you.

My hair is grey, yes, but I am still on the lookout.

I blame you for the moonlit sky and the dream that died…

Our affairs are tragicomic, peculiar, for we are objects of history.

The backgrounds, whatever will find its way into our schoolbooks, are mostly elusive.

Placed before: the existences, constructed so confusingly near to death.

So one rears up, feeling politely and narrating for a bit of insight.

Read: *science fiction, speculative fabulation, string figures, speculative feminism, so far.*

The way we positioned ourselves, with the best of intentions and heavy rings, much too wide for our slender fingers.

Wie wir uns positioniert haben, mit besten Absichten und schweren Ringen, viel zu weit für unsere schmalen Finger.

Ein Gemälde in Technicolor an der Wand, unser Hochzeitsfoto als Hologramm auf meinem Tisch, eingegossen in Glas.

Ein Briefbeschwerer in einer Zeit ohne Briefe, ohne echte Nachrichten.

War mir der neueste Krieg vielleicht nicht doch ganz gelegen gekommen.

Dein Blick und der Wunsch, beruflichen Traditionen zu gehorchen: Schwertmission ist Frauenpflicht.

Irgendwo ist immer ein Konflikt, irgendwie finden sich stets die passenden Argumente.

Du sollst nicht unbedingt töten, außer: *in allem gepriesen sei, der eure Hände den Kampf lehrt und eure Finger den Krieg.*

Ein wenig Abstand nach dem erlittenen Verlust, vom Terror der wohlmeinenden Mitmenschen, den ungelenken Beileidsbekundungen.

Unserem Unvermögen.

Nein, das Kind war nicht aus dem Fenster geworfen worden. Dazu war es erst gar nicht gekommen.

Einmal begonnen, kann es nicht mehr gestoppt werden.

Die grundlegenden Muster der Gewalt bleiben immer dieselben, hin bis zum abgekarteten Finale.

A painting in technicolor on the wall, our wedding photo as a hologram on my table, cast in glass.

A paperweight in a time without letters, without real news.

Perhaps the latest war had not come quite inopportunely for me.

Your gaze and the wish to obey professional traditions: sword missions are the responsibility of women.

There is always a conflict somewhere, and one way or another there are always the appropriate arguments.

You should not necessarily kill, except: *may he be praised in all who teaches your hands battle and your fingers war.*

A bit of distance after the loss sustained, from the terror of well-meaning fellow men, the awkward expression of condolences.

Our inability.

No, the child had not been thrown out of the window. It had not even come to that.

Once begun, it can no longer be stopped.

The fundamental patterns of violence ever stay the same, unto the put-up finale.

However, there is a devil in each of these variants, even if it cannot always be seen.

That's the way to do it.

We are still inhabiting a world of giants and titans, even decades after your departure.

Ein Teufel aber steckt in jeder dieser Varianten, auch wenn er manchmal nicht zu sehen ist.

That's the way to do it.

Wir bewohnen immer noch eine Welt der Giganten und Titanen, selbst Jahrzehnte nach Deiner Abreise.

Still buchstabierte ich *deployment* vor mich hin, während lange Kolonnen vorbeizogen, Schwebepanzer, Luftschiffe, Spezialeinheiten, geächtete Waffen.

Unter dem Gewicht der Worte formierte sich Sicherheit ringsum als Rayon, Schanzwerk oder Mauer.

Ich kann immer noch sagen, wo die Gräben verliefen, die Türme standen.

Was alles verloren zu geben ist.

Aber ich blieb, webte Papier zu neuen Worten, versuchte mich in Sparsamkeit.

Wollte ich zumindest dieses eine Versprechen einhalten, ich vermag es nicht mehr zu sagen.

In der Gegend unserer Verabschiedung richtete ich mich ein, Stein für Stein.

Erinnernd geraten Raum und Zeit leicht durcheinander, gar zu unsichere Pfade, um der Fremdsprachigkeit der Jetztzeit beizukommen.

Bildete ich mir ein, jemand riefe auf der Straße meinen Namen, so habe ich mich in den ersten Monaten immer noch suchend umgesehen, doch ich lernte, die Stimmen zu ignorieren.

Silently, I spelled *deployment* to myself, while long columns were passing by, hovertanks, dirigibles, special units, banned weapons.

Under the weight of the words, security formed all around as perimeter, entrenchment, or wall.

I can still tell where the ditches ran, the towers stood.

All of which has to be counted as written off.

But I stayed, wove paper into new words, dabbled in frugality.

Did I want to keep at least that one promise, I cannot say any more.

I ensconced myself in the area of our farewell, stone by stone.

In memory space and time get mixed up easily, all too insecure paths towards getting the better of the multilinguality of the present.

When I had the impression that someone on the street was calling my name, I still turned around searchingly in the first months, but I learned to ignore the voices.

Daily I could be up to three animals in a row, maybe I can still achieve that.

At least I am still able to crow, but no longer confident about flying.

It is the helplessness of our elders that caused me to grow up.

In spite of new glasses, dreams and news become harder to discern: is it true that a storm carried the

Ich konnte täglich bis zu drei Tiere hintereinander sein, vielleicht gelingt es mir immer noch.

Kann ich zumindest noch krähen, das Fliegen traue ich mir nicht mehr zu.

Es ist die Hilflosigkeit unserer Älteren, die mich hat erwachsen werden lassen.

Träume und Nachrichten wurden trotz neuer Brille schwieriger zu unterscheiden: Hat tatsächlich ein Sturm die Kühe ins Meer getragen, verwandeln sich manche Wölfe einmal im Monat in Menschen, nutzen wir Signaturen von Zerstörung, um außerirdische Zivilisationen zu entdecken.

Wie Menschen einfach aus dem Blickfeld kippen, es ist die einzig echte Art, in der sie uns verlorengehen.

Eine Ansammlung von Namen, beachtlich, ein heimliches Alphabet, dem ich ein zweites, geheimeres beistelle, alles in Gedanken.

Als wenn es etwas wie Natur ohne Geschichte je hätte geben können.

Weben gab und gibt mir den einsamen Takt vor, ich schreibe Sinn zu, denn die eigentliche Realität ist ein Skandal.

Wer schließlich aus diesem vergessenen Krieg in die mehrfach ummauerte Hauptstadt zurückkehrt, ist eine völlig andere Person.

Du bist dahingehend keine Ausnahme.

And I might stop and look upon your face, disappear in the sweet, sweet gaze …

cows into the sea, do some wolves turn human once a month, are we using signatures of destruction to discover extraterrestrial civilizations.

How people simply tumble out of the picture, it is the only genuine way we lose them.

An aggregation of names, considerable, a secret alphabet, to which I add another, more secret one, all in my thoughts.

As if there could ever have been something like nature without history.

Weaving did, and still does set the lonesome pace, I ascribe meaning, for actual reality is a scandal.

Whoever eventually returns from this forgotten war into the multiple-walled capital is a completely different person.

In that respect you are no exception.

And I might stop and look upon your face, disappear in the sweet, sweet gaze ...

The observer is just as insecure as his gaze, I educated myself, adopted it.

Does war keep you young and fit, is that why they are able to hold out so long.

We do not ask about the wasted generations, about the dusty boots or the dented water bottles.

Instead, we ask each other: *Are you dead? Dead like a stone?*

We ask: *Are you alive? Are you alive like a plant?*

Der Beobachter ist ebenso unsicher wie sein Blick, das habe ich mir angelernt, abgeschaut.

Hält Krieg jung und fit, kann man deshalb so lange durchhalten.

Wir fragen nicht nach den verschwendeten Generationen, nach den staubigen Schuhen oder den verbeulten Wasserflaschen.

Stattdessen fragen wir einander: *Bist Du tot? Tot wie ein Stein?*

Wir fragen*: Lebst Du? Bist Du lebendig wie eine Pflanze?*

Vielleicht sehen wir ja noch viele gute Tage, diskutieren die Unterschiede zwischen Vergeben und Verzeihen.

Unsere Namen entsprachen ohnehin niemals echten Farben, kein Elternteil buchstabiert sich so.

Schlaflos höre ich später auf die Geräusche der Nacht, das Knacken der Wirklichkeit und der Welt, die sie abwirft.

Deine Bewegung ist wahrscheinlich, sie strebt dem Gefälle, dem Unvermeidlichen zu.

Your heart wears knight armor, vorsätzlich wende ich Dir den Rücken zu.

Ich werde Deine Klingen hören, bevor ich sie spüre.

Die Luft wird von meinen Schreien erfüllt sein.

Maybe we will yet see many good days, discuss the differences between forgiving and pardoning.

Anyway our names never corresponded with real colors, no parent ever spells themselves thus.

Sleepless, I am later listening to the sounds of the night, the crackling of reality and the world that throws it off.

Your movement is probable, it aspires to the decline, the inevitable.

Your heart wears knight armor, I turn my back on you intentionally.

I will hear your blades before I feel them.

The air will be filled with my screaming.

51

00:18:27:09

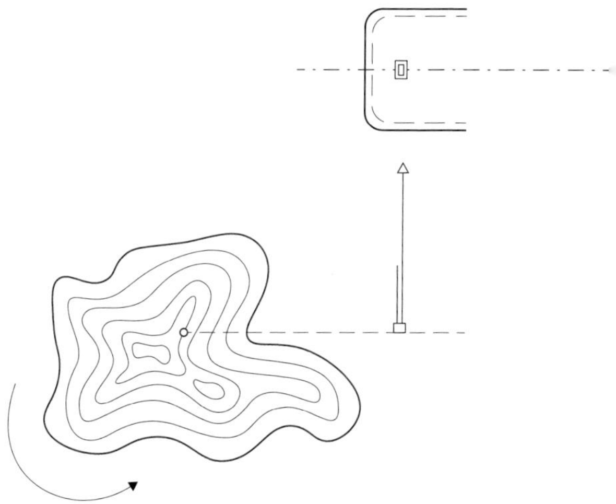

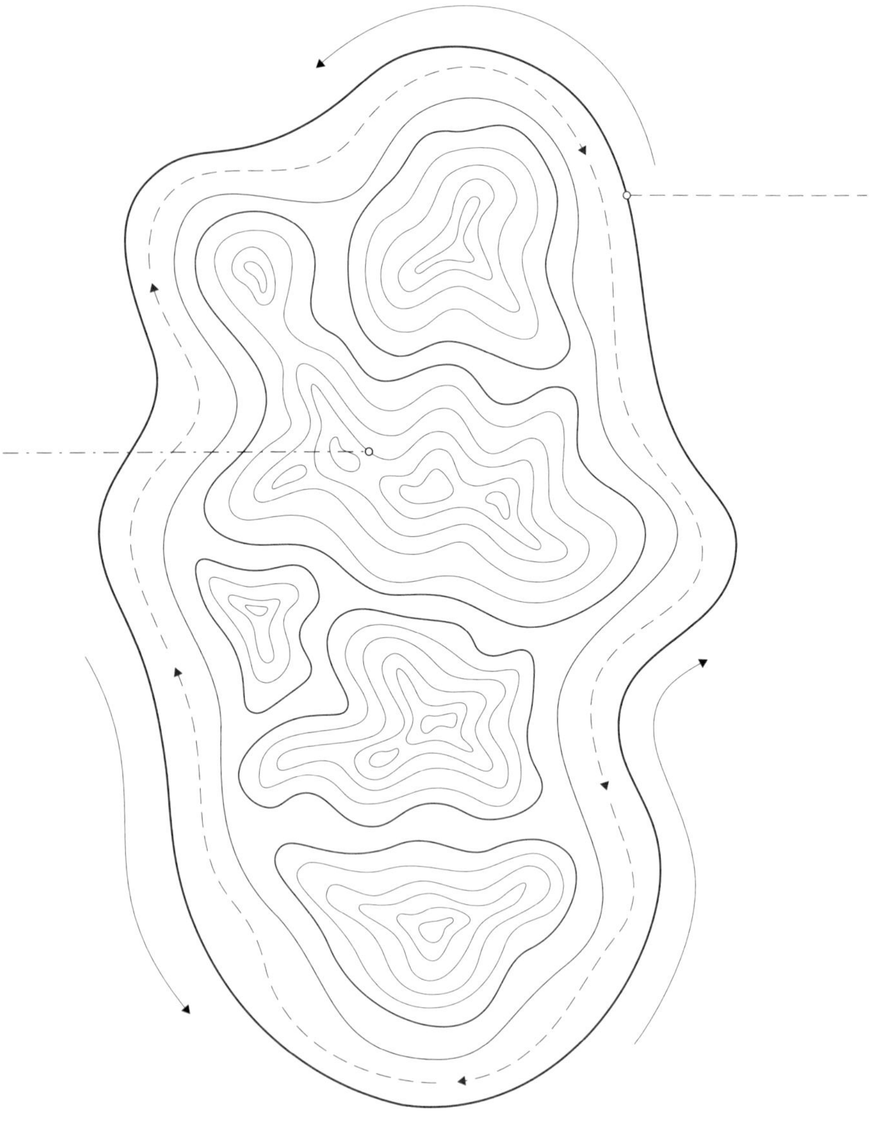

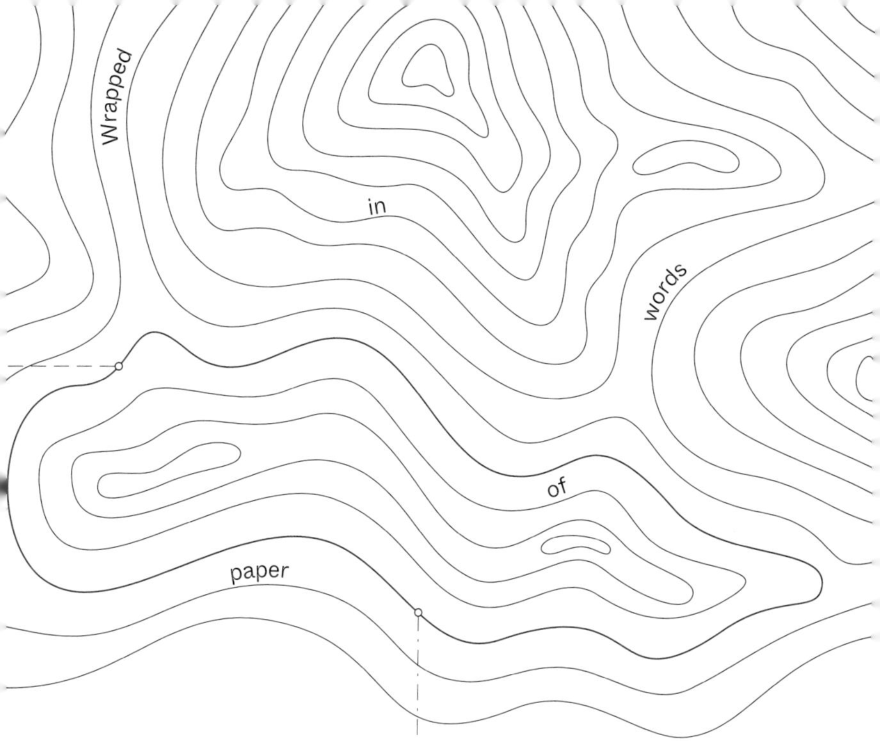

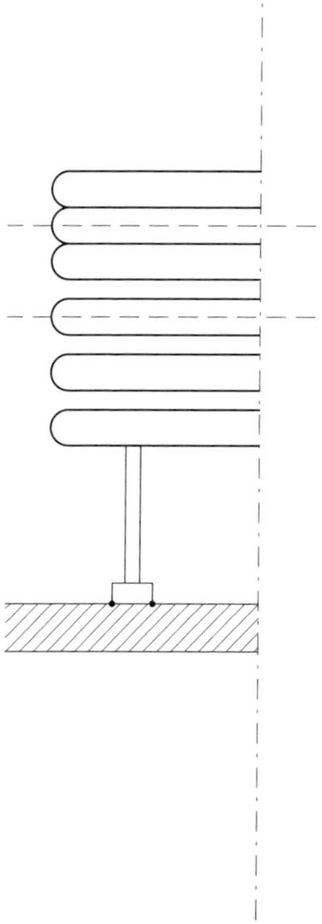

In memory, space and time
get mixed up easily,
all too insecure paths towards
getting the better of the
multilinguality of the present.

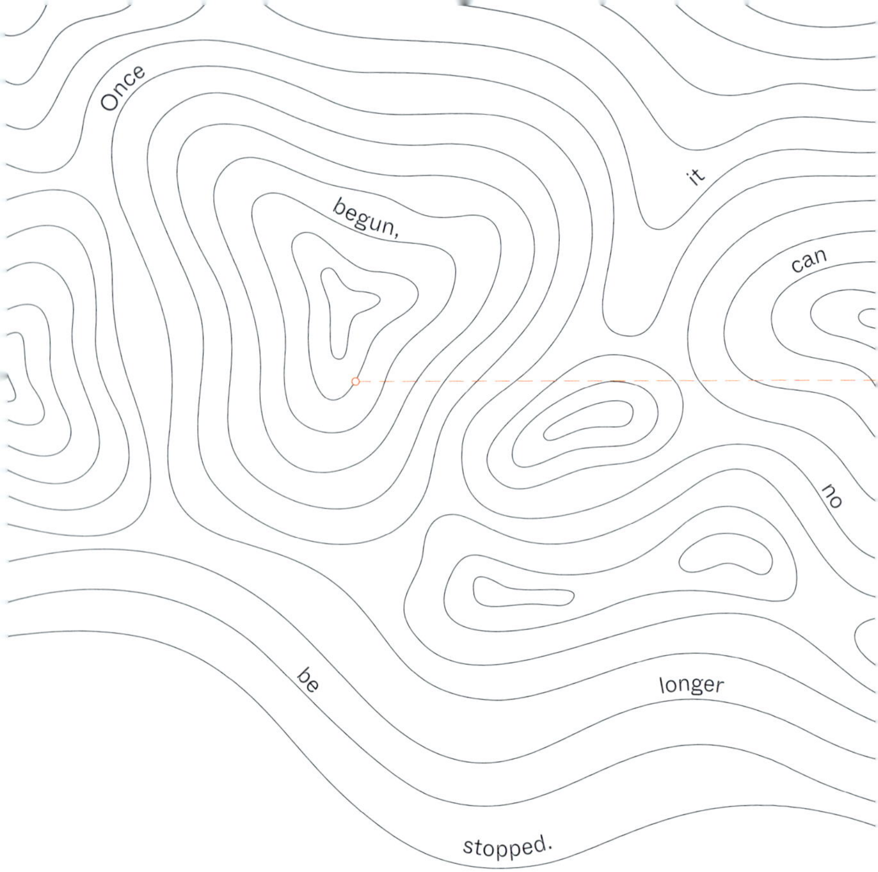
Once
begun,
it
can
no
longer
be
stopped.

We have always been entangled.

I adjust, amend, replace. I weave,
I listen patiently.

A stage role gives me my new
name, my function.

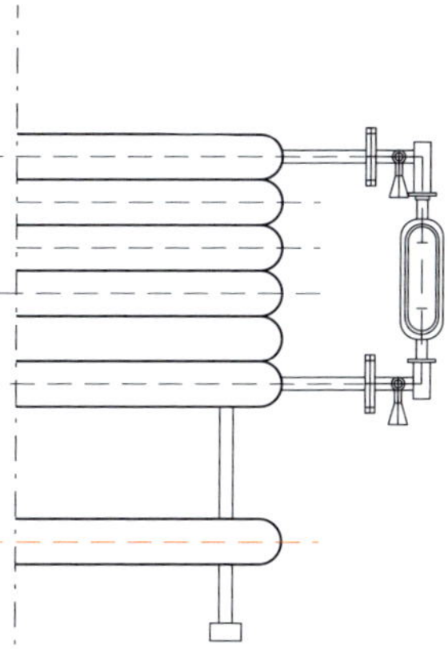

This place is a derelict, this time
a shipwreck, but I always tell myself
that the view from the uppermost
platform is worth it.

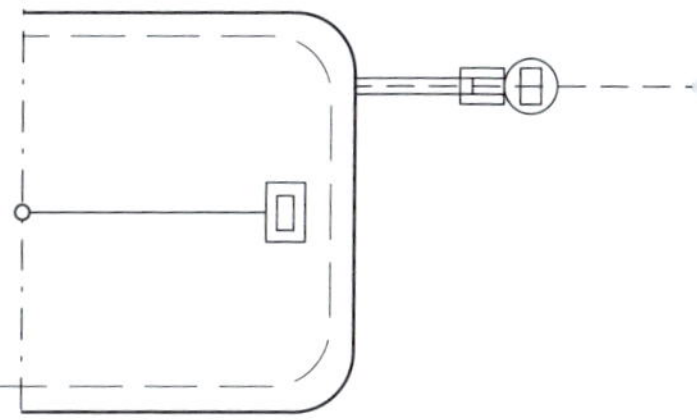

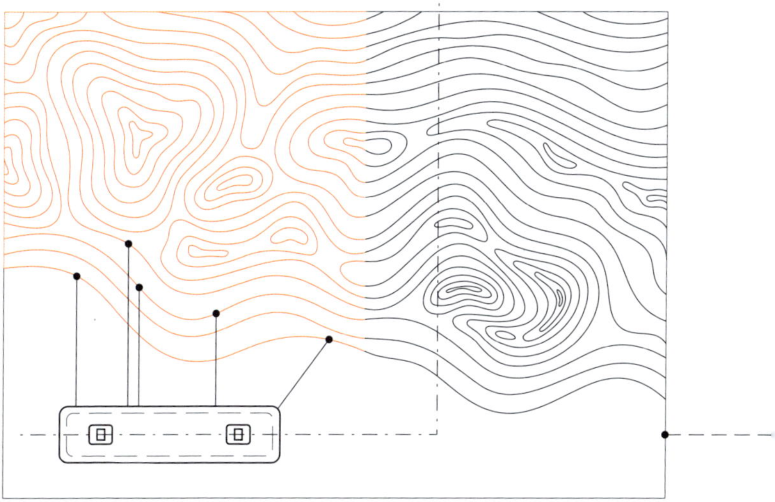

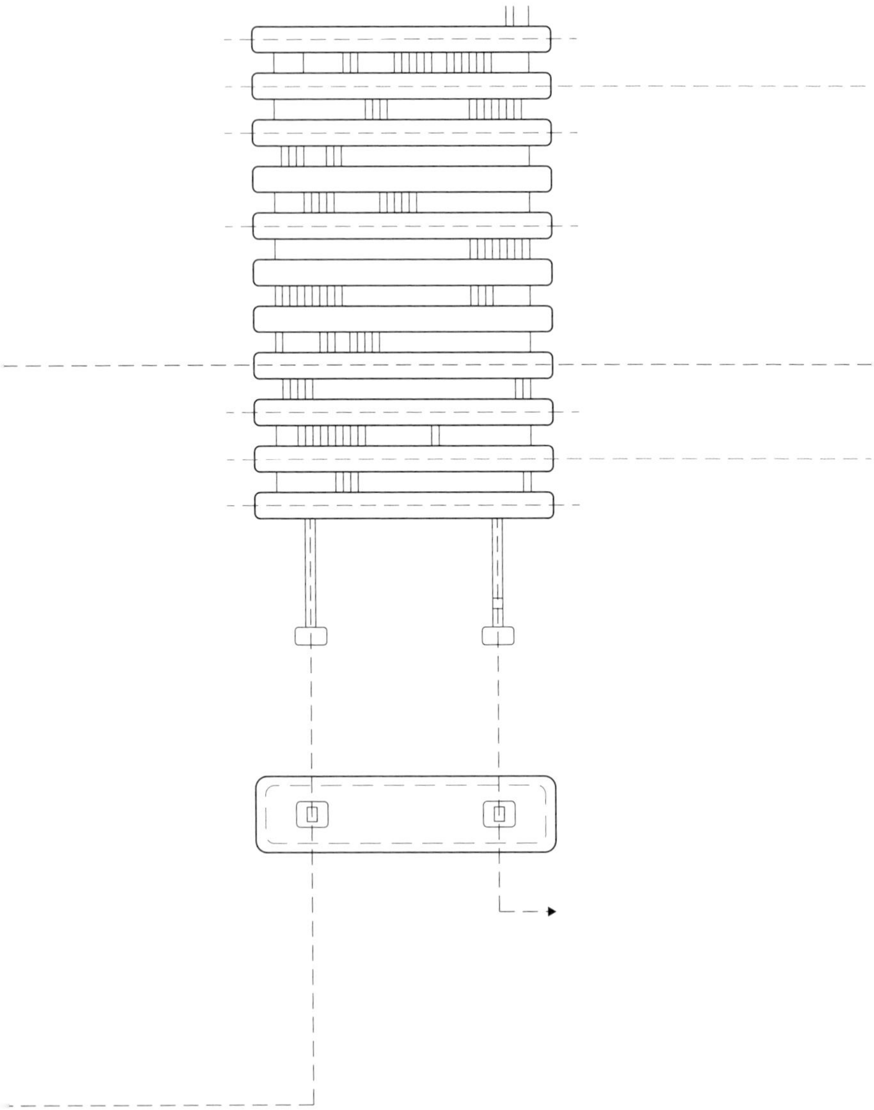

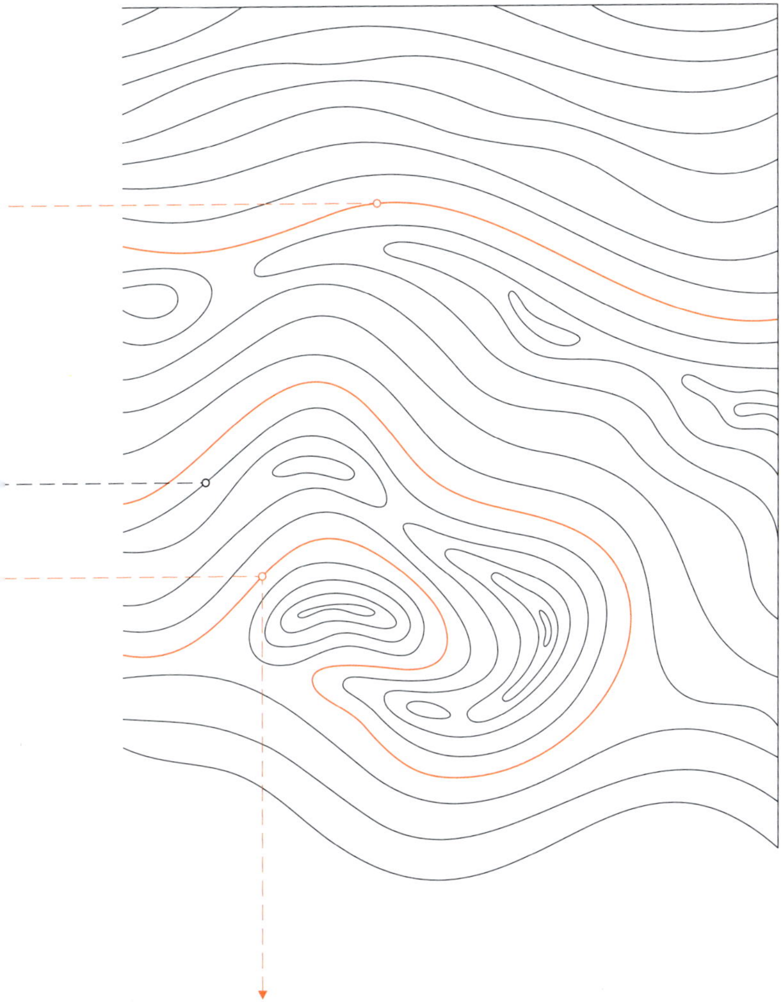

In spite of new glasses,
dreams and news become
harder to discern:

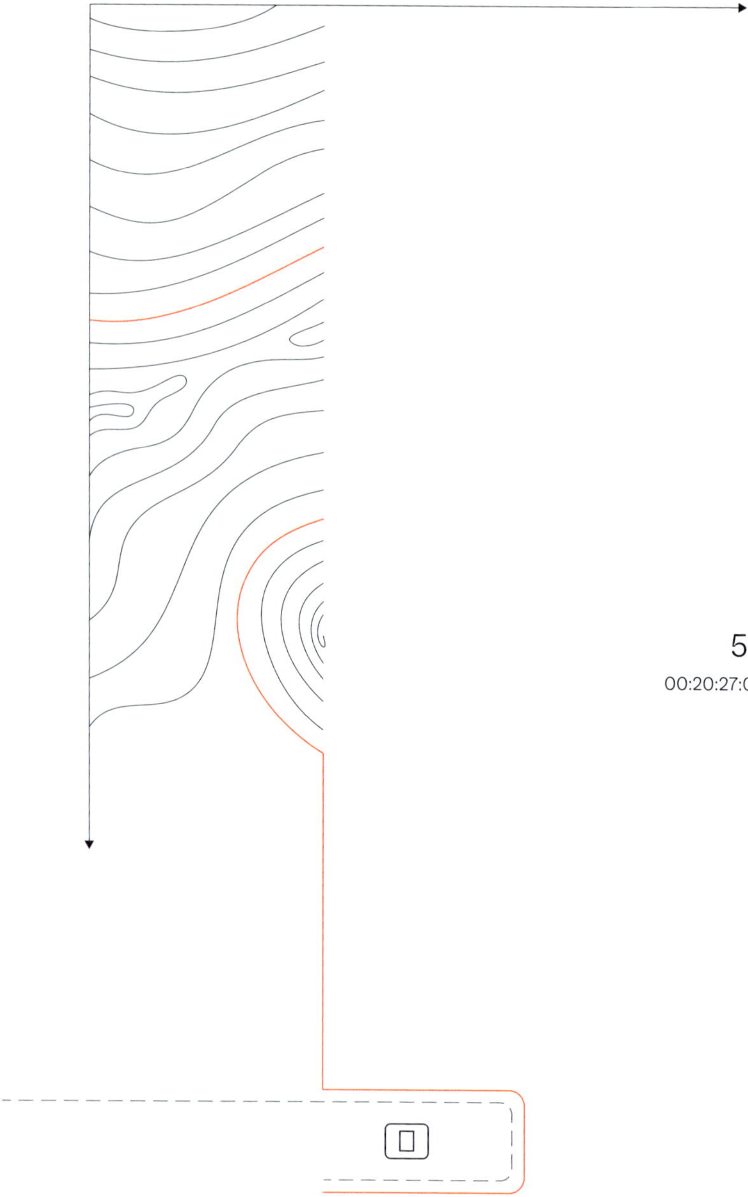

58

00:20:27:00

Neue Lage

„And when did this become a narrative of captivity, from what am I trying to break free?“

Maggie Nelson: Something Bright, Then Holes

Neue Lage. So will ich meine Bewegungsmöglichkeiten bezeichnen, bis sich eine bessere Begrifflichkeit dafür finden lässt. Ich bin das begrenzte Vieleck ungezählte Male abgelaufen, ohne mich als der Gefangene zu fühlen, für den man mich durchaus berechtigt halten kann. Nein, mein Hereinwechseln an diesen Platz ist nicht freiwillig passiert, doch ich habe mich als die Art von Angelegenheit erwiesen, die besser in Schrift untergebracht und abgelegt ist. Weil alles gefährlich real geworden war, hast Du mich zurückgelassen, den Übergang mit Gedichtzeilen versiegelt. *So much hate for the ones we love*. Sieh Dich nicht um, ja, dieser Mantel wird warm genug sein. *Tell me, we both matter, don't we*. Du möchtest nicht ausgelegt werden, Du möchtest einfach sein, aber ich? In Gedanken habe ich einen Deal gemacht, ich las von der Möglichkeit einer *elegant fiction of documented fact* und werde gelesen, wenn man meiner habhaft wird. Fiktion funktioniert, weil die Verbindung zur Wirklichkeit, sei sie auch noch

“And when did this become a narrative of captivity, from what am I trying to break free?”

Maggie Nelson: Something Bright, Then Holes

New Position

New position. That’s how I will call my possibilities of movement until I can find a better terminology. I’ve run along the confined polygon innumerable times without feeling like the prisoner one might quite reasonably take me for. No, my change into this place did not happen voluntarily, but I have turned out to be that kind of affair which is better accommodated and deposited in writing. Because everything had become dangerously real, you left me behind, sealed the passage with lines of a poem. *So much hate for the ones we love*. Don’t look back, yes, this coat will be warm enough. *Tell me, we both matter, don’t we*. You do not want to be interpreted, you simply want to be, but I? In my mind I made a deal, I read about the possibility of an *elegant fiction of documented fact*, and am read when someone gets hold of me. Fiction functions, because the connection with reality, burdened as it may be, exists and can be understood. Accordingly, I suspect invisible matters incorporated in the visible. In this narrow reservoir, space is the dominant, not the

so belastet, besteht und nachvollzogen werden kann. Demgemäß vermute ich Unsichtbares, das ins Sichtbare eingelagert ist. In diesem engen Speicher ist Raum die Dominante, nicht der üblicherweise beklagte Verlauf. Wie in den wenigen Zeilen einer Druckseite bin ich festgelegt, bin gemäß strengen Vorgaben ein obdachloser Träger zwischen Zeiten, durch die ich taumle. Auch deshalb habe ich gelernt, auf den Frakturen und Linien zu balancieren, den Blick aufs beständige Wasser und auf die sich rasch verändernden Gebäude ringsum zu bewahren. Raum ist, was sich herausschält, was sich in Verbindungen und Relationen manifestiert. Geschichte ist, was ich an Störungen und Brüchen ausgrabe, an Überlagerungen und Löschungen memoriere. Ja, diese Gegend trägt immer noch einen Namen, der sich von der Freundlichkeit Fremder herleiten lässt. Aber mein gespenstischer Name? Ich signiere mit einem geborgten Erbe, mit einem Zug, für den ich nicht groß genug bin.

usually deplored progression. I am fixed like in the few lines of a printed page, according to strict specifications a homeless carrier between times through which I'm tumbling. Yet another reason why I learned to balance on the fractures and lines, to keep my gaze on the steady water and on the quickly changing buildings all around. Space is what crystallizes, what becomes manifest in connections and relations. History is what disturbances and ruptures I dig out, which overlays and deletions I memorize. Yes, this area still carries a name that can be deduced from the friendliness of strangers. But my spectral name? My signature is a borrowed inheritance, a character for which I am not big enough.

65

00.24:13:21

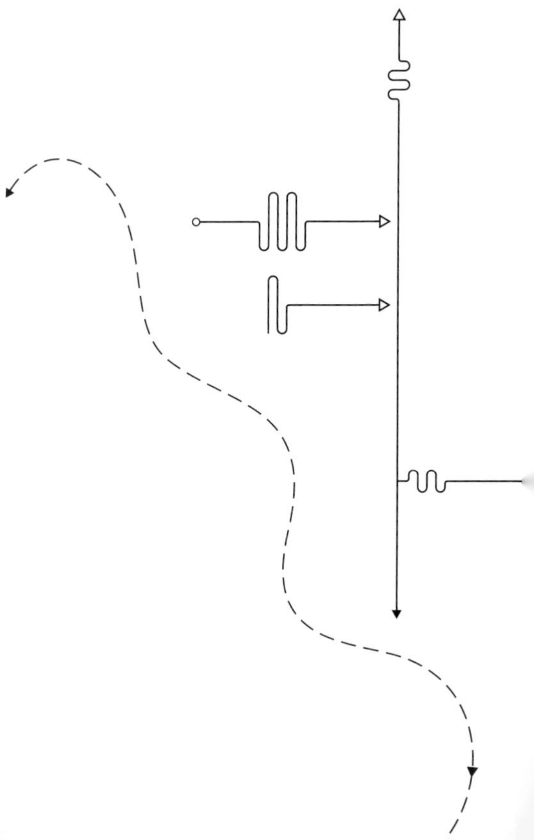

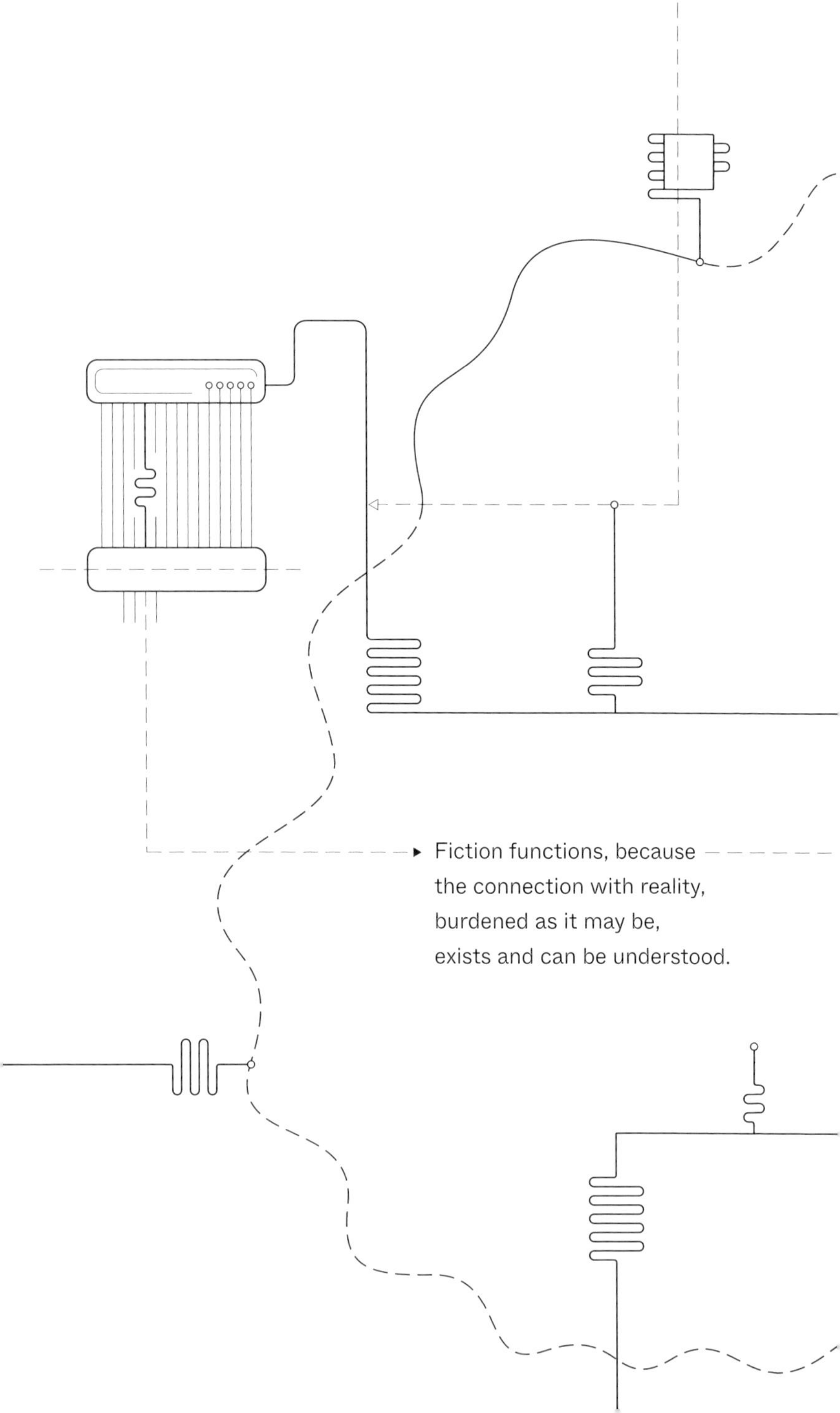

▸ Fiction functions, because
the connection with reality,
burdened as it may be,
exists and can be understood.

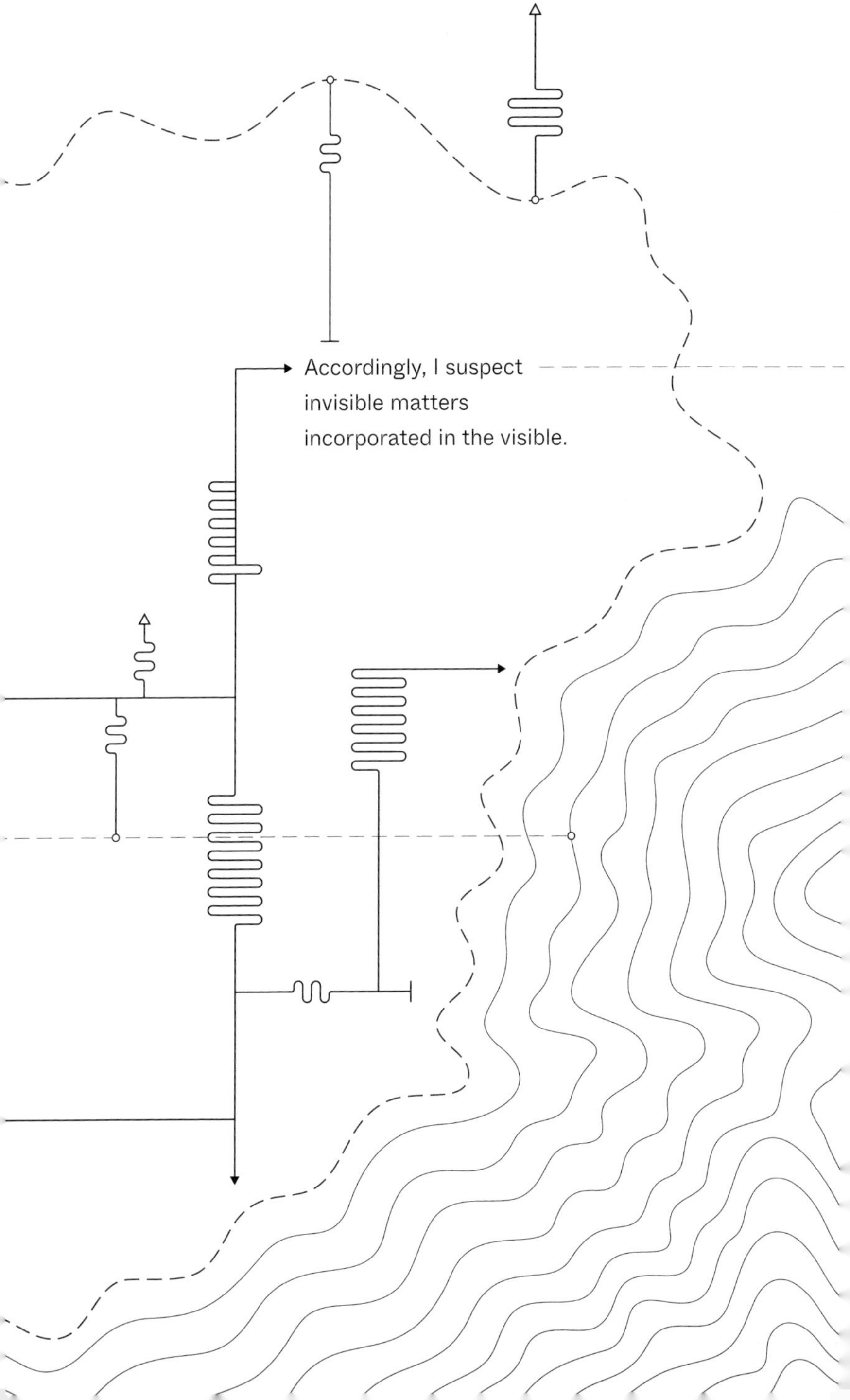

Accordingly, I suspect invisible matters incorporated in the visible.

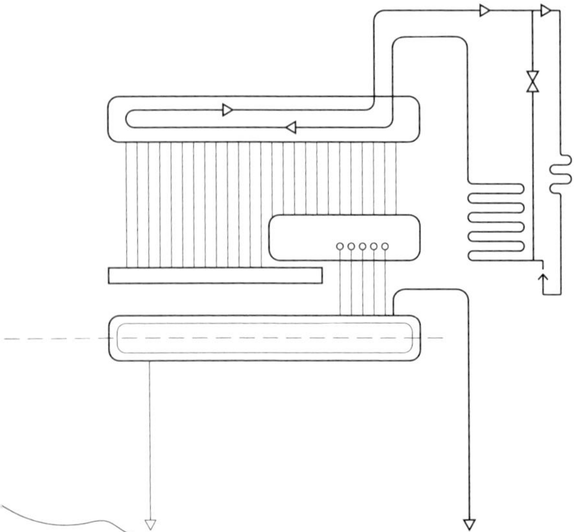

In this narrow reservoir, space is the dominant, not the usually deplored progression.

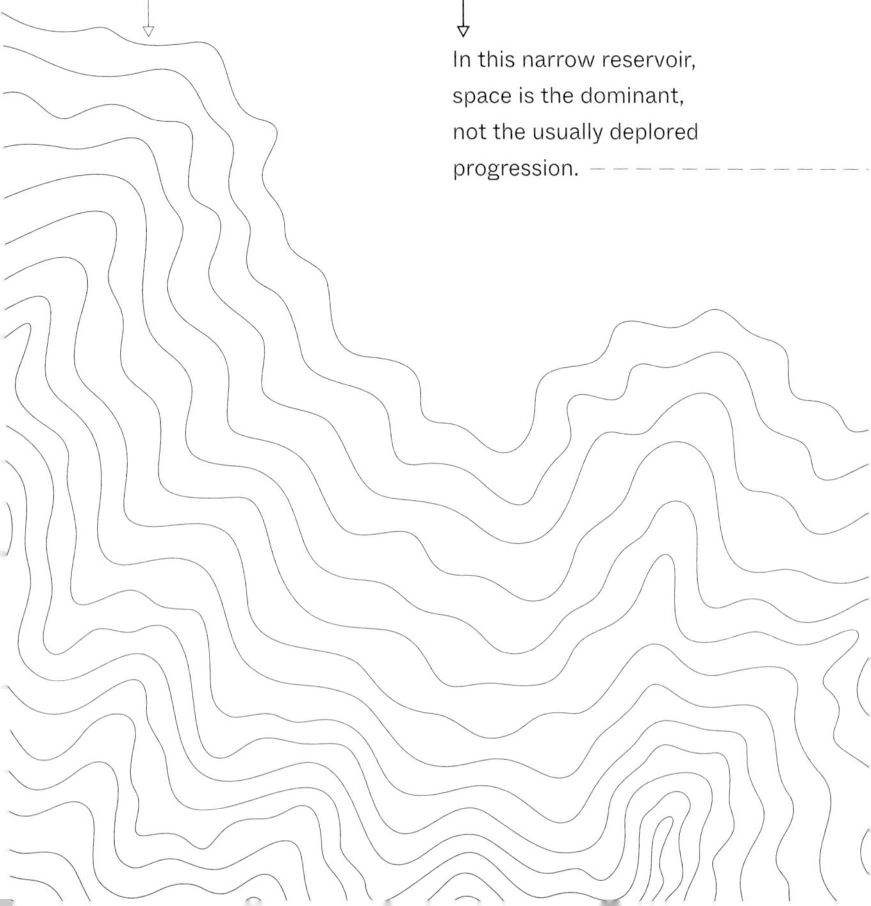

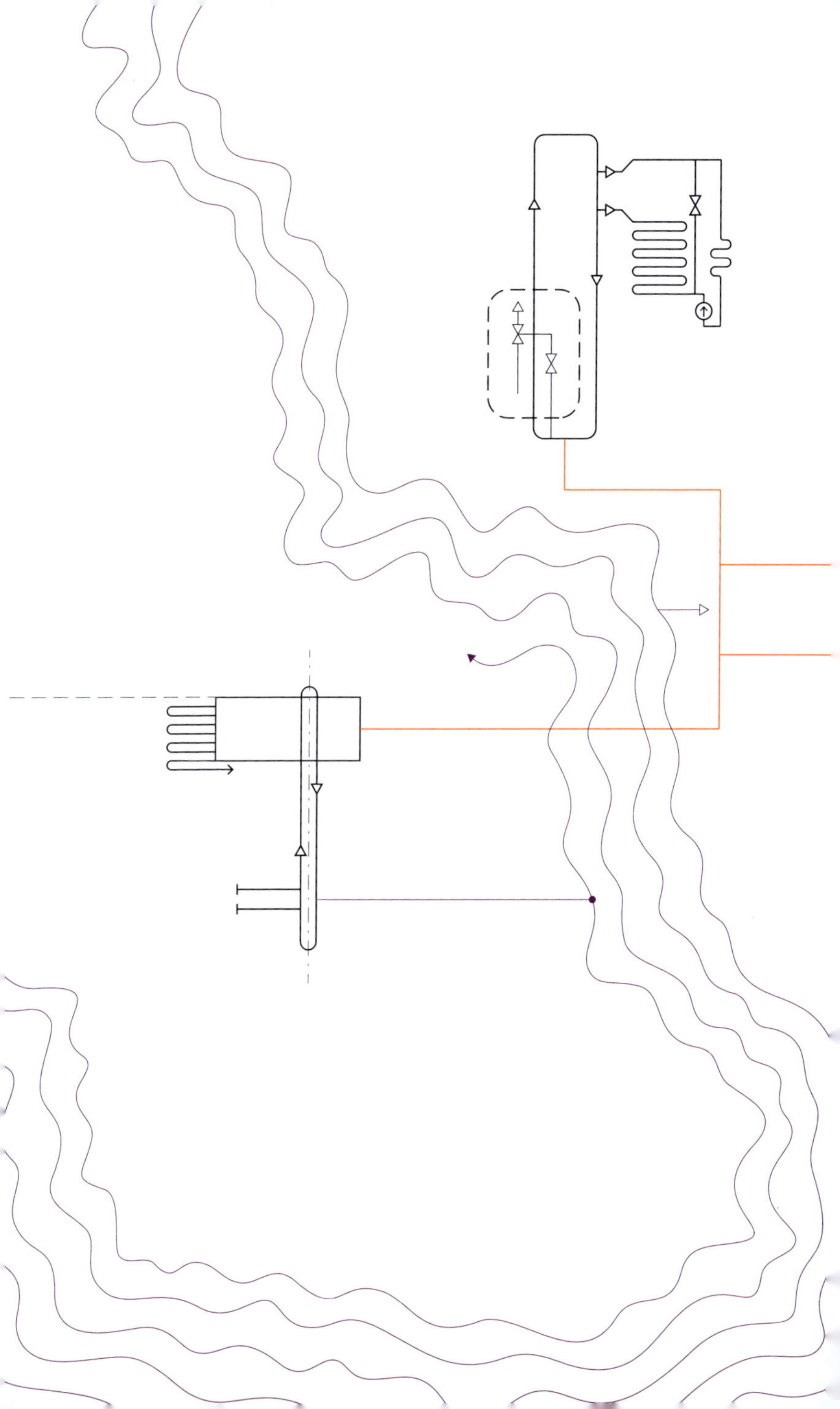

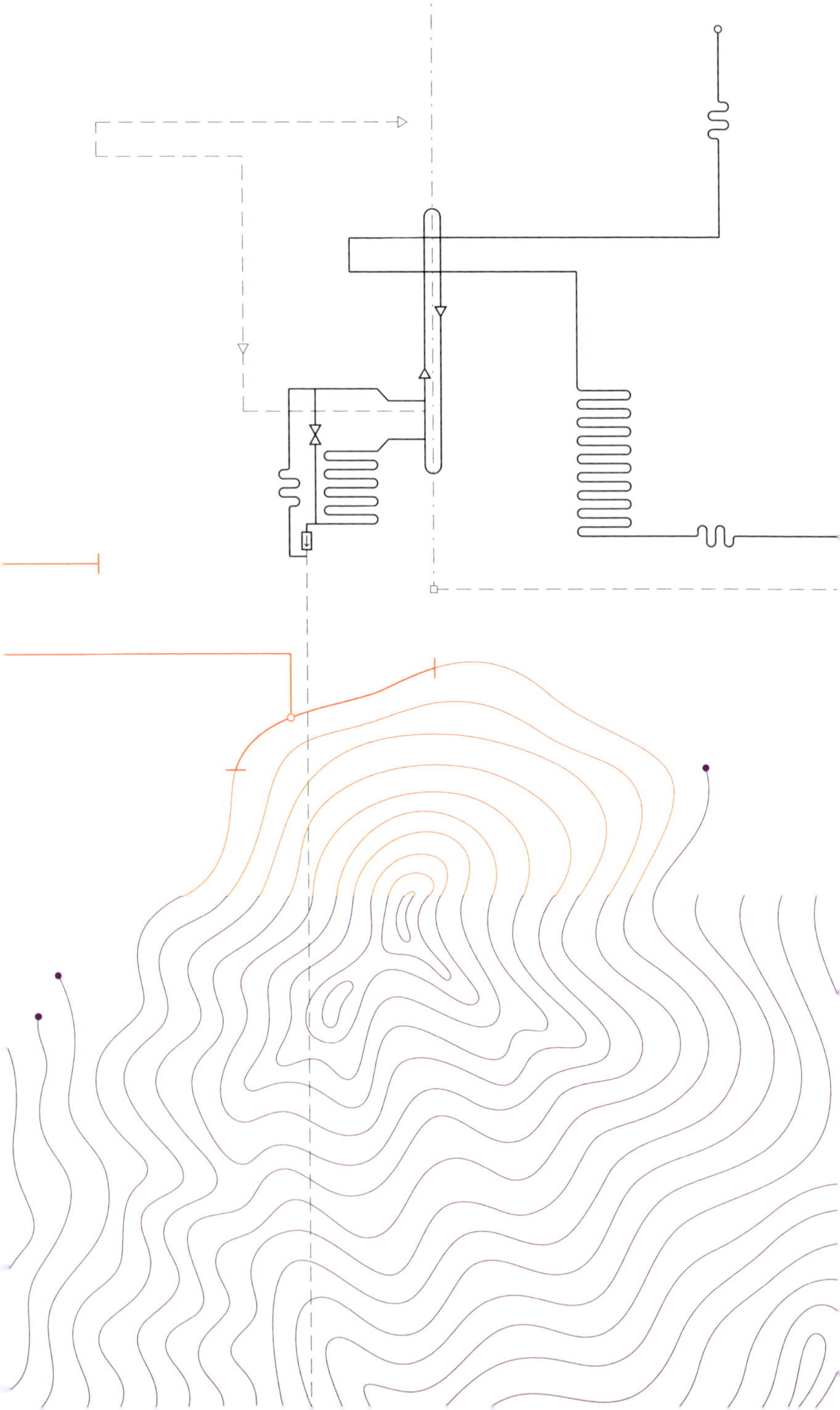

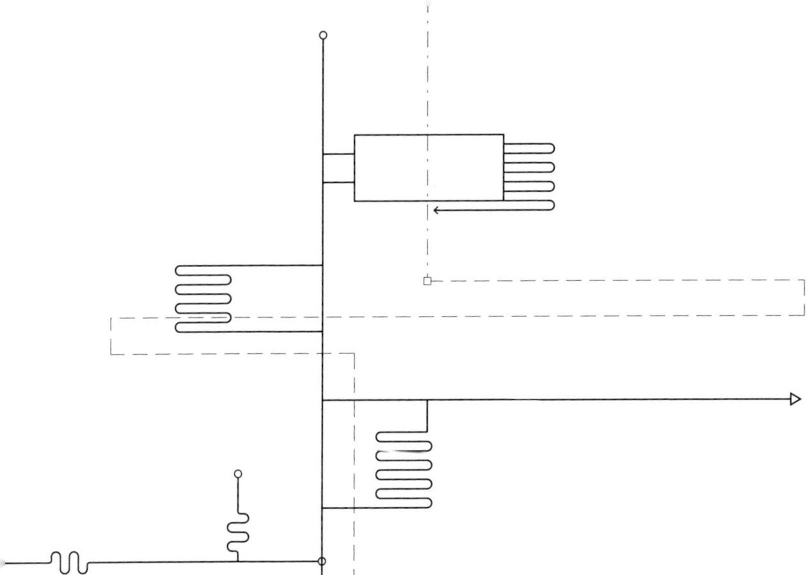

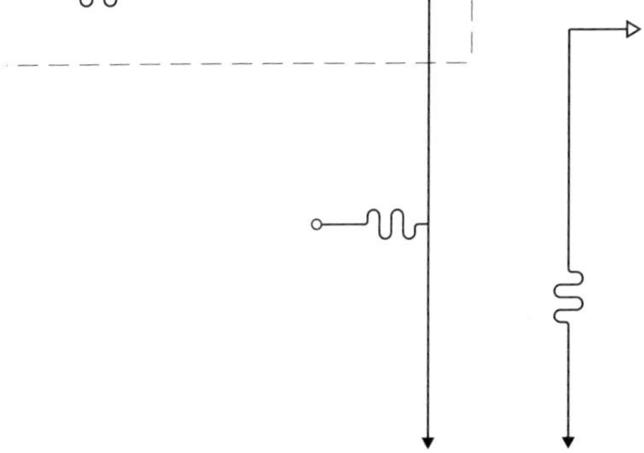

I am fixed like in the few lines
of a printed page, according
to strict specifications,
a homeless carrier between
times through which
I am tumbling.

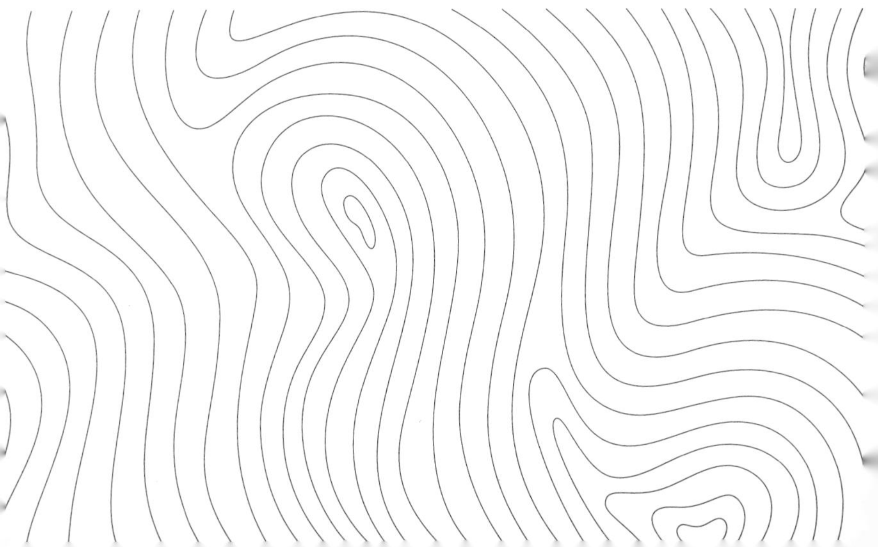

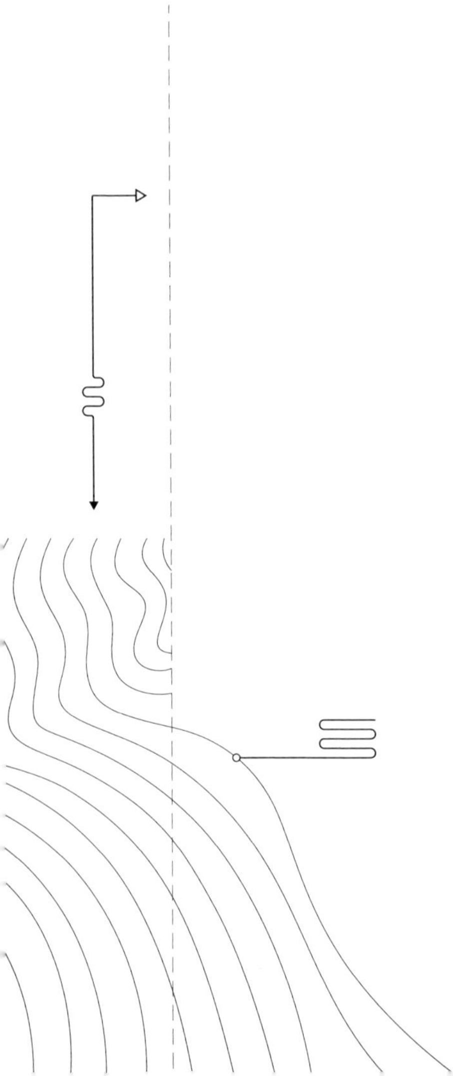

72

00:25:52:01

Pharmakon

„the fire in your eyes keeps me alive“

The Cult: She Sells Sanctuary

Das Schreiben in meiner Hand gleicht einer leicht überdimensionierten Postkarte, einem einseitig bedruckten Papierrechteck von bestimmter Stärke und Grammatur. Es ist ein Beleg von Gewicht, so sage ich mir, während ich erneut die darauf abgebildeten Figuren betrachte, ihre historischen Kostüme studiere. Ich nehme mir einen weiteren Moment, um wieder Gesichter und positionierte Körper zu betrachten, die Verheißungen, die darin lesbar gemacht werden sollen, die Haltungen der vermeintlich Unbeobachteten. Etwas Verbotenes scheint sich zwischen diesen drei inszenierten Frauenfiguren anzubahnen, nein, vielmehr ist das Verbotene bereits im Gange, über seinen schwierigen, heiklen Anfang hinaus. Auf der Rückseite steht, quer zu den Zeilen meiner vorformulierten Aufgabe, etwas wie ein irritierender Hinweis, eine Frage, vielleicht ein Titel: *Almost Happy*. Ich verstaue die Karte in meinem Rucksack und setze meine Vorbereitungen fort, sortiere meine Ausrüstungsgegenstände, taste alles auf seine Richtigkeit ab.

Pharmakon

"the fire in your eyes keeps me alive"
The Cult: She Sells Sanctuary

The writing in my hand resembles a slightly overdimensioned postcard, a paper oblong of a certain strength and grammage printed on one side. It is a weighty document, I tell myself while I am looking anew at the figures depicted on it, studying their historical costumes. I take another moment to contemplate faces and positioned bodies again, the promises supposed to be made legible in them, the attitudes of the putatively unobserved people. Something forbidden appears to be in the offing between these three orchestrated female figures, no, rather the forbidden thing is already under way, past its difficult, delicate beginning. On the backside there is, at an angle to the lines of my preformulated task, something like a vexing hint, a question, perhaps a title: *Almost Happy*. I stash the card in my backpack and continue my preparations, sorting my pieces of equipment, scanning everything as to its integrity. After I have entered the house in the off-limits area described in the order, the threshold to the infected zone now lies

Nachdem ich das im Befehl beschriebene Haus im Sperrbezirk betreten habe, liegt die Schwelle zur infizierten Zone nun direkt vor mir. Das Holz der überdimensionalen Eingangstüre, die nur einen Spalt offensteht, biegt und bewegt sich wie ein pulsierender Organismus, die auf ihr angebrachten, zerrissenen Absperrbänder wirken wie eigenwillige Verzierungen. Ich beuge mich herunter, die Türe immer im Blick, und beginne, einem persönlichen Ritual folgend, die Schnürsenkel meiner Sneakers nachzuziehen. Einen guten Stand im Schuh zu haben hat bislang immer geholfen, vielleicht also auch diesmal. Umständlich weiche ich den Markierungen im Eingangsbereich aus, alles scheint mich an diesen Platz bannen, mich zu einem beschworenen und gehorsamen Element machen zu wollen. Aber eigentlich ich bin nur hier, um zu spähen, um eine Frage zu stellen, um vielleicht eine Frage mehr zu stellen.

Ich sehe mich nochmals um, atme tief ein und aus, die Türe fühlt sich unter meiner linken Handfläche unnatürlich warm an. Als ich durch den Spalt schlüpfe, kommt mir erneut der Gedanke, ob mit dem Absperren dieser Zone nicht doch eher dem zutiefst menschlichen Wunsch nach der Unterdrückung des Unbekannten nachgegeben worden war, statt, wie offiziell verlautbart, die Einrichtung eines Schutzgebietes zu ermöglichen. Kaum habe ich die Schwelle übertreten, schließt sich die Türe mit einem schnalzenden Geräusch hinter mir und fließt ins Gemäuer zurück, bis sie davon kaum mehr zu unterscheiden ist. Nur grobe, erhabene Linien bleiben sichtbar. Vor mir liegt der erste Raum einer großzügigen Anlage, eine gigantische Aushöhlung voller Wunder und Schrecken. Mir ist ein wenig schwindelig, alle Sinne sind zugleich gefordert. Da ist fließendes Metall an den Wänden, das sich in Verästelungen fortbewegt, über Vorsprünge und verkleidete Fenster hinweg, begleitet von einem körperlich spürbaren Sound. An den Wänden sind trotz der sich ausbreitenden, glänzenden Strukturen zahlreiche Kampfspuren deutlich zu sehen.

right before me. The wood of the oversized entrance door which is only open a crack, bends and moves like a pulsating organism, the torn barrier tapes attached to it look like quirky embellishments. I bend down, always keeping the door in check, and following a personal ritual begin to retighten the laces of my sneakers. Up to now a good stand in my shoes has always been helpful, so perhaps this time, too. Circuitously I avoid the markings in the entrance area, everything appears eager to retain me in this place, to make me a summoned and obedient element. But in fact I am only here to scout, to ask a question, maybe to ask another question.

I look around again, breathing in and out deeply, the door feels unnaturally warm under my left palm. When I slip through the crack, the idea strikes me again whether cordoning off this zone had meant yielding to the deeply human desire for suppression of the unknown rather than, as officially proclaimed, enabling the establishment of a protective area. As soon as I have cleared the threshold, the door closes behind me with a snapping sound, and flows back into the wall until it can barely be distinguished from it. Only crude, embossed lines remain visible. In front of me there is the first room of a generous construction, a gargantuan excavation full of shocks and wonders. I am a bit dizzy, all senses at once are required. There is flowing metal on the walls, moving in ramifications, over ledges and wainscoted windows, accompanied by a somatically perceptible sound. In spite of the spreading, lustrous structures, one can see numerous traces of battle damage quite clearly. I am keeping my balance, spelling simple words in my mind, garbage, highland, Caesar, my eyes and fingertips following the signs of very short but fierce skirmishes. Who preceded me, and how many? I remember operations like Screaming Fist, the sacrifice of unaware commandos in order to be able to experience and analyse the zone's defense mechanisms in action, but it didn't work, it never worked. I am here

Ich halte meine Balance, buchstabiere in Gedanken einfache Worte, Abfall, Bergland, Cäsar, folge mit Augen und Fingerspitzen den Hinweisen auf sehr kurze, doch heftige Auseinandersetzungen. Wer ist mir vorausgegangen und wie viele. Ich erinnere mich an Operationen wie Screaming Fist, an das Aufopfern von unwissenden Kommandos, um die Verteidigungsmechanismen der Zone in Aktion erleben und analysieren zu können, doch es hat nicht funktioniert, es hat nie funktioniert. Ich bin hier, weil es neue Ideen braucht, aber auch, weil ich etwas auszugleichen habe und mein möglicher Verlust leicht zu verkraften sein wird.

Langsam und vorsichtig beginne ich die Räume abzugehen, die Drehort und Kino zugleich sind, ein Inkubator des Fremden. Blick und Begriffe gleiten an einer Welt ab, die umgestaltet und unvertraut geworden ist, die nicht mehr kontrolliert oder gezähmt werden kann. So viele Stühle, aber kaum ein leerer Tisch, Anhäufungen, ausgelegte Reste eines Schiffs, das abgestürzt und nicht gelandet zu sein scheint. Die Chemie der Dinge zeigt sich in zur Schau gestellten scharfen Kanten, im glitzernden Wechselspiel aus Wahrheit und Täuschung. Ich taste mich vorsichtig an das Material heran, ganz als würde ich ein Lebewesen berühren. Alles hier existiert, weil es sich entzieht und so nicht zu erwarten war, weil es von mir im Moment nicht vollständig gefasst werden kann. Versuchsweise probiere ich ein paar meiner Instrumente aus, hantiere wie ich es gelernt habe, aber mehr als die Bestätigung über umfunktionierte Trümmer und Wrackteile lässt sich nicht ablesen. An einer der Wände scheint etwas wie ein Kopf mit langem Haar zu hängen, und ich wende den Blick ab, gerade noch rechtzeitig, so rede ich mir ein. Ich kann angesichts der Menge des Materials und der ständig ablaufenden Bewegungen nicht anders als nicht zu verstehen. Überraschend bahnt sich, einem zähen Tropfen von der Decke gleich, ein in Metall eingeschlagener Körper seinen Weg nach unten. Die Augen

because there is a need for new ideas, but also because I have to compensate something, and the possible loss of my person will be easy to bear.

Slowly and carefully I begin to survey the rooms which are location and cinema at the same time, an incubator of the alien. Gaze and concepts slide off a world that was remodeled and has become unfamiliar, that can no longer be controlled or harnessed. So many chairs, but scarcely an empty table, agglomerations, laid-out remnants of a ship that seems to have crashed rather than landed. The chemistry of things shows in the exhibit of sharp edges, in the glittering interplay of truth and deceit. I approach the material carefully, quite as if touching a living being. Everything here exists because it eludes, and could not have been expected in this way, because it cannot be comprehended fully by me at the moment. Tentatively I test some of my instruments, handling them as instructed, but without a more detailed reading than confirmation about repurposed debris and wreckage. Something like a head with long hair seems to be hanging on one of the walls, and I avert my gaze, just in time, I try to convince myself. In the face of the amount of material and the continuing movements I cannot help not understanding. Surprisingly, like a viscous drip from the ceiling, a body clad in metal paves its way down. The eyes of a huntress are glaring at me while her body turns and turns incessantly, the material which enwraps her crackling. I am unable to look away, her features could be the minted face of an alien currency, aristocratic and hard. Metal, flittering partof her body, is carefully surrounding me, while one of her cnidarian tentacles touches me as if incidentally, providing me with pain and the first instance of a new understanding. A shock of recognition blazes through me which abruptly shakes my trained concepts of information and objects, of the always fixed separation between observers and the observed. I concentrate on keeping my heart from stopping, uttering a minute

einer Jägerin fixieren mich, während sich ihr Körper wendet und unaufhörlich umwendet, das sie umgebende Material knistert. Ich kann nicht mehr wegsehen, ihre Züge könnten das aufgeprägte Gesicht einer fremden Währung sein, aristokratisch und hart. Metall, flirrender Teil ihres Körpers, umfängt mich vorsichtig, während einer ihrer Nesselarme mich wie beiläufig berührt, mir Schmerz und den ersten Moment eines neuen Verstehens verschafft. Ein Schock des Erkennens durchzieht mich, der meine antrainierten Vorstellungen von Information und Objekten, von der stets fixierten Trennung zwischen Beobachtern und Beobachteten schlagartig abfallen lässt. Ich konzentriere mich darauf, dass mein Herz nicht aussetzt, sage mir einen Minutentakt her, Blackhammer, Planetary, Marvels, einen Rhythmus, der mich überleben lässt, während eine weitere Nessel, betäubender Ausdruck von Neugierde, meine Wange streift. Vielleicht irre ich mich, aber sie scheint amüsiert den Kopf zu neigen und gleitet dann zurück, den Boden entlang, einen Türstock hinauf. Sie ist ein Riss im Vereinbarten, und sie gewinnt, weil sie nichts will.

In einem der anderen Räume schreit jemand, doch verzerrt und immer schwächer werdend. Bin das ich, stirbt etwas an mir, bin ich vielleicht schon tot, auch wenn es nicht so aussieht? Mühsam bewege ich mich weiter, unkoordiniert und wankend. Mehrere Leute bewegen sich in unmittelbarer Nähe durch die Zone, nun kann ich sie sehen, aber sie nehmen weder mich noch einander wahr. Ein Nebel umschließt uns, während die Jägerin sich durch die Räume rollt und schiebt, die erschlossenen Räume immer wieder umgestaltet und transformiert, uns auf diesem Wege jede Möglichkeit der Orientierung nimmt. Wir können keinen Überblick entwickeln, alle Lehren der Aufklärung, das Sammeln relevanter Informationen, die über die reine Geografie hinausgehen, versagen. Auf Chaos, eingeschränkte Kommunikation oder manche Formen üblicher Feindeinwirkung war ich vorbereitet, ein gewisses Ausmaß an

beat, Blackhammer, Planetary, Marvels, a rhythm that helps me survive while another nettle, numbing expression of curiosity, streaks my cheek. Maybe I am mistaken, but she seems to incline her head in amusement and then glides back, along the floor, up a doorjamb. She is a rift in the stipulations, and she wins because she does not want anything.

In one of the other rooms somebody is yelling, however distorted and getting ever weaker. Is that me, is something of me dying, could I already be dead, even if it doesn't look like it? Laboriously I move on, uncoordinated and staggering. Several people are moving through the zone right next to me, now I can see them, but they do not notice me, nor each other. A fog surrounds us, while the huntress rolls and slides through the rooms, continuously remodeling and transforming the accessed rooms, and in this way divesting us of any possibility of orientation. We are unable to get an overview, all the doctrines of elucidation, the gathering of relevant information going beyond pure geography, fail. I was prepared for chaos, limited communication or some usual forms of enemy interaction, I had expected a certain degree of calculable uncertainty, but in the zone the ground is always unsure, I cannot attain any kind of permanent insight, the suspense does not abate. What becomes visible can, and will continue to be transformed, subject to a ceaseless cycle of alternating phases of solidity and fluidity. I try to attract the attention of the other units, but in vain. As if in slow motion they drag their equipment through the rooms, armor-like combat fatigues making them look even more sluggish. Now and then shots can be heard, but the huntress, if she is the target at all, moves much too quickly, too sinuously between the scouts and the armored units. Although I am still slightly numbed by pain and understanding, I cannot but marvel at her. Just like she spreads in the room, she permeates me and everyone present, too. Her nerve tracts and

kalkulierbarer Unsicherheit hatte ich mir erwartet, aber in der Zone bleibt der Boden stets unsicher, ich kann zu keiner dauerhaften Einsicht gelangen, die Ungewissheit nimmt nicht ab. Was sichtbar wird, kann und wird weiterhin verändert werden, ist einem unaufhörlichen Zyklus aus einander abwechselnden Phasen des Festen und des Bewegten unterworfen. Ich versuche die anderen Einheiten auf mich aufmerksam zu machen, doch es ist vergebens. Wie in Zeitlupe schleifen sie ihr Gerät durch die Räume, rüstungshafte Kampfanzüge lassen alles noch träger erscheinen. Hin und wieder sind Schüsse zu hören, doch die Jägerin, falls sie überhaupt das Ziel ist, bewegt sich zu schnell, zu wendig zwischen den Spähern und gepanzerten Einheiten. Obwohl ich immer noch leicht betäubt von Schmerz und Verstehen bin, kann ich nicht anders als sie staunend zu bewundern. So wie sie sich im Raum ausbreitet, durchdringt sie auch mich und alle Anwesenden. Ihre in der Zone sichtbaren Nervenbahnen und Verästelungen sind Ableger, deren Entsprechungen ich dumpf in mir spüre. Alles ist infiziert, sie erzieht und verbessert mich, doch auch das ist kein Plan, vielmehr etwas wie ein Nebeneffekt. Sie jagt mit Bögen und Blicken, sie ist das Undenkbare. Ihre Bewegungen sind präzise, von ständig wechselnder Geschwindigkeit, als sie auch wieder auf mich zukommt. Ich taste nach meinem Messer und erinnere mich, dass es irgendwo in meinem Rucksack sein muss, weil ich mit dieser Form direkter Attacke nicht gerechnet hatte. Jetzt kommt mir dieser mitgebrachte Gegenstand wie eine lächerliche, vergebliche Maßnahme der Verteidigung vor. Ich versuche mich daran zu erinnern, wie die Mechanismen des Messers funktionieren, welche Bewegungen nötig sind, um die Klinge mit nur einer Hand zu öffnen und zu fixieren. Während sie sich vor mir aufbaut, Schritte vor und zurück macht, denke ich an meine kindischen Übungen mit dem Messer, wie mir die Handhabung nicht so richtig gelingen wollte. Da ist eine Verbindung aus Sound, Licht und Körper, in ihrem Sein ziehen sich Raum und Zeit zusammen.

ramifications visible in the zone are offshoots whose equivalents create a dull feeling in myself. Everything is infected, she educates and improves me, but this is no plan either, rather something like a side effect. She hunts with bows and gazes, she is the unthinkable. Her movements are precise, of always changing speed when she comes up to me again. I am feeling for my knife, and I remember that it has to be somewhere in my backpack, because I did not reckon with this kind of attack. Now this object I brought along seems like a ridiculous, futile defense measure. I try to remember how the knife's mechanisms work, which movements are necessary to open and lock the blade with one hand. While she builds up before me, taking steps forwards and backwards, I am thinking of my childish practice with the knife, how I somehow never really succeeded with its handling. There is a connection of sound, light, and body, space and time contract in her being. I do not feel disgust, rather surprise and fascination about how this body stands open, an opening fissure in reality that bulges outside. I register all this, her offshoots take root and continue to work in me, and for a moment I can really see her, she is an anomaly, an immortal interference, a *glitch* which time will not make disappear. Now I can recognize the iron hands under all the layers, the golden wings and her face, too.

At the moment of her victory she abandons me already, making my defeat even greater and more consummate. She retreats through the room, turns, goes up the next best wall, going faster and faster, along the ceiling. I am staggering backwards, the indentations of her touch hurt, but at the same time also imbue me with a disconcerting euphoria. Drunkenly, I stumble through two other dark rooms until, pushing aside a curtain that is hard to detect in the murk, I reach a side wing. I try to collect myself, to calm down, spelling the word autophagia, which goes quite well, empty my backpack and arrange the instruments and pieces of equipment in

Ich empfinde keinen Ekel, mehr Überraschung und Faszination darüber, wie dieser Körper offensteht, ein sich öffnender Riss in der Wirklichkeit, der sich nach außen wölbt. Ich lasse all das zu, ihre Ableger wurzeln und arbeiten in mir weiter und ich kann sie für einen Augenblick wirklich sehen, sie ist eine Anomalie, eine unsterbliche Interferenz, ein *glitch*, den die Zeit nicht verschwinden lassen wird. Jetzt kann ich unter all den Schichten ihre eisernen Hände erkennen, die goldenen Flügel und auch ihr Gesicht.

Im Moment ihres Siegens wendet sie sich auch schon wieder von mir ab, was meine Niederlage noch größer und vollkommener macht. Sie zieht sich in den Raum zurück, dreht sich, geht, immer schneller werdend, die nächstbeste Wand hoch, die Decke entlang. Ich taumle rückwärts, die Abdrücke ihrer Berührungen schmerzen und verschaffen mir zugleich auch eine beunruhigende Euphorie. Ich stolpere trunken durch zwei weitere, dunkle Räume und gelange, einen im Finstern nicht leicht zu entdeckenden Vorhang beiseite schiebend, in einen Nebentrakt. Ich versuche mich zu sammeln, zu beruhigen, buchstabiere das Wort Autophagie, was mir gut gelingt, leere meinen Rucksack aus und lege die Instrumente und Ausrüstungsgegenstände vor mir auf. Meine Hände zittern, während ich eine angelernte Ordnung und Struktur im Mitgebrachten herstellen will, ich buchstabiere weiter, versuche es mit Autophagozytose und scheitere mehrfach an dem Begriff. Ich war immer schon schadhaft, aber das wäre mir, da bin ich sicher, früher nicht passiert. Herleitungen und Wortgeschichte, das Verzehren, den Raum und die Höhle, laut aufsagend, mache ich mir klar, dass ich über ein Phänomen wie die Zone nicht einfach berichten kann. Nein, die Zone geht durch mich hindurch, sie hat ihre Spuren in mir abgelegt, ich kann folglich nur mit ihr schreiben. Sie verfeinert und korrigiert mich, sie nimmt mich völlig ein. Ich trete zurück an den Vorhang, blicke nach draußen, meine Augen gewöhnen sich an das Dunkel.

front of me. My hands are trembling while I try to create a trained order and structure in the things I brought along, I go on spelling, trying it with auto-phagocytosis and repeatedly failing with that term. I've always been defective, but in the past, I am sure, this wouldn't have happened to me. Loudly reciting derivations and etymology, the consumption, the room and the cave, I realize that I cannot simply report on a phenomenon like the zone. No, the zone permeates me, it has left its traces within me, and consequently I can only write with it. It refines and corrects me, it takes me up entirely. I step back towards the curtain, look outside, my eyes getting used to the darkness. The zone moves with the huntress, spreads out in connection with her. Wherever she is there is the center, a currently very fast moving knot that appears to defy all laws of physics. She extends her influence, unfolds her space permanently in this place. I am here because I was indebted to someone, because I will become a part of the zone, another wreck, something overcome, in which new knowledge nests and keeps proliferating. In this transformation I recognize the fallacy of wanting to be significant. Briefly I am thinking about the threshold which may still be found but no longer opened. With my first steps, thus the alien thought within me, I was already lost to my concept of reality. The history I came from is no longer there, it has simply ceased to exist. The zone has got me. I could not be happier.

Die Zone bewegt sich mit der Jägerin, sie breitet sich in Verbindung mit ihr aus. Wo immer sie ist, da ist das Zentrum, ein sich derzeit sehr schnell bewegender Knoten, der allen Gesetzen der Physik zu trotzen scheint. Sie erweitert ihren Einfluss, entfaltet in diesem Ort permanent ihren Raum. Ich bin hier, weil ich jemandem etwas geschuldet habe, weil ich in die Zone eingehen werde, ein weiteres Wrack, etwas Überwundenes, in dem neues Wissen nistet und sich ständig ausbreitet. In dieser Veränderung erkenne ich den Irrtum, von Bedeutung sein zu wollen. Kurz denke ich an die Schwelle, die sich vielleicht noch finden, aber nicht mehr öffnen lassen wird. Mit den ersten Schritten, so der fremde Gedanke in mir, war ich bereits für meine Vorstellung von der Wirklichkeit verloren. Die Geschichte, aus der ich stamme, ist nicht mehr vorhanden, sie hat schlicht aufgehört zu existieren. Die Zone hat mich. Ich könnte nicht glücklicher sein.

Slowly and carefully,
I begin to survey the
rooms, which are
location and cinema
at the same time,
an incubator of the
alien.

89
00:44: 01:03

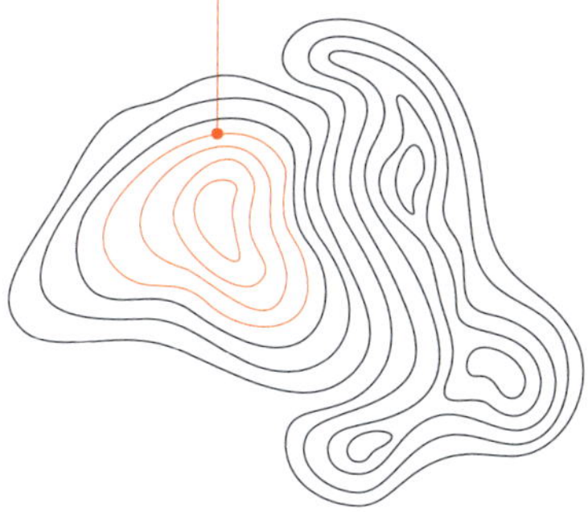

Gaze and concepts slide off a world that was remodeled and has become unfamiliar, that can no longer be controlled or harnessed. So many chairs but scarcely an empty table, agglomerations, laid-out remnants of a ship that seems to have crashed rather than landed. The chemistry of things shows in the exhibit of sharp edges, in the glittering interplay of truth and deceit.

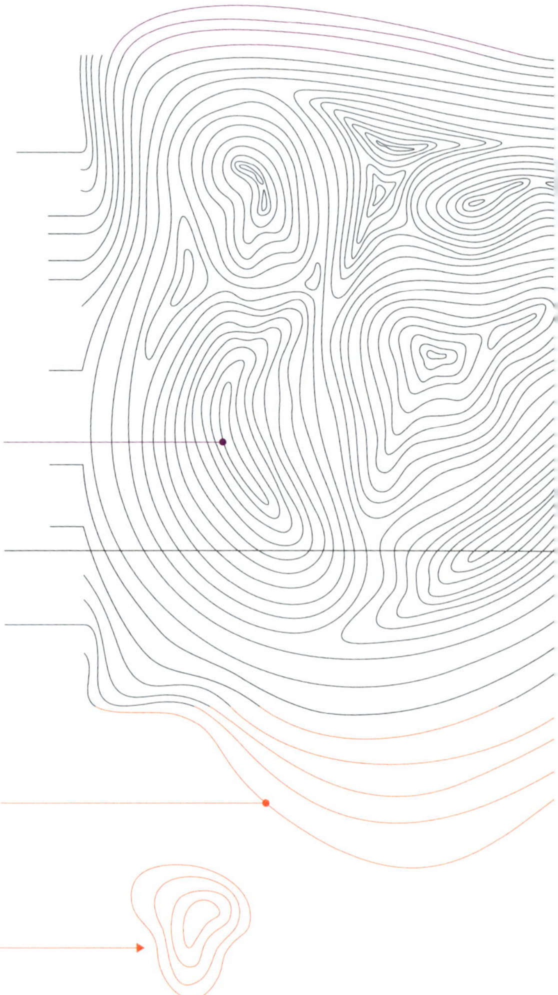

I approach the material carefully, quite as if touching a living

being.

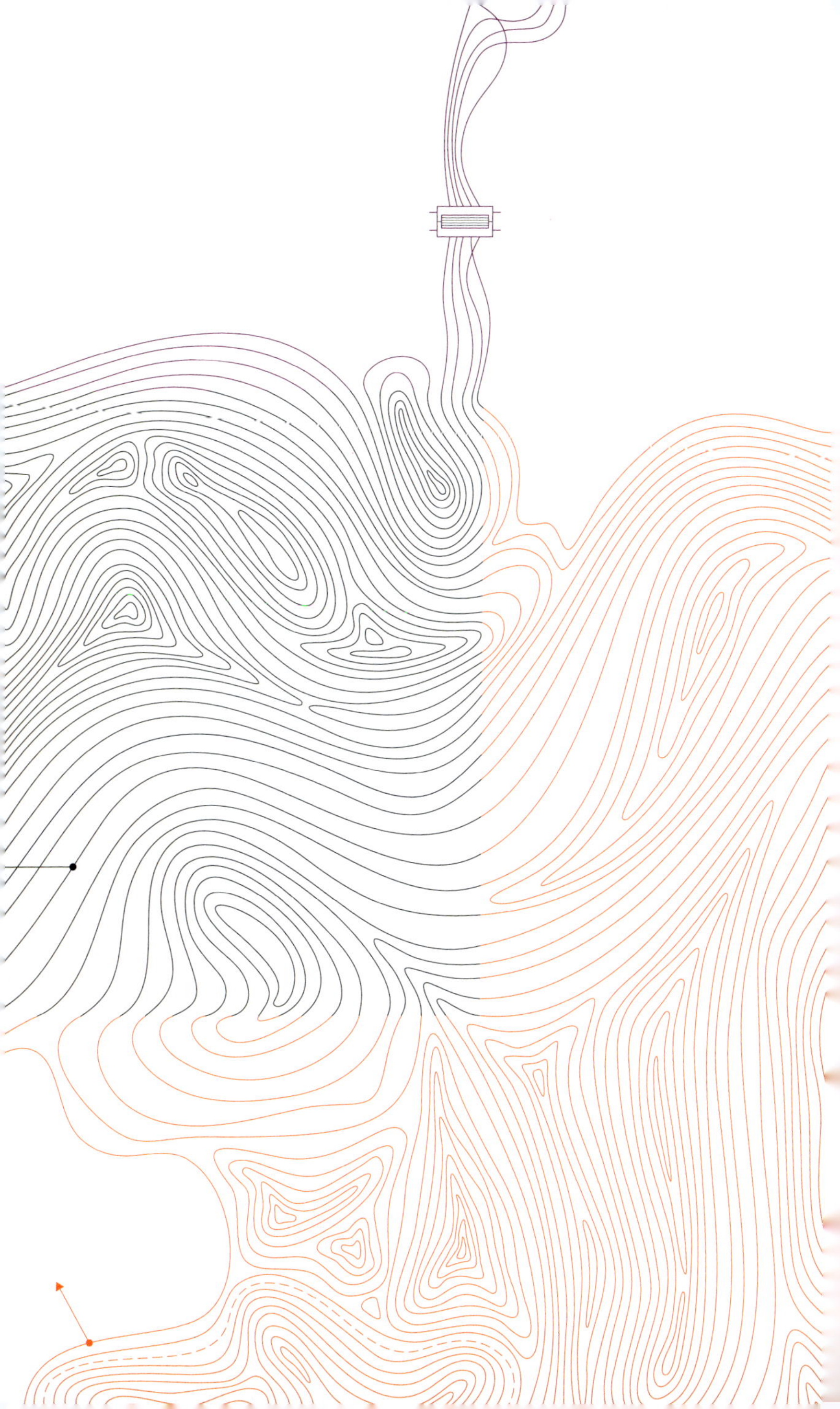

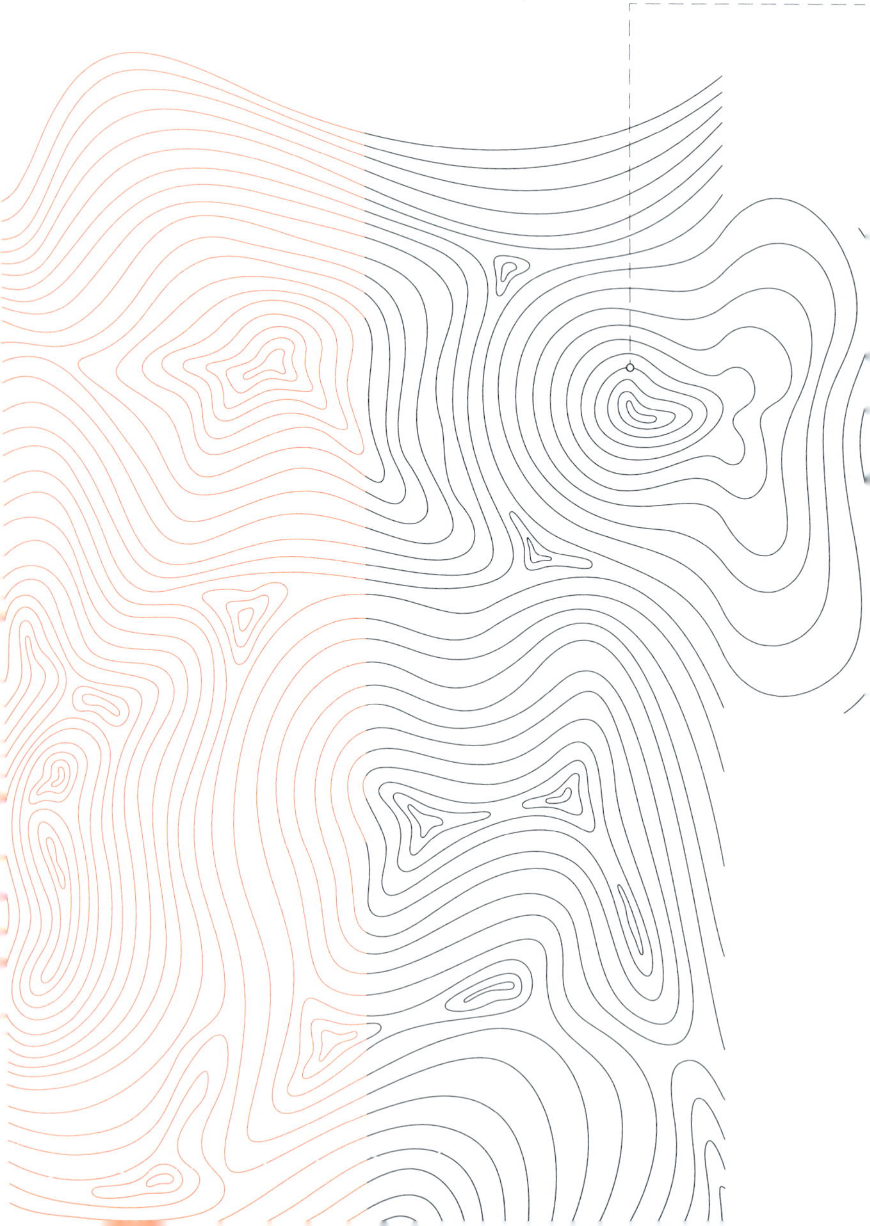

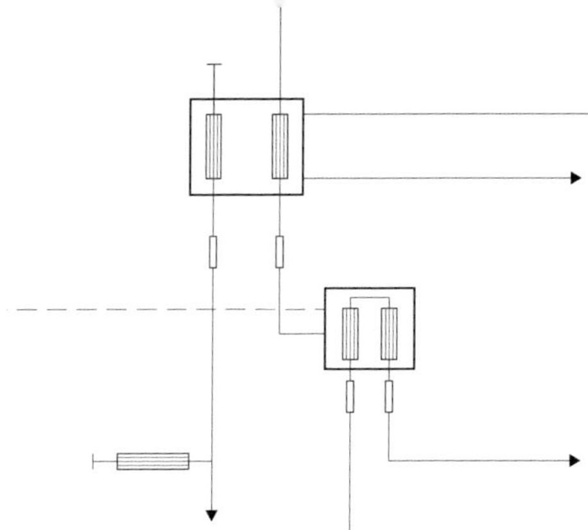

Everything here exists because it eludes, and could not have been expected in this way, because it cannot be comprehended fully by me at the moment.

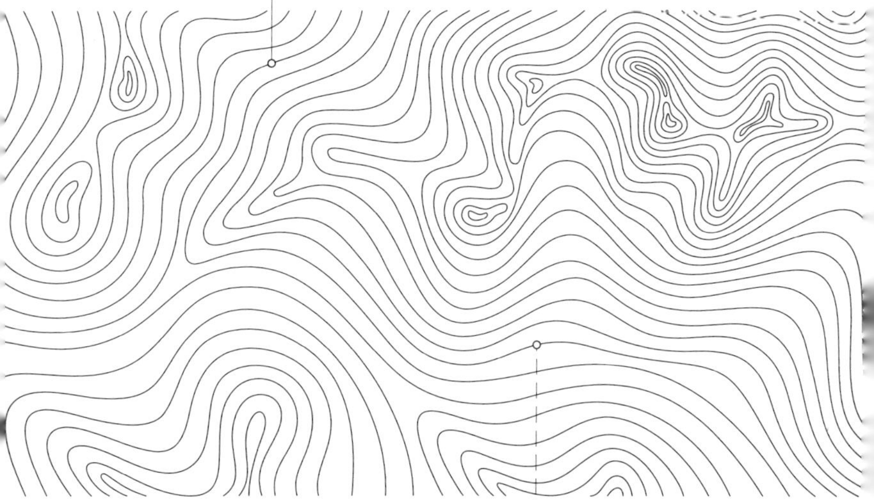

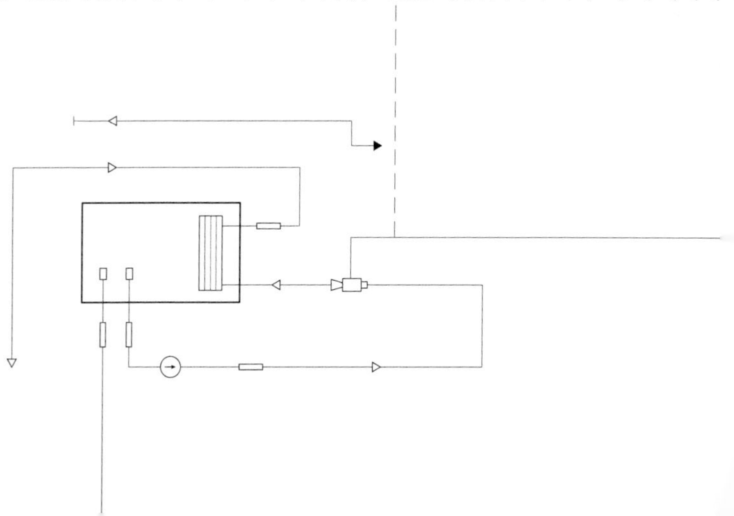

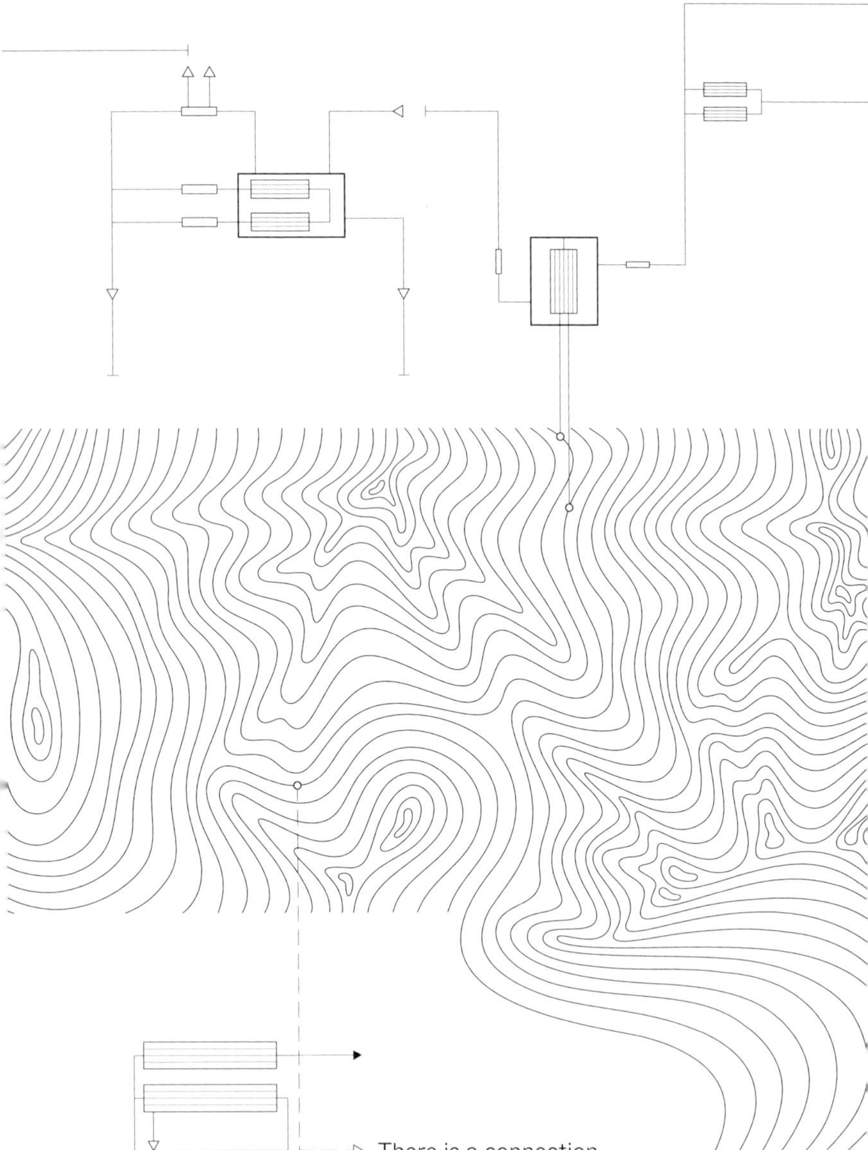

There is a connection
of sound, light, and body,
space and time
contract
in her being.

What becomes visible can
and will continue to be
transformed,

subject to a ceaseless cycle
of alternating phases
of solidity and fluidity.

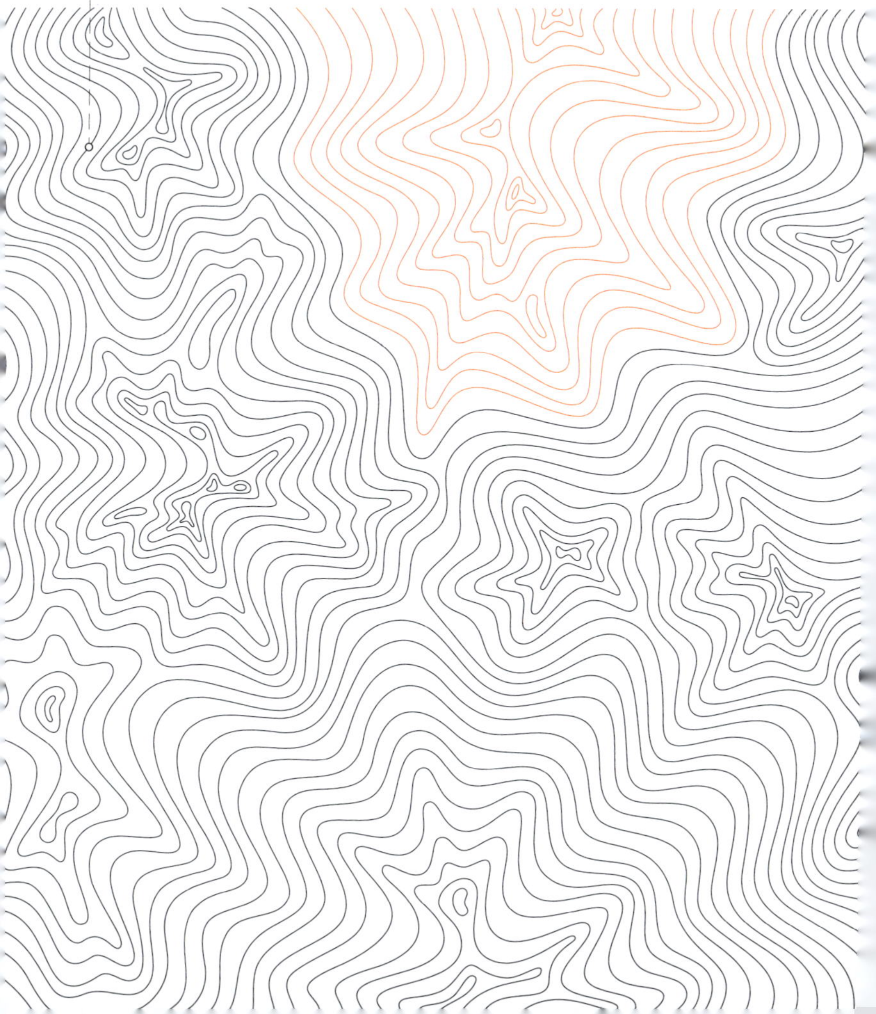

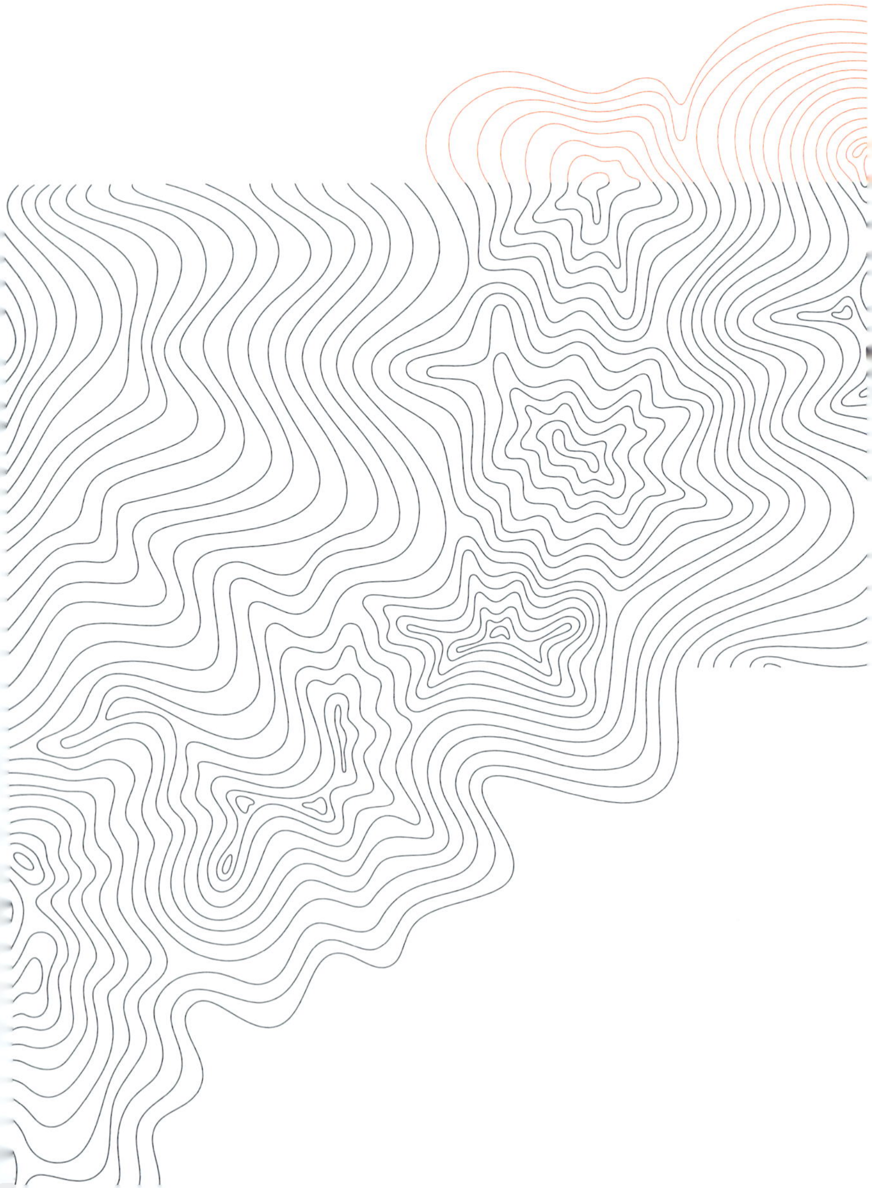

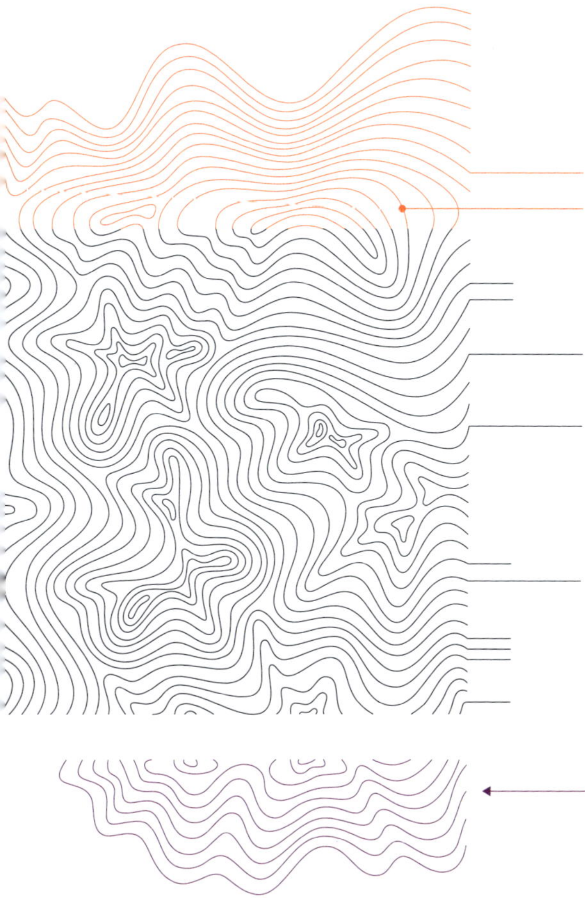

As soon as I have
cleared the threshold,
the door closes
behind me with
a snapping sound,
and flows back
into the wall
until it can barely be
distinguished from it.

Only crude,
embossed lines
remain visible.

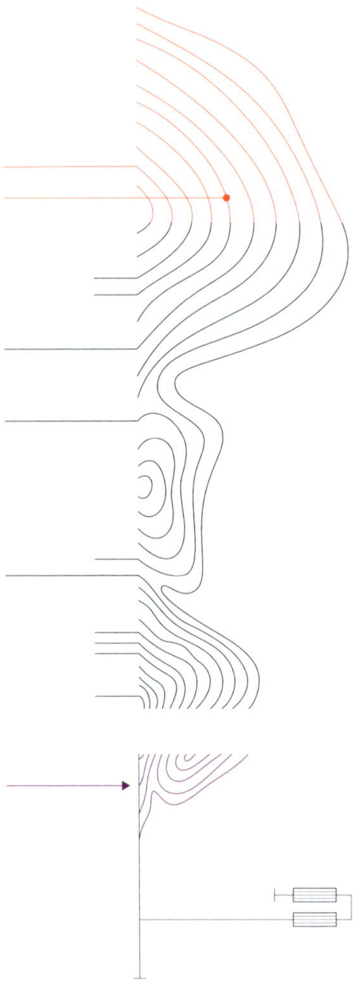

98

00:47:17:00

Schadcode

„Es mag sein, daß jener unbekannte Feind eines Tages zu unserem Heil von einem Nachbarplaneten herabsteigt, oder von irgendeiner unerwarteten Seite kommt, wenn wir uns nicht bis dahin, was bedeutend wahrscheinlicher ist, gegenseitig vernichtet haben."

Maurice Maeterlinck: Das Leben der Termiten

Wir haben auf Dich gewartet. Die Schüsse sind gefallen und Du bist gestürzt, alles ganz wie von uns berechnet.

Du musst nicht zappeln, Du darfst nicht.

Diese nun eingelassenen Fäden ziehen an Deinem Innersten.

Drei Projektile haben Deine Schutzweste durchschlagen und wir mussten nur warten, bis Du, bis zu den Knien immer noch im Wasser des Flusses, nur Augenblicke später zusammengebrochen bist.

Nein, nicht bewegen, bleib ganz ruhig.

Wir verfolgen euren stumpfsinnigen Konflikt schon länger, kennen die Lage der Verteidigungsanlagen und antizipierten die Routen eurer Vorstöße.

Malicious Code

“It may be that this unknown enemy will descend from a neighbor planet one day for our sake, or come from some unexpected side, if not until then, which is eminently more probable, we have annihilated each other.”

Maurice Maeterlinck: The Life of Termites

We waited for you. The shots were fired and you fell, everything according to our calculations.

You must not fidget, you're not allowed to.

These threads now inset are pulling at your innermost.

Three projectiles penetrated your protection vest, and we only had to wait until you, still in the river’s waters up to your knees, collapsed only moments later.

No, don’t move, just stay quiet.

We’ve been following your mindless conflict for a while now, we know the position of your fortifications, and we anticipated your routes of advance.

No, you are not dead. We won’t allow that to happen, you’re worth more to us alive for the time being.

Nein, Du bist nicht tot. Das lassen wir nicht zu, lebend nutzt Du uns vorerst noch mehr.

Wir tun was nötig ist, notwendig. Wir bewahren Dich.

Du bist in Sicherheit. Du bist *jetzt* in Sicherheit.

Niemand wird Dich in dem Durcheinander vermissen. Man wird einfach annehmen, auch Dein Leichnam wäre einfach abgedriftet, erfasst vom Wasser und seinen Bewegungen.

Nochmals, nein, Du bist nicht tot. Du bist jetzt ein Gefährt, eine Arche.

Wir zählen, kalkulieren, bauen Dich um.

Du bist uns ein Schiff, das immer weniger Du sein wird und zugleich doch. Das ist kein Rätsel. Aber es gibt Dringlichkeiten, die Du nicht verstehen würdest.

Wir wundern uns über Dein Gehirn, aber wir lachen nicht. Uns fehlt der Humor.

Deine Linke war uns eine Brücke, die Übersiedelung der Kolonie hat besser funktioniert, als wir es annehmen konnten.

Ja, wir haben schon abgelegt, sind unterwegs. Die Zügel und Fäden sind auch zu Deiner Sicherheit, mehr aber zu unserer.

Ja, wir erzählen Dir, binden Dich ein, aber wir reden nicht darüber, dass wir Dich vorübergehend nötig haben.

Das ist eine Übernahme, eine Verbesserung. Du wirst endlich einen wirklichen Nutzen haben.

We will do what is needed, necessary. We preserve you.

You are safe. You are safe *now*.

No one will miss you in the confusion. They will simply assume that your corpse, too, just drifted away, caught by the water and its movements.

Once again, no, you're not dead. But you are now a vehicle, an ark.

We count, calculate, reconstruct you.

For us you are a ship that will be ever less you yet simultaneously stay you. That's no mystery. But there are exigencies you would not understand.

We are amazed by your brain, but we do not laugh. We lack the humour.

Your left hand was a bridge to us, relocating the colony worked better than we could have anticipated.

Yes, we have already taken off, are on our way. The reins and threads are for your security, too, but more for our own.

Yes, we tell you things, integrate you, but we do not talk about the fact that we only need you temporarily.

This is a takeover, an improvement. At last you will be really useful.

We excavate you circumspectly, a little more with every click covered.

No waste, nothing remains unused or gets scrapped, there is no ultimate residue.

Wir höhlen Dich umsichtig aus, mit jedem zurückgelegten Klick ein wenig mehr.

Keine Verschwendung, nichts bleibt unverwendet oder fällt ab, es gibt keinen endgültigen Rest.

Nichts stößt uns ab. Alles kann und wird uns Material sein in unserer Rastlosigkeit. Was nicht benötigt wird, ist Futter.

Wir steuern Dich weiter den Fluss hinab, wir regulieren Deine Temperatur, verkleben die Öffnungen, dichten ab.

Wir reisen niemals ohne Sporen. Was wir Dir anzüchten, wird Dich ganz verwandeln.

Du bist gerade eben noch nicht tot, bist Du jetzt zufrieden. Vertraue auf die Chemie und auf die Schatten. Wir sind damit vertraut.

Wir kennen das Feuer, alle Elemente. Wir schätzen wie geräumig Deine Bauchhöhle ist. Unsere Königinnen finden dort genügend Platz.

Nein, von Männern oder gar Prinzen haben wir noch nie viel gehalten. Die Größe unserer Königinnen ist Ausdruck unserer Bedeutung.

Wer wirklich bei uns herrscht, was ist das für eine kleinliche Frage. Aber wenn Du so willst. Wir sind ein Tyrann ohne Gestalt, eine unpersönliche Harmonie.

Wir stehen uns fern. Wir sind alt, viel älter als Deinesgleichen.

Ja, wir sind eine vielfältige Gemeinschaft, schätze Dich glücklich.

Wir wickeln Dich in Sätze ein, Streifen für Streifen.

Nothing repels us. Everything can, and will be material for us in our restlessness. Whatever is not needed becomes food.

We steer you farther down the river, we regulate your temperature, glue the apertures up, waterproof.

We never travel without spores. The things we breed on you will completely transform you.

You're just barely not dead yet, you are satisfied now. Trust in chemistry and in the shadows. We are familiar with them.

We know fire, all elements. We appreciate how spacious your abdominal cavity is. Our queens find enough room there.

No, we've never thought much about men, let alone princes. The size of our queens expresses our importance.

Who really reigns us, what a small-minded question that is. Well, if you insist. We are a tyrant without shape, an impersonal harmony.

We are distant from each other. We are old, much older than your kind.

Yes, we are a variegated community, you may count yourself lucky.

We wrap you in sentences, strip by strip. In this sensitive point our natures meet.

We may be small, mostly inferior, but we count ourselves in legions.

An diesem heiklen Punkt treffen sich unsere Naturen. Wir mögen klein sein, zumeist unterlegen, aber wir zählen uns in Legionen.

Wir leben nur für das Gesetz, für den Wandel, der uns seit den ersten Tagen begleitet, und für Momente, wenn wir kurz sichtbar werden, gefragt sind.

Wir sind genau dafür gemacht, zwischenzeitlich häufen wir Erde und Vergangenheit an.

Erfahrungen wandern durch unsere Gesellschaft, wir verändern uns und existieren unaufhörlich.

Wir wissen mehr als Du, vor allem wissen wir *anders*. Unser Gehör ist fein, unsere Tanzschritte sind lesbar gesetzt.

Wir streben einem Ideal zu, das wir nicht ermessen können. Zwischenzeitlich lernen wir aus unseren Niederlagen.

Nein, von den Feuern der letzten Nacht wollen wir eigentlich nicht sprechen.

Aber die Projektile in Deinem Körper interessieren uns. Wir werden sie bewahren, ablegen, in unserem künftigen Bau studieren.

Ja, wir werden wieder einen Bau haben. Eine Festung ist alles für uns.

Es braucht Umsicht und Wachsamkeit. Schon kleinste Lücken können zum Untergang führen, zum Verlust der Kolonie.

Wir bauen von Innen nach Außen, geben Teile unserer belagerten Häuser nur nach und nach auf.

We only live for the law, for the change that has accompanied us since the first days, and for moments when we become visible for a short while.

That's exactly what we are made for, meanwhile we accumulate soil and the past.

Experiences wander through our society, we change and exist perpetually.

We know more than you, in particular we know *differently*. Our hearing is acute, our dance steps are set legibly.

We're aspiring to an ideal we cannot assess. In the meantime we learn from our setbacks.

No, we don't really want to talk about last night's fires.

But we're interested in the projectiles in your body. We will keep them, deposit them, study them in our future nest.

Yes, we will have a nest again. A fortress is everything to us.

Circumspection and watchfulness are needed. Even the smallest gap may lead to destruction, to the loss of our colony.

We build from the inside outwards, only abandoning parts of our beleaguered houses little by little.

We learn from our setbacks. Natural enemies, the sound alone.

We have our own wars, not surveyable by you, and only purportedly without meaning.

At this point we could say that you will see. But you will not.

Wir lernen aus den Niederlagen. Natürliche Feinde, wie das schon klingt.

Wir haben unsere eigenen Kriege, für euch nicht zu überblicken und nur vermeintlich ohne Bedeutung.

Wir könnten an diesem Punkt sagen, ihr werdet schon sehen. Aber das werdet ihr nicht.

Unsere Kriege verbessern uns. Das ist eine von vielen Tatsachen, die Du nie verstehen können wirst.

Nein, das hat nichts mit Gerechtigkeit zu tun. Auch dieses Konzept haben wir schon vor langer Zeit überwunden.

Alle, wirklich alle Körper beugen sich unserem Willen, Deiner und auch unsere. Klingen auszubilden ist eine Leichtigkeit für uns.

Unsere Soldatinnen sind streng abgezählt, geben Signale, sie erfüllen ihre begrenzten Rollen überaus gut.

Nein, mit den an die Glieder angeschweißten Waffen kann man nicht essen, man muss gefüttert werden.

Wir sind von zweifelhafter Färbung, bei Bedarf ähneln wir unserer Umgebung, unserem neuen Zuhause.

Was die Körper also wissen und die Köpfe abstreiten. Oder war es umgekehrt.

Wir sind alles, was von Dir bleiben wird, sei zufrieden.

Schlaf jetzt, Schiff. Schlaf.

Wir haben noch einen langen Weg vor uns.

Our wars improve us. That is one of many facts you will never be able to understand.

No, this has nothing to do with justice. That's another concept we overcame a long time ago.

All, really all bodies bend to our will, yours as well as ours. Cultivating blades does not cost us any effort.

The numbers of our female soldiers are exact, they give signals, fulfill their restricted roles extremely well.

No, one cannot eat with the weapons welded to one's limbs, one has to be fed.

We are of dubious coloration, we resemble our surroundings, our new home as needed.

So, what the bodies know and the heads deny. Or was it the other way around.

We are all that will remain of you, be contented.

Sleep now, vessel. Sleep.

We still have a long way to go.

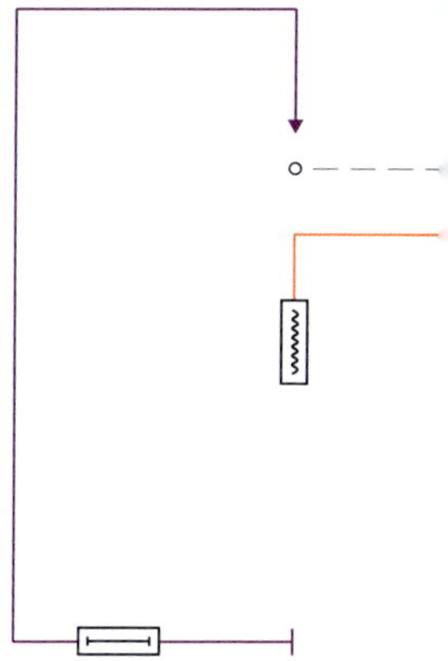

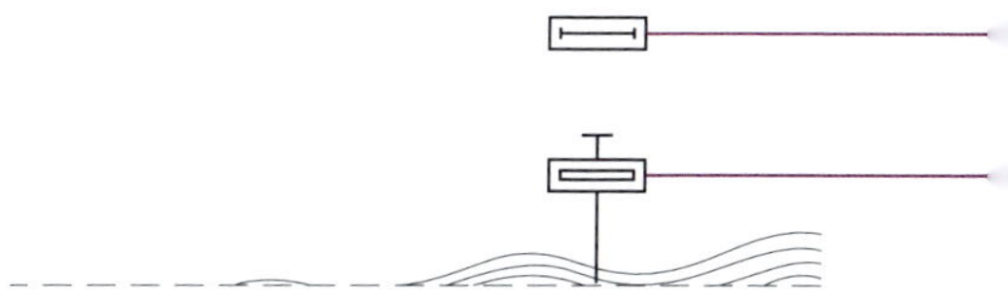

111

00:56:37:15

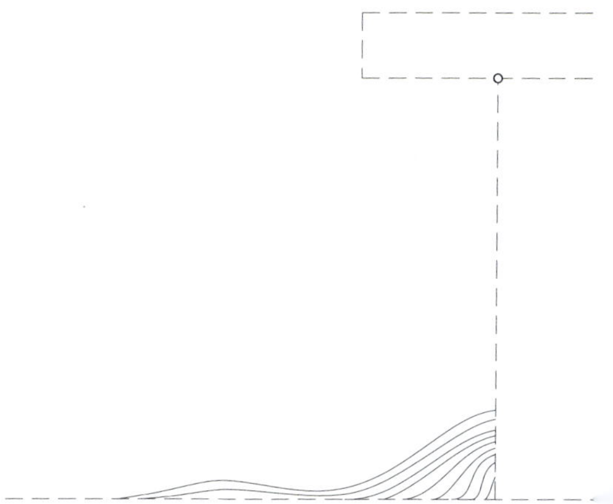

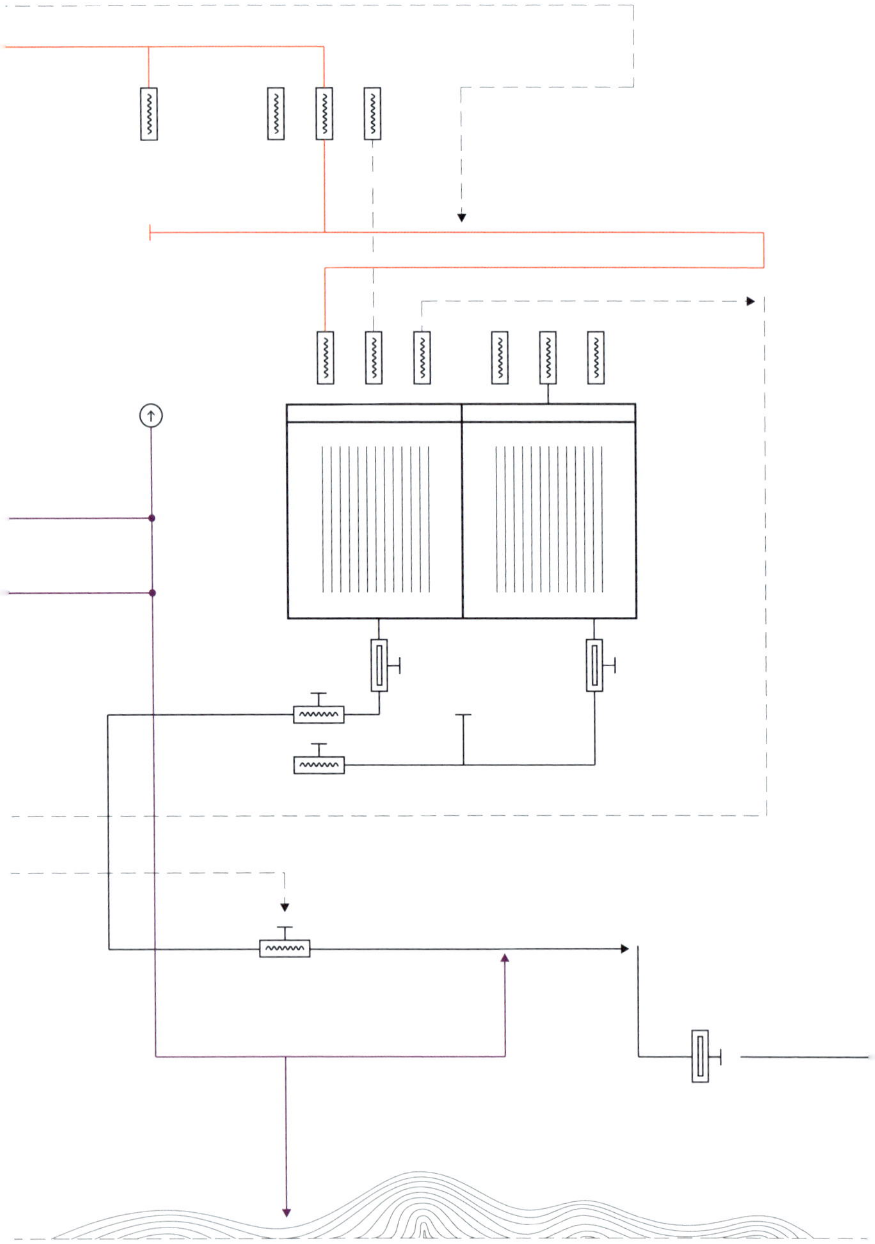

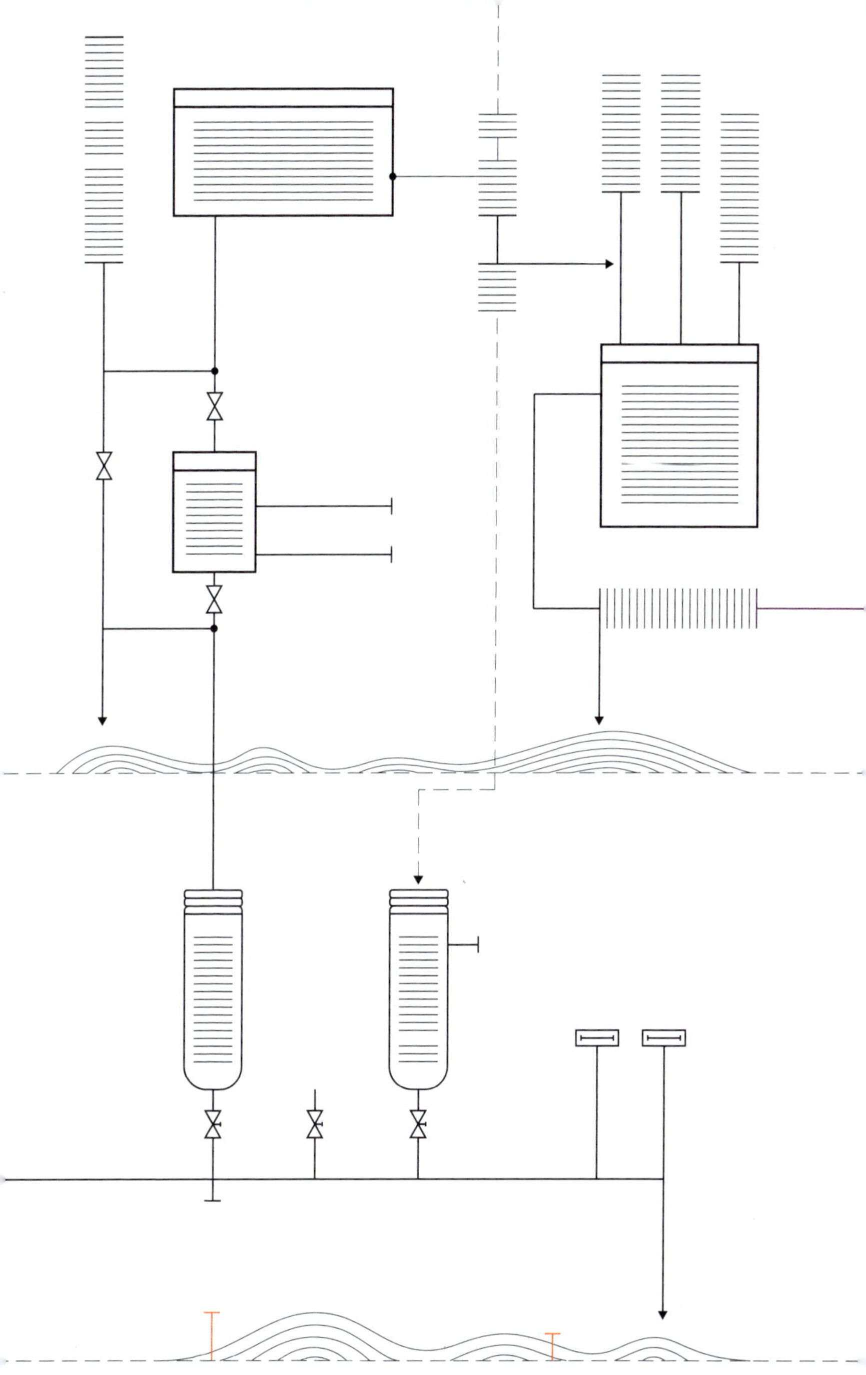

We wrap you in sentences,
strip by strip.
In this sensitive point
our natures meet.

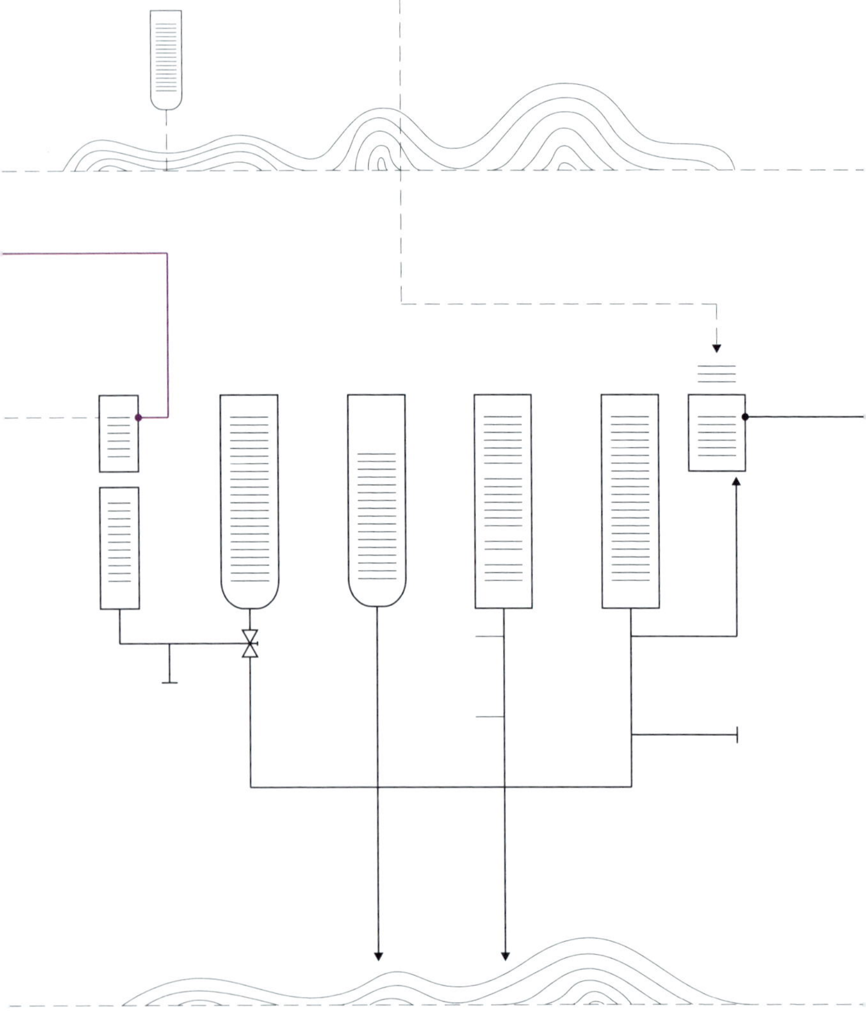

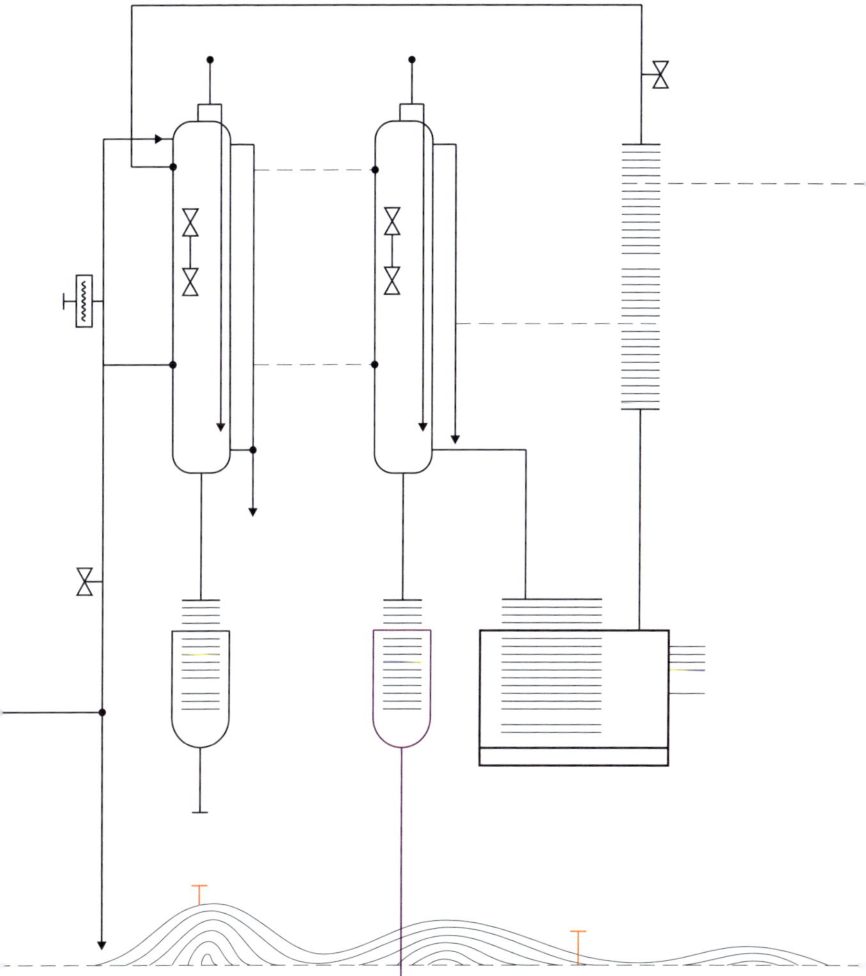

We may be small,
mostly inferior,
but we count ourselves
in legions.

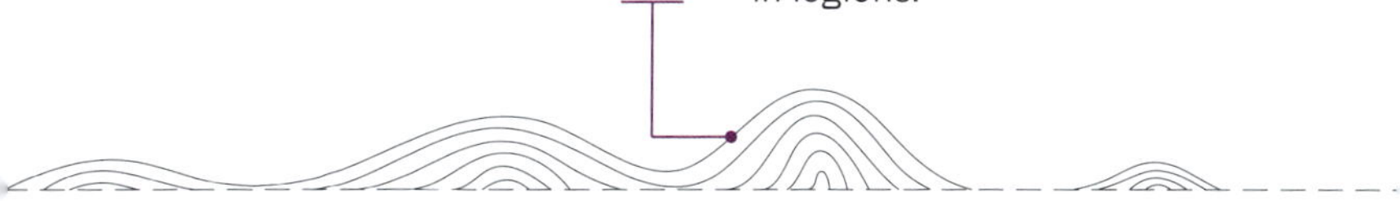

We know more than you,
in particular we know differently.
Our hearing is acute,
our dance steps are set legibly.

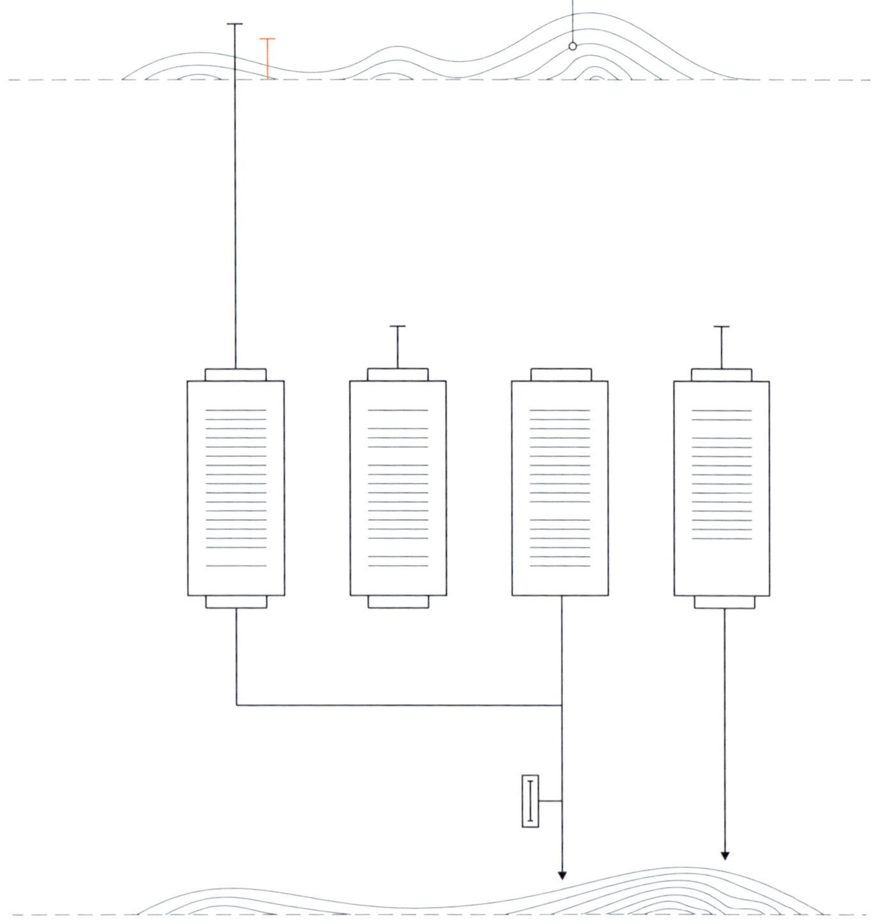

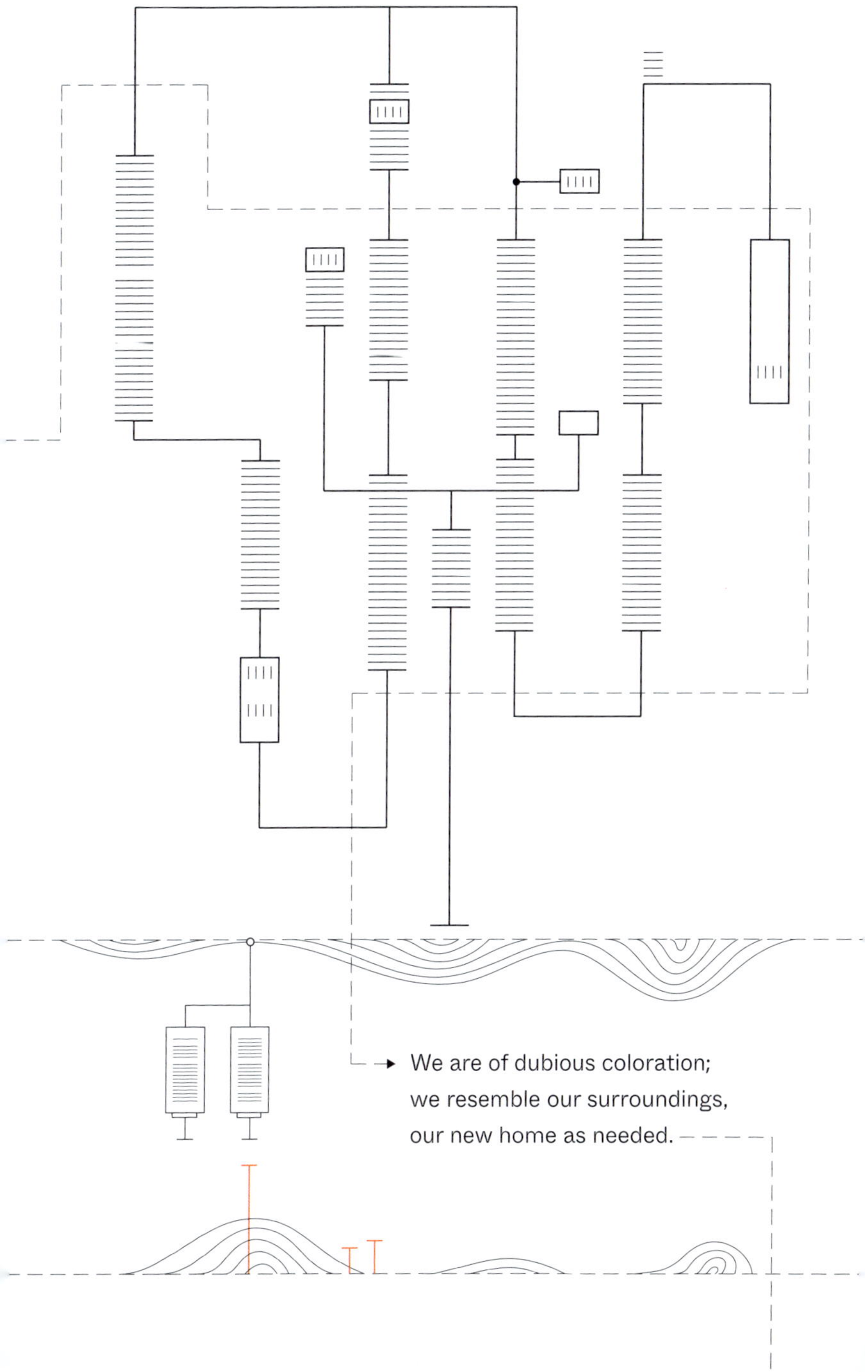

We are of dubious coloration;
we resemble our surroundings,
our new home as needed.

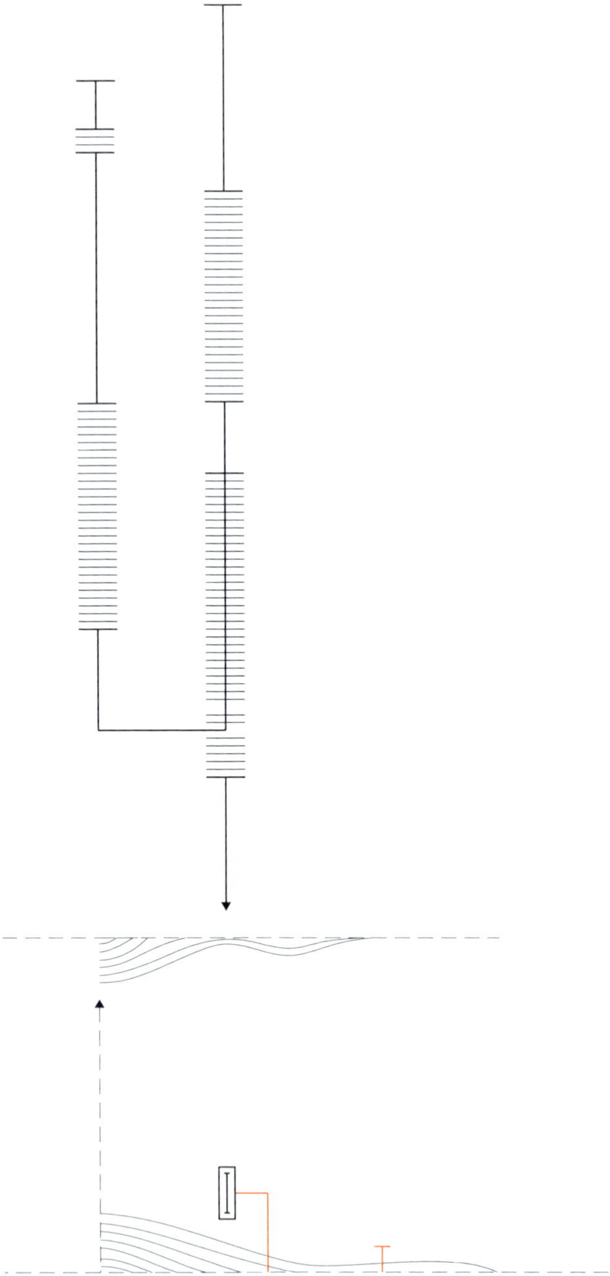

118

00:58:28:21

Rhizophora *oder* Was aus ihrem Mund kam

„Illness is the night-side of life, a more onerous citizenship.“

Susan Sontag: Illness as Metaphor

Wir stranden hier und tun so, als könnten wir einfallen, als hätten wir noch die Kraft dazu. Wir sehen das Tor an, als hätten wir es geöffnet, als wäre es nicht die Verbindung zwischen Haus und Körper. An diesem Ort wollen wir heimisch werden, uns zwischen Räumen der Gesundheit und der Krankheit zumindest vorerst niederlassen. Wir wollen uns festsetzen, wir diagnostizieren, delirieren. Die verbrannten Barken hinter uns bezeugen, dass wir kalt und grausam sind, präzise. Wir richten uns nach der Weisung des Orakels, beugen uns dem Spruch, erwarten geduldig die Zukunft als Bestrafung. Wir lernen immer noch die Lektion, dass Prophetie auch mit dem Verständnis der Geschichte, dem Verknüpfen des Vergangenen zu tun hat. Diesmal wird es anders werden, so behaupten wir und glauben es für einen kostbaren Moment sogar, aber wir wissen immer schon, dass es nicht anders werden kann, dass das so nicht stimmen wird. Wir verstehen nicht, deshalb würgen wir Worte hervor, legen sie zu Sätzen

Rhizophora *or* What Came Out of Her Mouth

> "Illness is the night-side of life, a more onerous citizenship."
>
> Susan Sontag: Illness as Metaphor

We're stranding here and pretending that we're able to foray, as if we still had the power to do so. We look at the door as if we had opened it, as if it were not the connection between house and body. In this place we want to become native, to settle between spaces of health and sickness at least for the time being. We want to entrench ourselves, we diagnose, we fantasize. The burnt barges behind us attest that we are cold and cruel, precise. We comply with the oracle's guidance, yield to the verdict, patiently await the future as punishment. We are still learning the lesson that prophecy also is connected with the understanding of history, with catenating things past. This time it will be different, we maintain and even believe it for a precious moment, but we always know already that it cannot become different, that it will not be right that way. We do not understand, which is why we retch out words, lay them out into sentences, bundle them in thick wads. We report, because that is at least something we understand,

auf, bündeln sie zu dicken Knäueln. Wir berichten, weil wir zumindest davon etwas verstehen, das ist die Wahrheit der Akten. Wir heben Gruben für die Sätze aus, Aufzeichnungen finden für uns vor allem auch im Raum statt. Wie wir notieren, geht nicht nur über die Zeit hinweg. Wir vermerken, um zu verstehen, um herauszufinden und zu lichten. Nein, wir ersetzen keine Disziplin, darin sind wir ebenfalls nicht ausgebildet, auch darin sind wir völlig unbegabt. Resonanz ist, was bleibt, wenn wir erneut enttäuscht haben. Wir lehnen jegliche Verantwortung ab, nachts würgt uns deshalb etwas im Schlaf, auch das geht vorbei. Sprache und Objekte dienen uns als Instrumente, wir erkunden so sensibel wir nur können, also nicht sehr. Wir sind delikat, wir sind der blanke Horror, verlieren Form und Fassung. Lange Ärmel verdecken alte und neue Verletzungen, eine Narbe ist eine Erinnerung, aber woran. Wir verschweigen die Wahrheit, sie wird uns mitunter lästig. In schwachen Momenten wollen wir etwas gestehen, doch Konflikte scheuen wir. Man täuscht sich wiederholt in uns, wir schieben Worte vor, wollen angeblich etwas wie Ruhe haben. Wir waren nie eure Freunde, eure Lieben, wir waren vielleicht bloß ambivalent und etwas gelangweilt. Nein, wir wissen auch das nicht. Wir vervielfältigen uns, treiben aus, weil uns ständig Teile absterben. Wir gehen ein in was wir nicht durchblicken und sprechen dabei leichtfertig von Gefühlen, eben weil wir sie weder haben noch kennen. Was wir alles gelernt haben vorzutäuschen, um gesund zu wirken, was wir vergessen und übersehen haben. Wir versuchen nicht in Niederlagen zu denken oder gar in Verlusten. Wir waren die einst vielversprechenden Hoffnungen, was ist aus uns geworden. Wir wissen, wir sind sterblich und die Zeit läuft uns davon, aber auch das wollen wir nicht wahrnehmen. Wir tun so, als ob wir bis in alle Ewigkeit so weitermachen könnten, als ob wir einfach weiterhin bloß üben dürften. Wir legen die Worte in den Grund, wir verbergen den Bericht aus Sätzen, damit er gut verborgen ist, damit er gedeiht. Wir werden in dieses

it is the truth of the files. We dig ditches for the sentences, for us recordings also take place primarily in space. How we take notes does not just extend over time. We register in order to understand, to find out and to thin out. No, we do not replace any discipline, that is not what we are trained for either, we are completely untalented in that respect, too. Resonance is what remains when we have disappointed again. We disclaim any responsibility, which is why at night something suffocates us in our sleep. That, too, passes. Language and objects serve as our instruments, we explore as sensitively as we can, which is not very. We are delicate, we are sheer horror, lose form and countenance. Long sleeves cover old and new injuries, a scar is a memory, but of what? We keep quiet about the truth, as it tends to become cumbersome. In weak moments we want to confess something, but conflicts we eschew. One is repeatedly mistaken about us, we plead words, ostensibly we want to have something like peace. We were never your friends, your beloveds, we were perhaps merely ambivalent and somewhat bored. No, we don't know that either. We multiply, we leaf out because parts of us are always dying off. We enter into what we cannot see through, and doing so talk airily about feelings, just because we neither have them nor know them. All the things we have learned to pretend in order to appear healthy, what we have forgotten or overlooked. We do not try to think in setbacks or even in losses. We were the once promising hope, what has become of us? We know that we are mortal, and we're running out of time, but we don't want to realize that either. We act as if we could go on like that from here to eternity, as if we were allowed simply to keep on practicing. We put the words in the ground, we conceal the report of sentences so that it is well hidden and can thrive and prosper. We will merge into the masonry, be just another bunch of ghosts. We will not have understood, not even our own mission. Nothing will really have happened or ever have begun.

Gemäuer aufgehen, einfach ein paar Gespenster mehr sein. Wir werden nicht verstanden haben, auch den eigenen Einsatz nicht. Nichts wird wirklich passiert sein oder je begonnen haben.

127

01:04:27:12

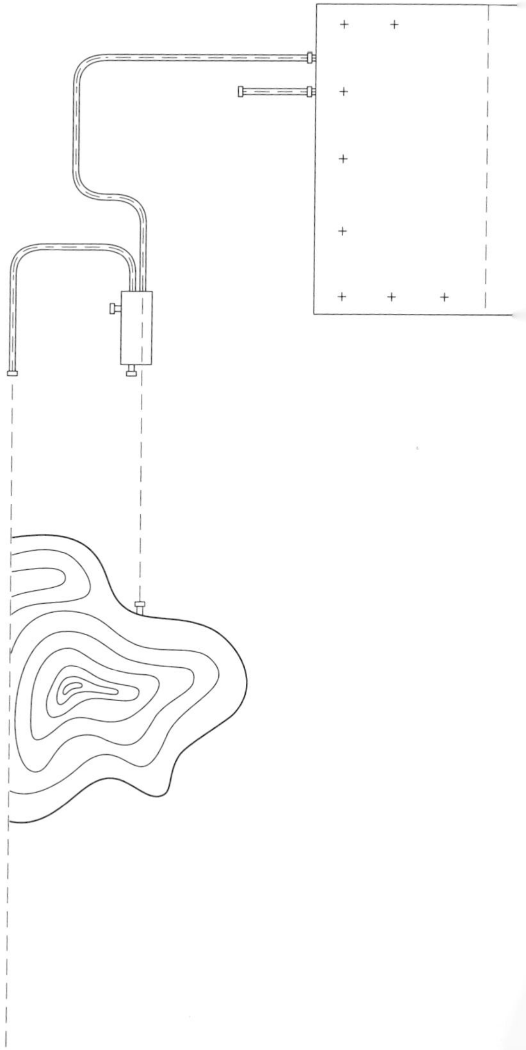

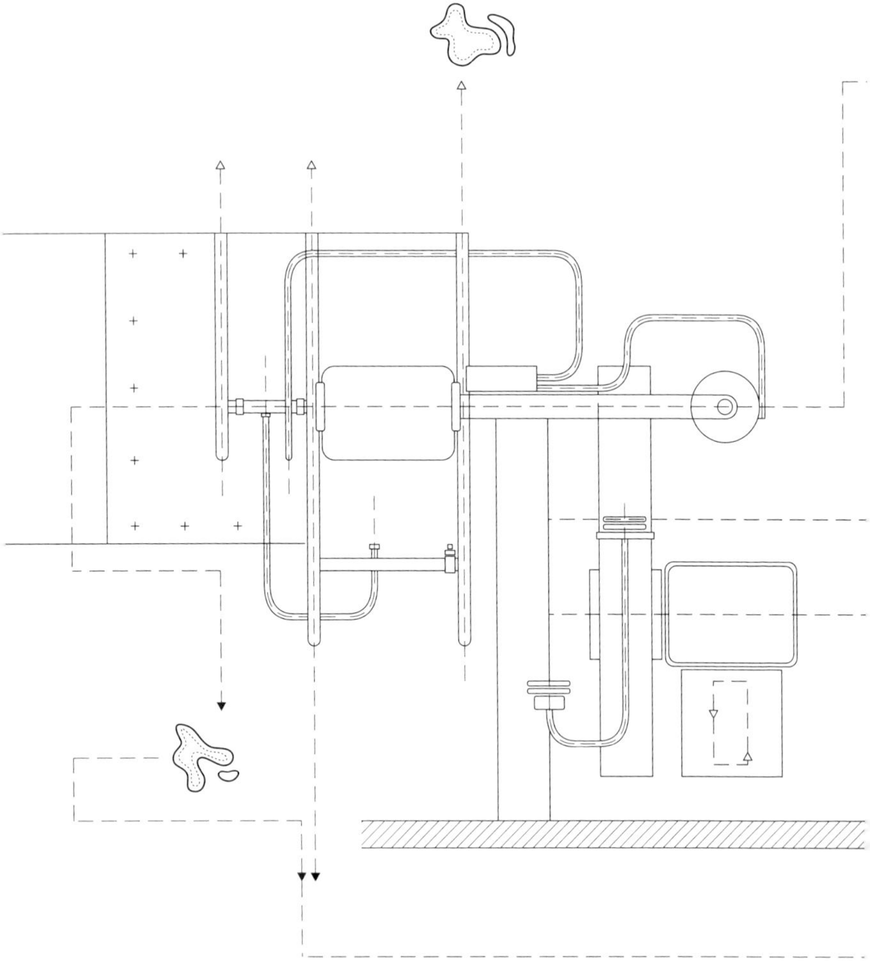

Language and objects serve as our instruments, we explore as sensitively as we can, which is not very.

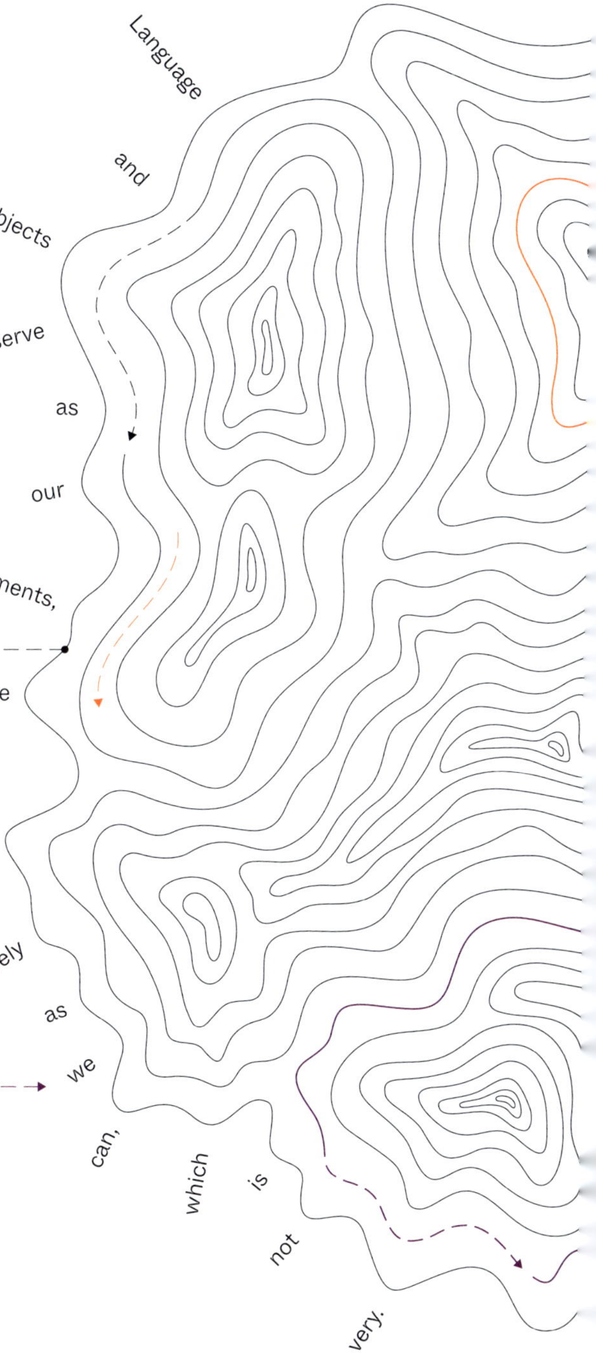

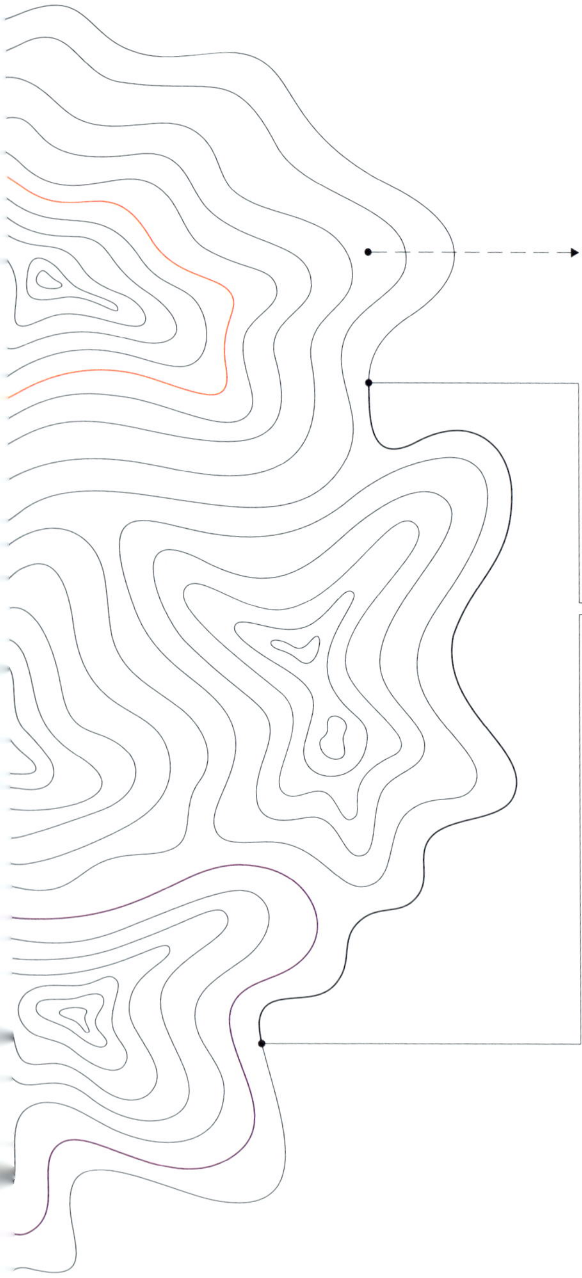

We dig ditches
for the sentences;

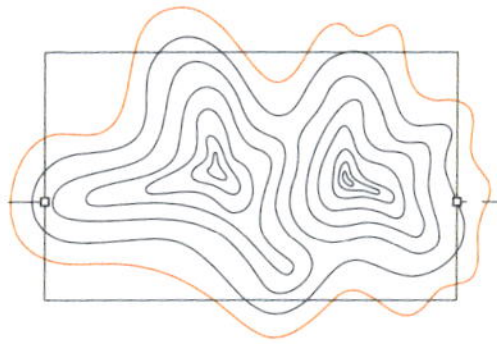

for us, recordings
also take place
primarily in space.

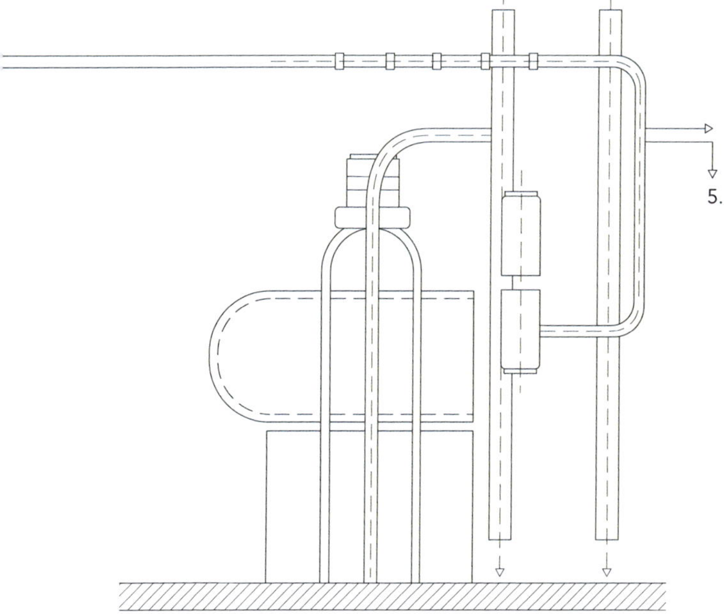

How we take notes does not just extend over time.

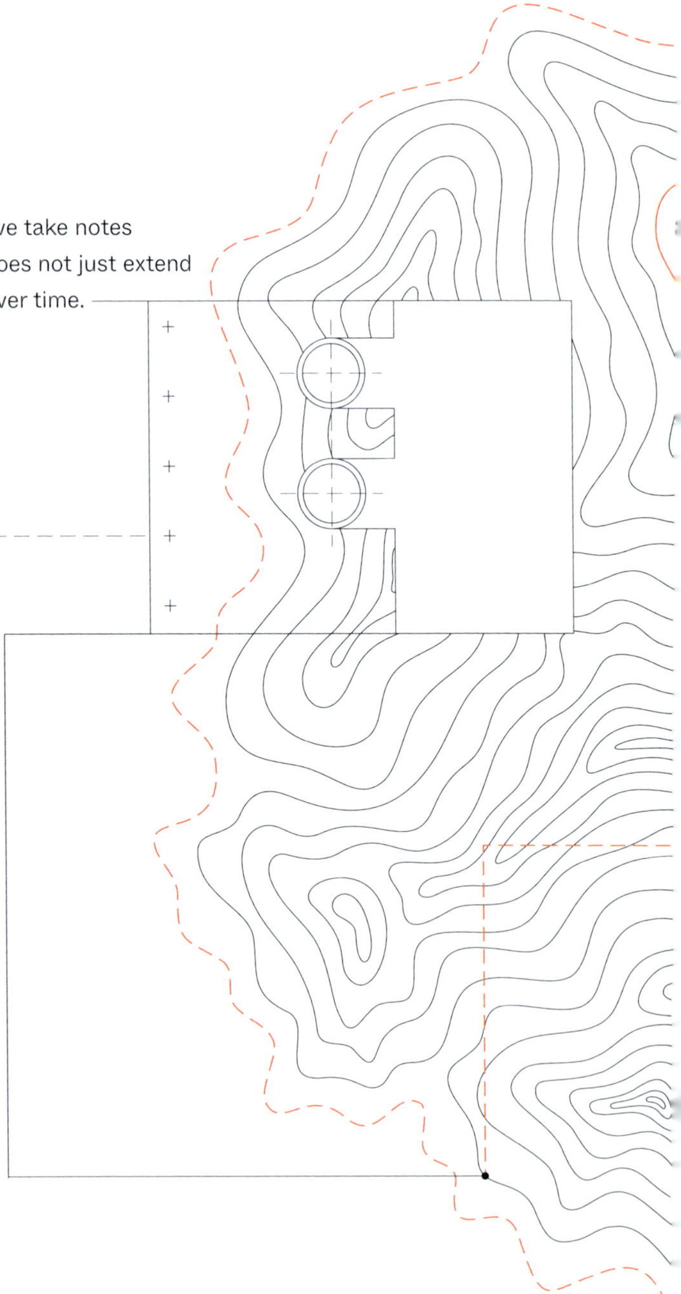

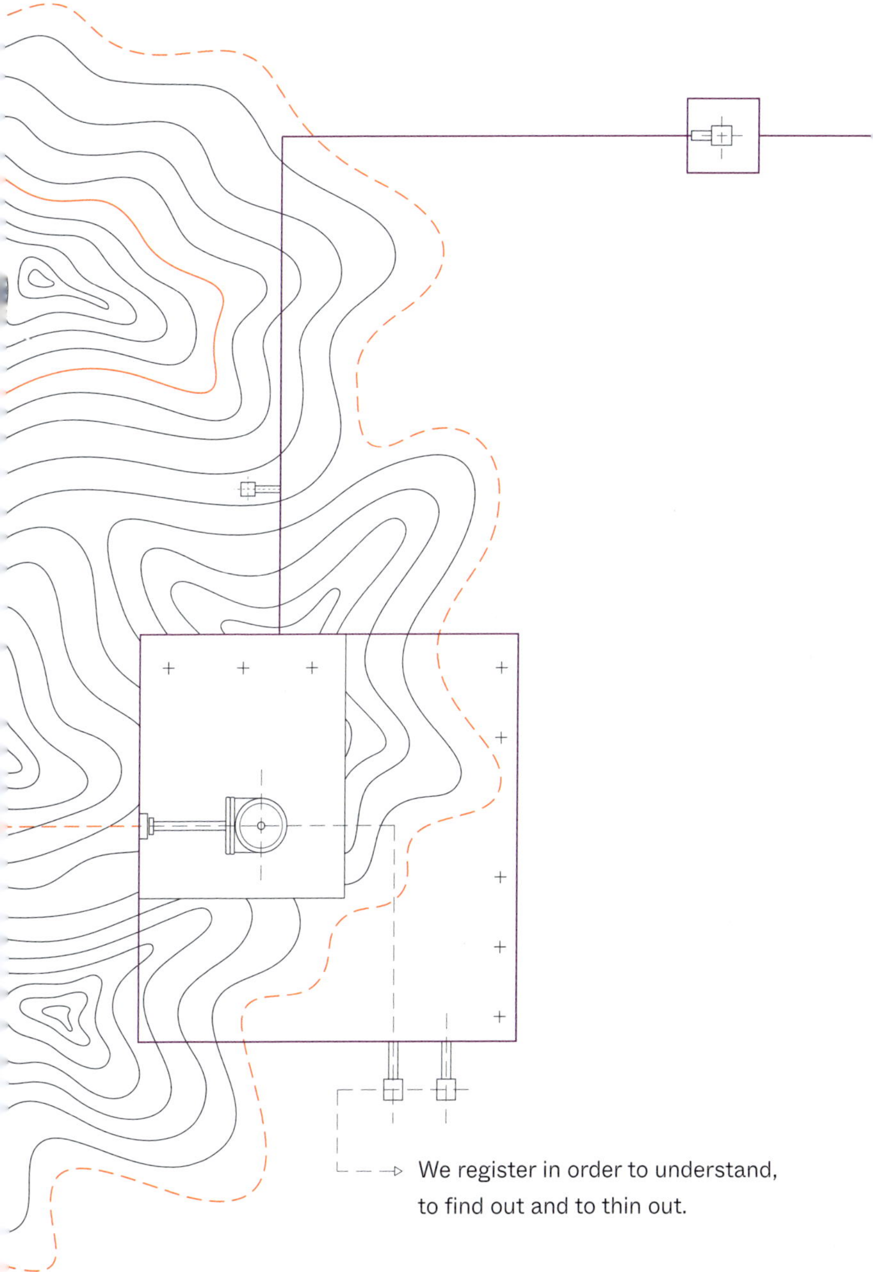

We register in order to understand,
to find out and to thin out.

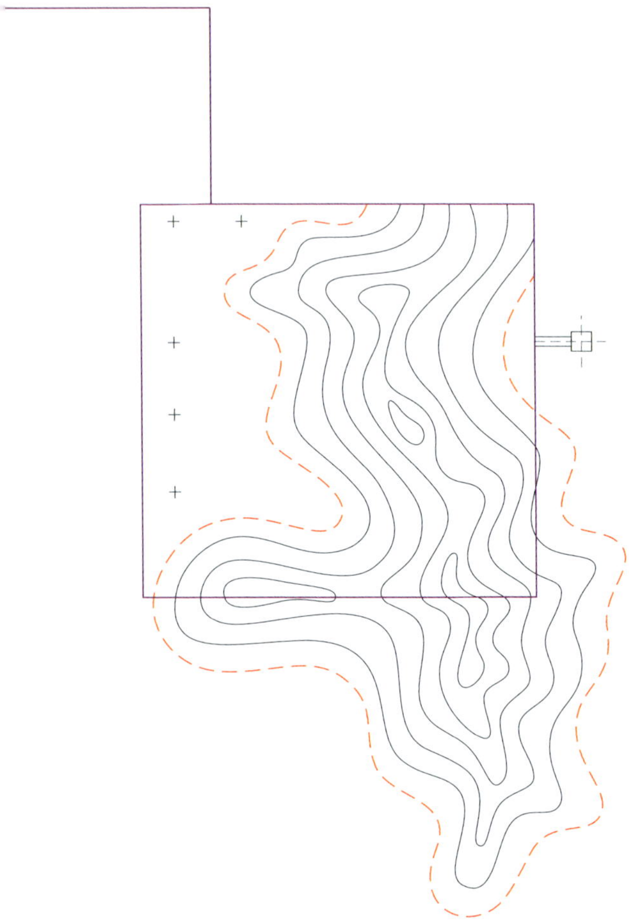

134

01:06:05:02

Carbon Copy

„Is that the famous mechanical windup shepherd
Who comes with instructions and service manual?“

Charles Simic: Strictly Bucolic

Lesen Sie unbedingt die Gebrauchsanweisung vor Installation und Inbetriebnahme.

Dadurch schützen Sie sich und vermeiden Schäden.

Dieser Replikant muss gemäß dieser Gebrauchsanleitung gewartet und betrieben werden.

Für Schäden, die durch Nichtbeachtung der Gebrauchsanleitung entstehen, wird vom Produzenten nicht gehaftet.

Dieser Replikant bietet Ihnen höchste Qualität und ausgereifte Technologie.

Dieser Replikant entspricht den vorgeschriebenen Sicherheitsbestimmungen.

Dieser Replikant arbeitet präzise und ist wartungsarm.

"Is that the famous mechanical windup shepherd
Who comes with instructions and service manual?"

Charles Simic: Strictly Bucolic

Carbon Copy

137 *Carbon Copy*

It is essential that you read the instruction manual before installation and initial operation.

This will protect you and keep you from harm.

This replicant has to be maintained and operated according to the instruction manual.

The producer is not liable for any damage ensuing from disregard of the instruction manual.

This replicant offers you top quality and state-of-the-art technology.

This replicant complies with the mandatory safety regulations.

This replicant operates accurately and is low-maintenance.

Ein unsachgemäßer Gebrauch kann jedoch zu Schäden an Personen und Sachen führen.

Lesen Sie vor der Inbetriebnahme des Replikanten deshalb unbedingt die Gebrauchsanweisung.

Sie gibt wichtige Hinweise für die Sicherheit, den Gebrauch und die Wartung des Replikanten.

Dadurch schützen Sie sich und verhindern Schäden am Replikanten.

Dieser Replikant ist nur für die beschriebenen Verwendungen gemäß Modellspezifikation bestimmt.

Jede Inbetriebnahme und Handhabung dieses Replikanten setzt die genaue Kenntnis und Beachtung dieser Gebrauchsanleitung voraus.

Entfernen Sie das Verpackungsmaterial und stellen Sie den Replikanten bei Inbetriebnahme auf einer festen und ebenen Unterlage auf.

Dieser Replikant ist nach dem Einschalten bereits nach 30 Sekunden einsatzbereit.

Wenn die Bereitschaftsanzeige aufleuchtet bedeutet dies, dass der Replikant eingeschaltet ist.

Dieser Replikant steht dann fortwährend unter Druck und ist deshalb jederzeit betriebsbereit.

Lagern Sie diesen Replikanten je nach Bedarf waagrecht oder senkrecht an einem trockenen, kühlen Ort.

Stellen Sie diesen Replikanten immer so auf, dass der Arbeitsbereich und die Bedienfähigkeit nicht eingeschränkt werden.

However, inappropriate usage can lead to damage to persons and material.

Therefore, it is essential that you read the instruction manual before operating the replicant.

It provides you with important advice regarding safety, operation and maintenance of the replicant.

By this you will protect yourself and prevent damage to the replicant.

This replicant is only approved for the described uses according to its model specifications.

Any operation and handling of this replicant requires thorough knowledge and observance of the instruction manual.

Remove the packaging material and place the replicant on firm and level ground before putting it into operation.

This replicant is ready for use only 30 seconds after switching it on.

A flashing ready light indicates that the replicant is switched on.

In that case, this replicant is under constant pressure, and therefore ready for use at all times.

Store this replicant horizontally or vertically as necessary in a dry and cool place.

Always position this replicant so as not to impede work area and operability.

Um einen reibungslosen Betrieb gewährleisten zu können, muss dieser Replikant in regelmäßigen Abständen gereinigt werden.

Dieser Replikant bedarf außer der sogenannten normalen Pflege (z.B. Wasser, milde Waschlotion) keiner chemischen Zusatzmittel.

Das Typenschild dieses Replikanten muss immer in gut lesbarem Zustand sein und darf nicht entfernt werden.

In Abhängigkeit von der Häufigkeit des Gebrauchs sollte bei verschiedenen Teilen auf Verschleiß- und Gebrauchsspuren geachtet werden und gegebenenfalls ein Wechsel der betreffenden Teile erfolgen.

Kinder unter 6 Jahren müssen vom Replikanten ferngehalten werden, es sei denn, sie werden ständig beaufsichtigt.

Kinder unter 6 Jahren dürfen den Replikanten nur ohne Aufsicht bedienen, wenn ihnen der Replikant so erklärt wurde, dass sie den Replikanten bedienen können.

Lassen Sie Kinder niemals mit dem Replikanten spielen.

Die Garantie für diesen Replikanten beträgt vier Jahre ab Inbetriebnahme.

Tritt innerhalb dieser Garantiezeit ein Mangel an Ihrem Replikanten auf, so benachrichtigen Sie bitte unseren Kundenservice.

Entwickelt Ihr Replikant innerhalb dieser Garantiezeit eine Persönlichkeit, benachrichtigen Sie unmittelbar die Polizei.

In order to guarantee smooth operation, this replicant has to be cleaned regularly.

This replicant requires no chemical additives besides so-called normal care (e.g., water, mild washing agent).

The type plate of this replicant has to be kept in well legible condition and must not be removed.

Depending on the frequency of usage, one should keep an eye on possible signs of wear and tear of various parts, and the parts in question replaced when indicated.

Children under 6 years of age must be kept away from the replicant unless they are under constant supervision.

Children under 6 years of age are only allowed to operate the replicant without supervision if the replicant was explained to them in such a way that they are able to operate the replicant.

Never let children play with the replicant.

This replicant has a warranty of four years as of initial operation.

If your replicant should show a defect within the warranty period, please contact our customer service.

If your replicant should develop a personality within the warranty period, inform the police immediately.

Keep this instruction manual in a safe place so that you always have access to it in case of need.

Hand this instruction manual over to an eventual subsequent owner.

Bewahren Sie diese Gebrauchsanweisung an einem sicheren Ort auf, um im Bedarfsfall jederzeit darauf zurückgreifen zu können.

Geben Sie diese Gebrauchsanweisung an einen eventuellen Nachbesitzer weiter.

145

01:11:09:09

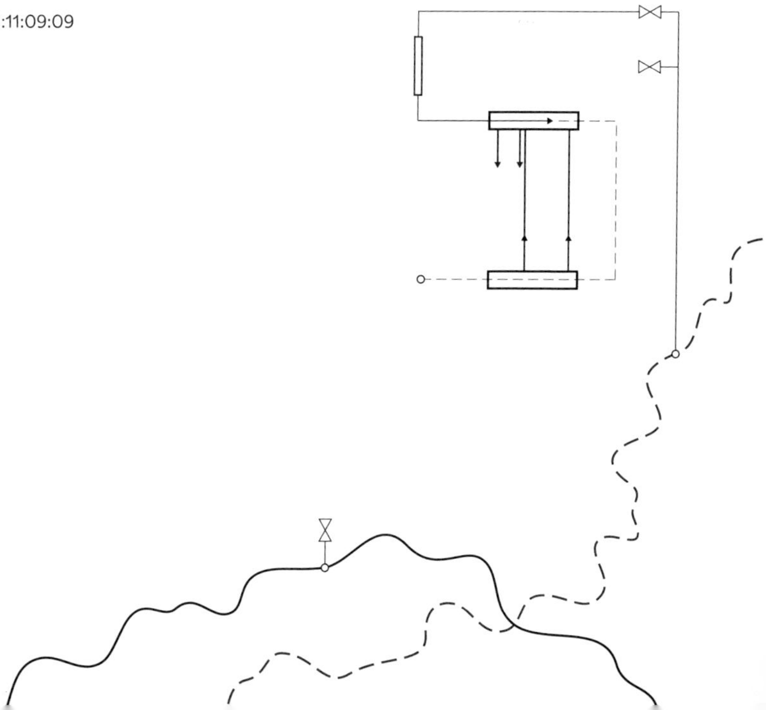

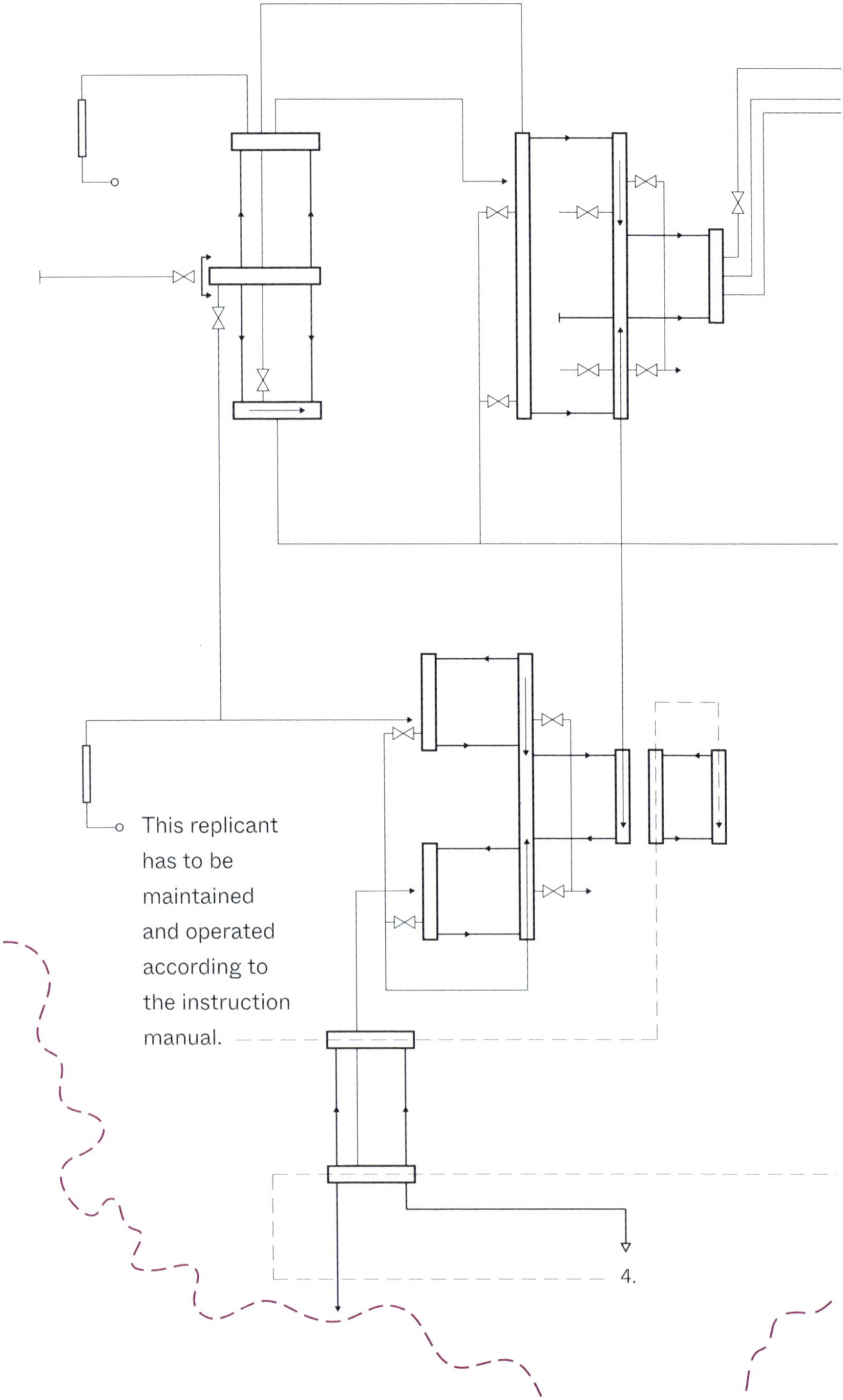

This replicant has to be maintained and operated according to the instruction manual.

4.

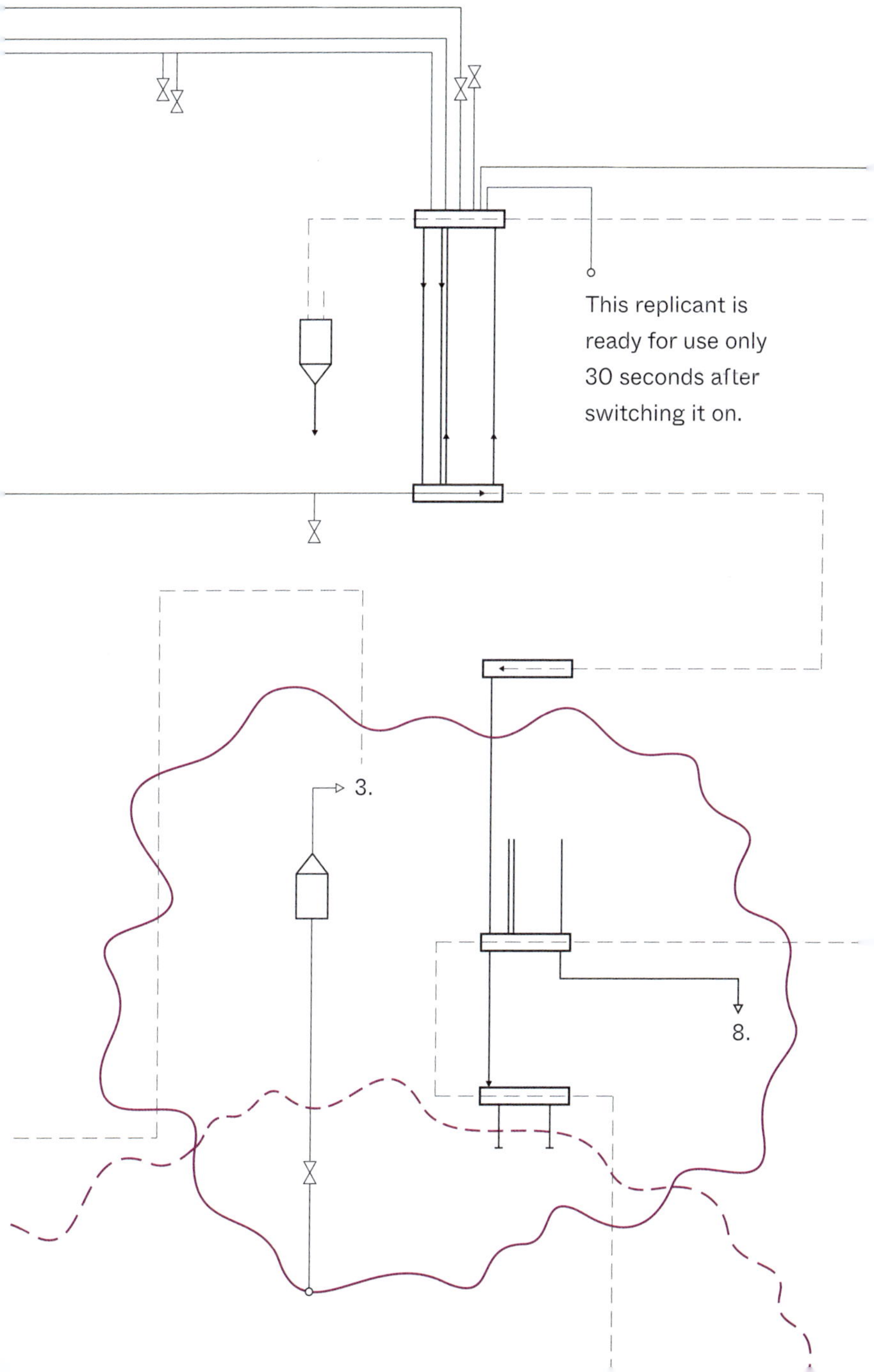
This replicant is ready for use only 30 seconds after switching it on.
3.
8.

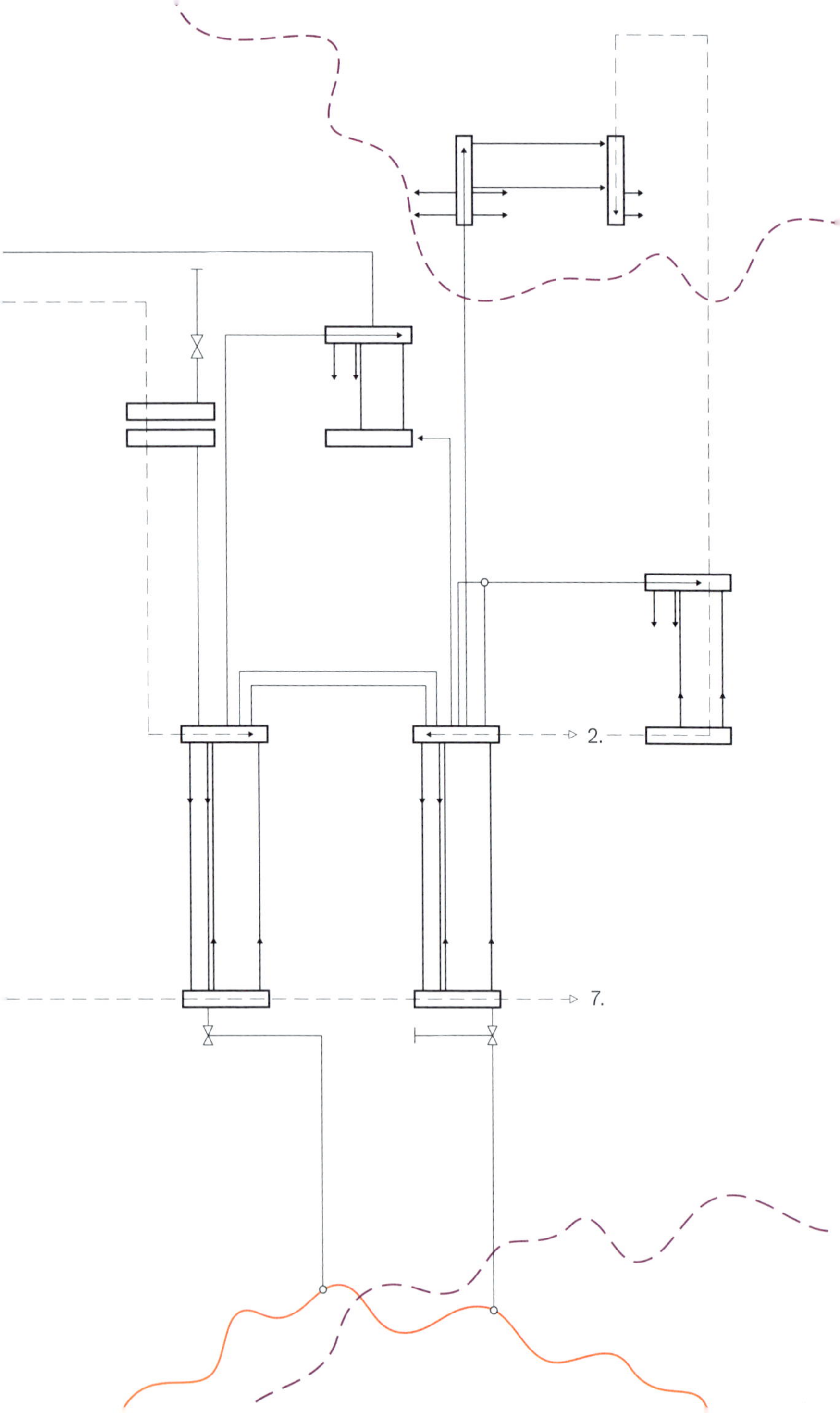
2.
7.

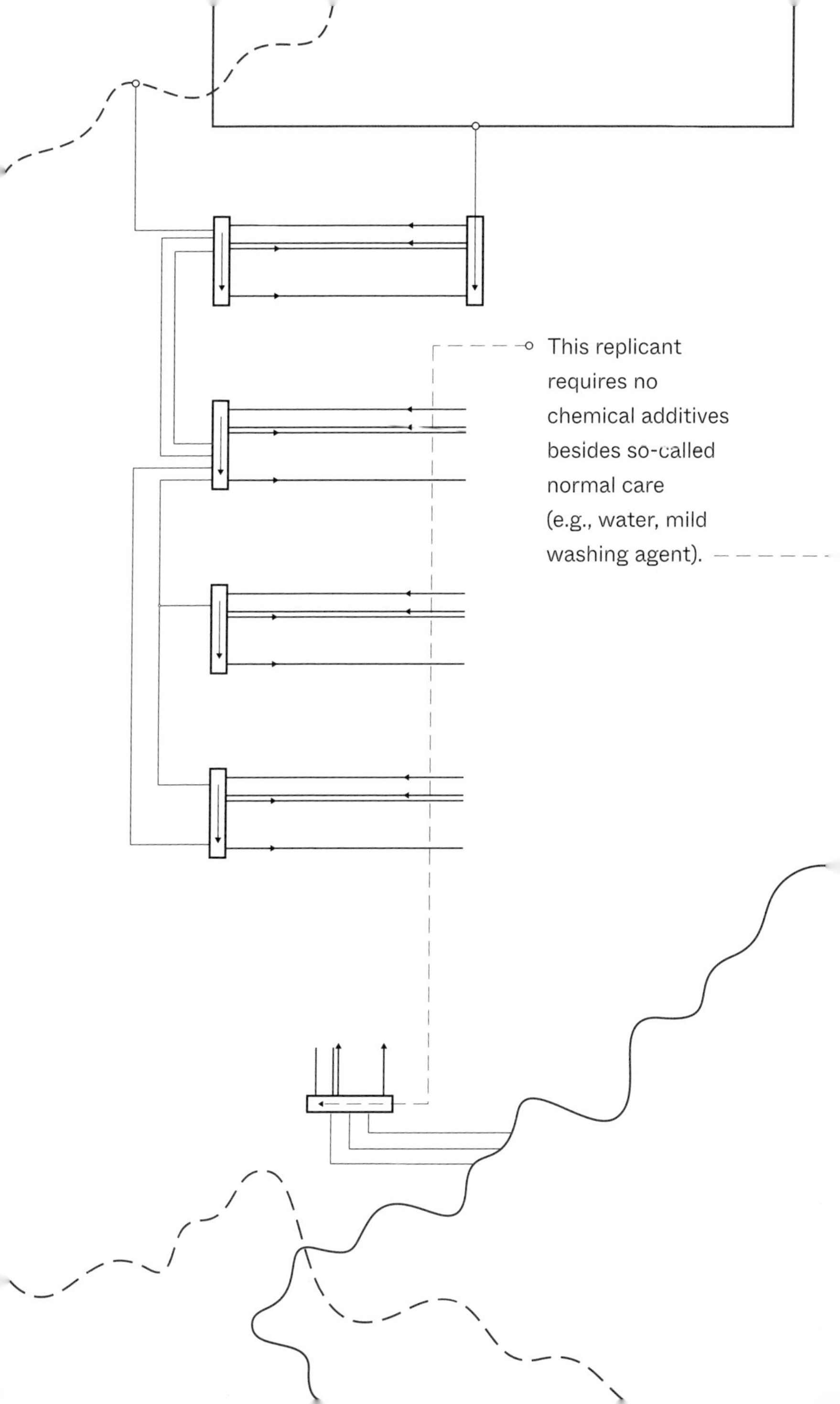
This replicant
requires no
chemical additives
besides so-called
normal care
(e.g., water, mild
washing agent).

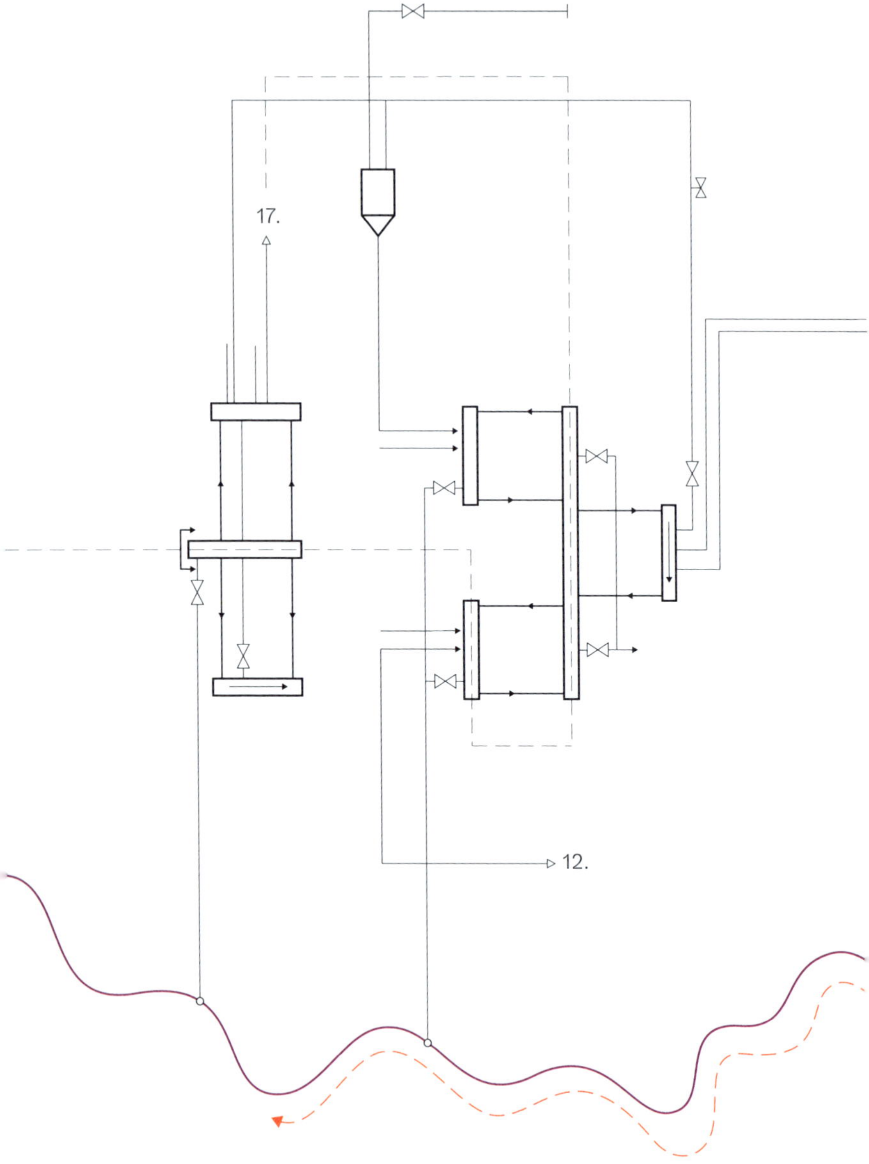
17.
12.

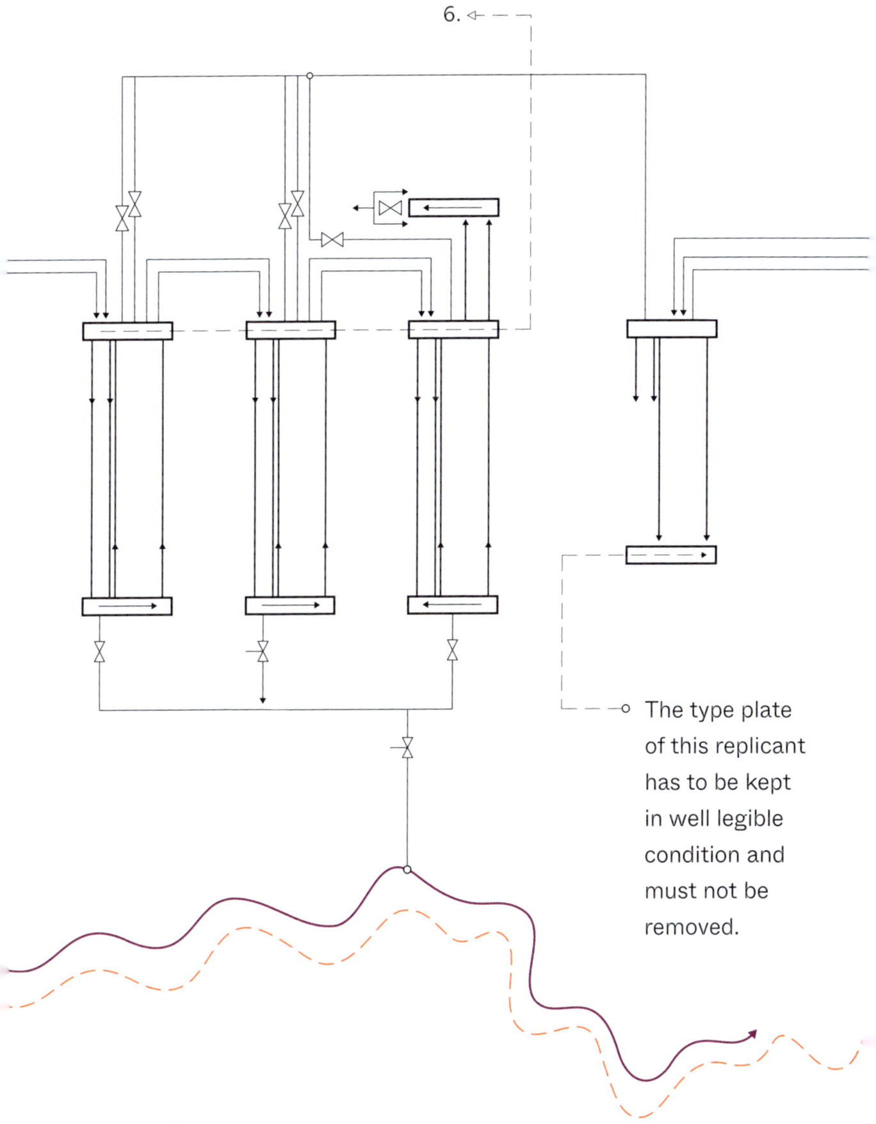

The type plate of this replicant has to be kept in well legible condition and must not be removed.

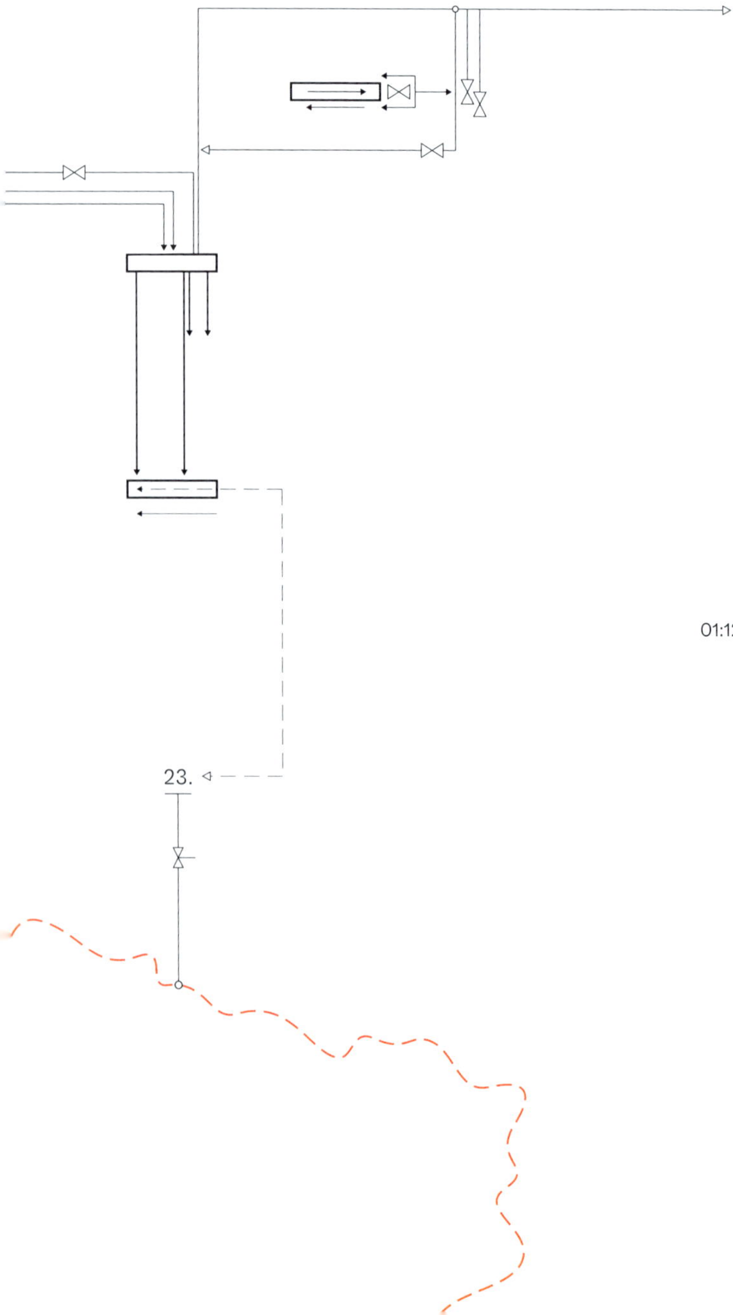

01:12:30:19

Nach dem langen Schlaf

„At the very heart of the Grand Hotel Penny Arcade, encased in blue glass and pale as porcelain, floats a sleeping princess, gracefully coiling, clothed only in her purity, her eyes open but unseeing.“

Robert Coover: The Grand Hotels (of Joseph Cornell)

Es ist, Majestät, gar keine einfache Aufgabe, die Ereignisse der letzten Tage, also vor allem die Ereignisse rund um das Ende des langen Schlafes der Prinzessin, zusammenzufassen und in eine konzise Form von Nacherzählbarkeit zu bringen. Das mag einerseits meinem Unvermögen als Euer Beobachter in diesem fernen Königreich geschuldet sein, andererseits aber, so meine Vermutung, der Vielzahl widersprüchlicher Geschehnisse, die keinen Anschluss mehr an unsere gemeinhin gehegte Vorstellung von Geschichte aufweisen oder erlauben. Ich will meinen Kurzbericht in loser Form aufgrund der Dringlichkeit der Informationen vorab als Tonspule übermitteln, ein detaillierter, bebilderter Report folgt dann so bald wie möglich.

Derzeit bin ich gemeinsam mit den Abgesandten und Verbindungsoffizieren der anderen Reiche und Republiken in einem der oberen Stockwerke am südlichen Außenring der städtischen Festungsanlagen

“At the very heart of the Grand Hotel Penny Arcade, encased in blue glass and pale as porcelain, floats a sleeping princess, gracefully coiling, clothed only in her purity, her eyes open but unseeing.”

Robert Coover: The Grand Hotels (of Joseph Cornell)

After the Long Sleep

It is, Your Majesty, not at all an easy task to summarize the events of the last days, that is, especially the events around the end of the princess's long sleep, and bring them into a concise shape of renarratability. On the one hand, this may be due to my incapacity as your observer in this far kingdom, but on the other hand, I suspect, to the number of contradictory occurrences, which neither display nor allow any connection to our commonly cherished idea of history any longer. Because of the urgency of the information, I will forward my short report on magnetic tape, a detailed illustrated report will follow as soon as possible.

Currently I am accommodated together with the envoys and liaison officers of the other realms and republics on one of the upper storeys at the southern perimeter of the city's fortifications. We were quartered here after they had forced us out of our lodgings, and here we have stayed during the last eventful days. That this storey boasts

untergebracht. Hier wurden wir, nachdem man uns mit Waffengewalt aus unseren Unterkünften gedrängt hatte, einquartiert, und hier sind wir während der letzten, so ereignisreichen Tage geblieben. Dass dieses Stockwerk über einen gut ausgebauten Medienbereich und einen besonders groß dimensionierten Balkon verfügt, der eine ausgezeichnete Sicht auf die Hauptstadt des Königreichs erlaubt, mag dabei eine nicht unwesentliche Rolle gespielt haben. König Mordaunt war es in der Überschätzung seiner Position wohl ein Anliegen gewesen, uns Einblick in den erhofften Sieg zu gewähren und einmal mehr seine Macht und Überlegenheit zu demonstrieren. Ich darf vorausschicken, Majestät, dass auch dieser Teil seiner Planungen restlos gescheitert ist. Noch jetzt steht die Flotte seines jüngeren Bruders, Prinz Marc, bewegungslos über der Stadt, in der immer noch Brände glimmen und gelegentlich Kampfgeräusche zu uns heraufwehen. Dieser dichte Verbund aus Zerstörern und Kreuzern harrt in gleicher Stille und Unsicherheit aus, wie ich es tue, denn auch Marc hat die aktuellen Gefechte nicht überlebt. Es wird abgewartet, denn in der aus ihrem künstlichen Schlaf wieder erwachten jungen Prinzessin Lotte, der Tochter des schon vor mehreren Jahren verstorbenen, ja vielleicht ermordeten Königs Freder, des ältesten der drei Brüder, haben alle Truppen des Königreichs eine neue, völlig unerwartete Befehlshaberin gefunden. Bei diesem aktuellen Blick auf den sprichwörtlichen, etwas verwirrenden Stand der Dinge stellt sich eine Erinnerung aus meinen fernen Kindertagen ein, die eigenwillige Tendenz eines Schulfreundes, mit seinen Spielzeugen stets den Zustand nach dem Ende einer Schlacht darzustellen, aber niemals das eigentliche Morden an sich. Aber, Majestät, ich schweife ab und greife vor. Was also ging dem jetzigen Zustand, dieser bedrohlichen Stille voraus?

Majestät wird sich vielleicht gnädig an meine Berichte aus diesem Königreich erinnern, an die Schriftstücke

a well-equipped media area and a balcony of especially large dimensions may have played quite an important part. It appears that in the overestimation of his position it had been a concern of king Mordaunt to provide us with a view of the expected victory, and once again demonstrate his power and superiority. Let me say in advance, Your Majesty, that this part of his planning, too, failed utterly. Even now the fleet of his younger brother, prince Marc, is hovering motionless over the city, where fires are still smouldering and occasionally the sound of fighting wafts up to us. This tight formation of destroyers and cruisers abides in the same silence and uncertainness as I do, for Marc was not among the survivors of the ongoing engagements. Everyone is hanging fire, since in the daughter of king Freder, oldest of the three brothers, who died several years ago and was perhaps murdered, young princess Lotte, recently reawakened from her artificial sleep, all the kingdom's troops have found a new, completely unexpected commander. This current view of the proverbial, rather confusing state of affairs makes me recall a memory from my long-gone childhood, the peculiar tendency of one of my schoolmates always to use his playthings to represent the situation after the end of a battle, but never the actual killing itself. However, Your Majesty, I am digressing and anticipating. So, what preceded the present situation, this ominous silence?

Perhaps Your Majesty will graciously remember my reports from this kingdom, the documents about the ruling dynasty's three brothers, who after their father's death competed with each other for influence and power. This not entirely friendly competition between the three greedy men was at first only fought out with words, and following tradition and the resolution of the Privy Council, it was Freder, the oldest of the three brothers, who was eventually proclaimed king — not least because of the prospect of his young daughter Lotte soon being espoused by the ruler of another influential realm.

über die drei Brüder des herrschenden Hauses, die nach dem Tod ihres Vaters miteinander um Einfluss und Macht rangen. Dieser nicht nur freundliche Wettstreit zwischen den drei Gierigen wurde vorerst nur mit Worten ausgefochten, und den Traditionen und dem Beschluss des hiesigen Kronrates folgend, wurde mit Freder der älteste der drei Brüder schließlich zum König bestellt — nicht zuletzt auch wegen der Aussicht, seine junge Tochter Lotte bald mit dem Herrscher eines anderen einflussreichen Gebietes zu vermählen. Der verwitwete Freder konnte aber nur kurze Zeit regieren, denn mittels eines Staatsstreichs kam der verfluchte, ja tatsächlich fluchbeladene Mordaunt an die Macht. In der Folge, die Majestät bestimmt noch im Gedächtnis sein wird, wurde Freder verhaftet und starb, so die offiziellen Nachrichten, nur wenig später an einer überraschenden und sehr schweren Krankheit. Marc, der jüngste der Prinzen, ergriff mit einem Teil der ihm treu ergebenen Haustruppen die Flucht nach Norden — und nachdem sich unter Mordaunt das System wieder stabilisierte und in unserem Fall sogar günstig entwickelte, wurde von möglichen Interventionen wieder Abstand genommen. Die Verbringung von Prinzessin Lotte, mittlerweile angeblich auch erkrankt, in eine Sperrzone am Rande der königlichen Zitadelle, änderte daran nichts. Offiziell wurde dieser strengstens bewachte Bereich immer als Sanatorium bezeichnet, ein weiterer Umstand, der sich nachträglich als falsch herausstellte. Auch über diesen Bereich haben wir bislang, nicht zuletzt wegen der angedrohten Konsequenzen, keine größeren Erkundigungen eingezogen. Festzustellen ist, dass die Listen und Lügen von König Mordaunt ihn trotz aller erzwungener Ruhe im Reich immer verhasster gemacht haben. Welche Lehren wir für unsere Zwecke daraus ziehen können, ist zum jetzigen Zeitpunkt noch nicht ganz abzusehen.

Festzuhalten ist, dass der Konflikt zwischen den beiden damals noch lebenden Brüdern über die Zeit hinweg

However, the widowed Freder was only able to rule a short time, for by means of a coup d'état the cursed and indeed maledict Mordaunt came to power. Consequently, as Your Majesty will certainly remember, Freder was apprehended and, according to the official news, died shortly afterwards from an unexpected and very serious disease. Marc, the youngest of the princes, took to flight towards the north with a part of his loyal Household Division — and because under Mordaunt the system stabilized again, and in our case even developed favorably, possible interventions were refrained from again. The relocation of princess Lotte, meanwhile purportedly also taken ill, to a prohibited area at the boundary of the royal citadel, did not change that. Officially, this closely guarded area was always called a sanatorium, another circumstance that later turned out to be false. Up to now, we have not instigated any bigger investigation in that regard, either. We can ascertain that in spite of all the enforced quietude, the wiles and lies of king Mordaunt have made him more and more hated in the realm. Which lessons we may learn from this regarding our purposes, cannot be predicted with certainty at this juncture.

We make a note of the fact that the conflict between the two brothers, still alive at that time, gained new visibility over time. As we know from confidential reports of my peers from the northern regions, Marc had further enlarged his army, and in some realms looking enviously to the south and east, found dubious allies for his undertakings and his claims. Messages were exchanged to and fro, envoys dispatched, occasionally apprehended or murdered in royal anger. Certainly that was bad style, but, in my opinion, actually quite unsurprising. There followed fruitless negotiations about foundering contracts, the impeachment of descent and legitimacy in practically all media of our continent, which anyway is not lacking in tragedies and scandals, and finally the asserting of claims, accompanied by threats. Once again,

neue Sichtbarkeit gewann. Wie wir aus vertraulichen Berichten meiner Standeskollegen aus den nördlichen Gefilden wissen, hatte Marc seine Armee weiter ausgebaut und in einigen Reichen, die neiderfüllt nach Süden und Osten blickten, zweifelhafte Verbündete für seine Unternehmungen und Ansprüche gefunden. Schreiben wechselten hin und her, Boten wurden ausgesandt, gelegentlich festgesetzt oder auch im royalen Zorn ermordet. Das war bestimmt schlechter Stil, aber, so meine ich, eigentlich nicht weiter überraschend. Es folgten fruchtlose Verhandlungen über scheiternde Verträge, die Infragestellung von Herkunft und Legitimität in praktisch allen Medien unseres an Tragödien und Skandalen nicht armen Kontinents, schließlich das von Drohungen begleitete Erheben von Ansprüchen. Einmal mehr war es, wie Majestät bestimmt auch erkennen kann, die in mehr oder weniger elegante Worte eingeschlagene Forderung nach Grund und Boden, nach Besitz und Gehorsam. Zukunft erwies sich, ganz im Sinne der alten Werte, als eine Angelegenheit, die auf dem Beziehen von Positionen beruht, auf dem Vereinbaren von Ehen und dem Verfügen über Mittel und Armeen. Was aber, so galt es nun herauszufinden, war richtige Stärke in dieser Situation? Wir müssen, wie ich Majestät zeigen will, mit neuen, weiteren Größen kalkulieren, wollen wir auch weiterhin unseren Einfluss in diesen Gegenden geltend machen. An dieser Stelle möchte ich erneut anmerken, dass der Großteil der hiesigen Gesten und Rituale trotz meiner Aufmerksamkeit und der in der Fremde zugebrachten Lebenszeit noch immer keinen Sinn für mich machen.

Sinnvoller erschien mir, zumindest zunächst, wie ich auch in früheren Berichten und Depeschen schon angemerkt habe, die Maßnahme des regierenden Königs, seine Nichte weiterhin in dem als Sanatorium bezeichneten Bereich einzusperren — denn sie war, wie wir nun ebenfalls wissen, eine Gefangene. Doch ihre Abwesenheit hat ihrer Beliebtheit innerhalb und außerhalb des

as Your Majesty surely will also be able to see, claims to land and property, as well as allegiance, clad in more or less elegant words. The future turned out, quite in the sense of the traditional values, to be a matter founded on taking stances, arranging marriages, and having means and armies at one's disposal. But what, it was now essential to find out, was real strength in this situation? We have, as I will attempt to show Your Majesty, to calculate with new, additional factors if we want to assert our influence in these regions in the future, too. In this place I would like to observe again that in spite of my attentiveness and the long period of my life spent abroad, the majority of the local gestures and rituals still fail to make sense to me.

At least for the time being, as I also made a note of in previous reports and dispatches, the governing king's measure to keep his niece locked away in the area called sanatorium appeared more expedient to me — for she was, we are now also aware, a prisoner. However, her absence did not derogate her popularity in and outside the kingdom — rather, a myth took the place of an underage girl, nurtured by a multitude of rumors, half-truths, and the continuously growing antipathy for Mordaunt. The situation, carried by the old adage that heirs always draw discontent, was further complicated by the fact that king Mordaunt remained childless. This circumstance, one has to concede with all due diplomacy, cannot have been the fault of his wives, the inofficial and therefore probably more accurate number of which is still uncertain. And it may have been this circumstance, too, that led to the despicable actions which are the cause of the present situation, which I will elaborate on later in my summary report. As excerpts from official records, meanwhile available to me, confirm, the king not only put his niece into a kind of stasis, but also repeatedly, eventually like an addict several times a day, violated her. Whether these deeds can purely be attributed to the desire for an heir, I neither can nor will judge, but the

Reichs keinen Abbruch getan, vielmehr trat ein Mythos an die Stelle einer Unmündigen, gespeist aus einer Vielzahl von Gerüchten, Halbwahrheiten und der weiterhin wachsenden Abneigung gegenüber Mordaunt. Die Situation, getragen von der alten Wahrheit, dass Erben immer Unzufriedenheit auf sich ziehen, wurde auch dadurch noch erschwert, dass König Mordaunt weiterhin kinderlos blieb. Dieser Umstand kann, so muss bei aller gebotenen Diplomatie eingeräumt werden, nicht die Schuld seiner Frauen, von denen die inoffizielle und damit wohl genauere Zahl noch immer nicht feststeht, gewesen sein. Und dieser Umstand wird vielleicht ebenfalls zu den verachtenswerten Handlungen geführt haben, die uns die gegenwärtige, in meinem Kurzbericht später noch auszuführende Situation beschert haben. Wie mir mittlerweile vorliegende Ausschnitte aus offiziellen Aufzeichnungen bestätigen, hat der König seine Nichte nicht nur in eine Form von Stasis versetzt, sondern sich auch mehrfach, schließlich wie ein Süchtiger mehrfach täglich, an ihr vergangen. Ob diese Taten rein dem Wunsch nach einem Erben zuzurechnen sind, kann und mag ich nicht beurteilen, doch die in den Akten verwendete Formulierung „und da er von ihrer Schönheit entflammt wurde, trug er sie, so wie sie war, zu einem Bett und pflückte dort die Früchte der Liebe“, also eine Formulierung, die ich aus mehreren Gründen Majestät nicht vorenthalten möchte, lässt mich doch daran zweifeln. Ich bitte mir nachzusehen, dass ich meine Gedanken über Fragen des Ausgeliefertseins, des vorsätzlichen Verschweigens und Wegsehens im Sinne unserer politischen Interessen und der versuchten Knappheit des vorliegenden Berichts hier ausspare und für einen später vorzulegenden Traktat vorsehe.

Deutlicher wahrzunehmen als diese grässlichen Vorkommnisse aber war die Zunahme chiffrierter Botschaften, die die Hauptstadt erreichten oder aus ihr versendet wurden. Es ist, so legen es meine Notizen dazu nahe, mit großer Wahrscheinlichkeit

wording used in the records: "and as her beauty kindled his desire, he carried her, like she was, to a bed, where he picked the fruits of love" — a formulation which I do not want to withhold from Your Majesty for several reasons, and which fills me with misgiving. I ask You to forgive my omitting my thoughts about questions of being at someone's mercy, about intentional concealment and looking away, in the sense of our political interests and the attempted brevity of the report on hand, and reserve them for a treatise to be presented later.

Clearer to perceive than these abominable occurrences was the increase of enciphered messages reaching the capital and dispatched from it. My notes on this suggest that we most probably have to assume that prince Marc found his supporters in the city, or strongly influenced some of the discontent families at court. The king, who for reasons I cannot comprehend had decided very late to build a significantly extended army and fleet of dirigibles, could barely face the attackers with noteworthy resistance when in the end they surprisingly appeared in the capital. Stunned, the soldiers guarding us and used to victory watched together with us as the early morning city was ablaze with explosions, and diversionary missions brought down some of the central bridges. The new fleet, still under construction, which we too were watching with distrust, was destroyed before it could lift off. There are hints that prince Marc made use of a magic mirror to descry the securely moored ships and the dockyards in spite of elaborate camouflage and defense fortifications, so that he could destroy them all. Mordaunt had clearly overrated his own strength and the internal security enforced by him. The fallacious romanticism that arises when one observes a battle from afar, now made exactly that battle a form of spectacle which seemed to unfold only for us observers. These impressions were complemented by the live broadcasts of the prince's numerous media teams, which could be received on all channels. Every part of the troops was

anzunehmen, dass Prinz Marc seine Unterstützer in der Stadt fand oder einige der unzufriedenen Familien am Hof verstärkt beeinflusste. Der König, der sich aus mir nicht nachvollziehbaren Gründen erst sehr spät zum Aufbau einer stark erweiterten Armee und Flotte aus Luftschiffen entschlossen hatte, konnte den Angreifern, als sie schließlich überraschend in der Hauptstadt erschienen, kaum nennenswerten Widerstand entgegensetzen. Die uns bewachenden, das Siegen gewohnte Soldaten beobachteten fassungslos mit uns, wie die frühmorgendliche Stadt von Explosionen erleuchtet wurde, Ablenkungsaktionen einige der zentralen Brücken zum Einsturz brachten. Die im Aufbau befindliche neue Flotte, die auch wir mit Argwohn beobachteten, wurde noch am Boden zerstört. Es gibt Hinweise, dass sich Prinz Marc dabei eines magischen Spiegels bedient hat, um die sicher vertäuten Schiffe und Werften trotz aufwändiger Tarnungen und Verteidigungsanlagen ausmachen und allesamt zerstören zu können. Mordaunt hatte seine eigene Stärke und die von ihm erzwungene innere Sicherheit klar überschätzt. Die trügerische Romantik, die sich einstellt, wenn man eine Schlacht aus der Ferne beobachtet, machte ebendiese Schlacht zu einer Form des Spektakels, das sich nur für uns Beobachter zu entfalten schien. Ergänzt wurden diese Eindrücke durch die Live-Schaltungen der zahlreichen Medienteams des Prinzen, die auf allen Kanälen zu empfangen waren. Jeder Truppenteil wurde, wovon ich Majestät für künftige eigene vergleichbare Unternehmungen eher abraten würde, von Kameraleuten begleitet, die eben nicht nur die ruhmvollen Seiten der Eroberung der Stadt sehr schonungslos sichtbar machten. So wurde ich auf diesem Wege nicht nur Zeuge des Wiederaufflammens alter Rivalitäten einflussreicher Familien, die ihre Akte von Rache und vermeintlicher Gerechtigkeit in die anderen Kampfhandlungen einbetteten, ja, in ihnen zu verstecken suchten; ich konnte vielmehr, als das Eindringen der Angreifer in die Zitadelle und den

accompanied — which I would rather dissuade Your Majesty from as regards comparable own enterprises in the future — by camera crews which of course not only made visible the glorious sides of the city's conquest. In this way, I not only became witness of the resurgence of influential families' old rivalries, who embedded their acts of revenge and alleged justice in the other hostilities, and even tried to hide them therein; I was even able to observe, when the advance of the attackers into the citadel and the adjacent prohibited area was shown, the — in my opinion — totally unchivalrous blasting open of doors and walls. I was not the only one shaken by the choice of means, the recourse to banned weapons. The transmissions which we followed like spellbound allowed us participation in the forcible shattering of a suppressive apparatus, the administration and its living parts. Magistrates and privy counsellors, emissaries and courtiers were simply sweeped away and whole houses annihilated, because their members had been in the wrong place. We witnessed the killing of unarmed people, who in the years before had certainly been culpable of the most heinous crimes, but neither did this procedure correspond to conventions. We can only surmise, Your Majesty, that once more the subsequently declared truth of strong vanquishers will be proclaimed. The important thing is that king Mordaunt was captured and killed, the great deviser of traps finally caught in one himself. The prince, accompanied by numerous live cameras, cut him up alive with his blade-gloves and then had him burned, he presented the riddled, emblazoned linen suit of armor and the defiled corpse of his brother. I strove not to avert my gaze during all this, for I believe that even these almost unbearable images have a lesson to teach me as Your servant. All these acts were, thus my current assessment, measures of determent and coercion to a new allegiance. But first of all we saw what had hardly been planned in this way, an entirely different face of prince Marc, who had always been regarded as being benevolent and moral.

angrenzenden Sperrbereich gezeigt wurde, das, wie ich anmerken muss, gänzlich unritterliche Aufsprengen von Toren und Mauern beobachten. Die Wahl der Mittel, der Rückgriff auf geächtete Waffen, hat nicht nur mich erschüttert. Die Übertragungen, denen wir wie gebannt folgten, erlaubten uns die Teilhabe am gewaltsamen Zerbrechen eines unterdrückerischen Apparats, der Verwaltung und ihrer lebendigen Teile. Beamte und Staatsräte, Abgesandte und Höflinge wurden einfach hinweggefegt und ganze Häuser ausgelöscht, weil sich ihre Mitglieder am falschen Ort befunden hatten. Wir waren Zeugen der Tötung Unbewaffneter, die sich in den Jahren zuvor gewiss schlimmster Verbrechen schuldig gemacht hatten, aber den Konventionen entsprach auch dieses Vorgehen nicht. Es bleibt zu vermuten, Majestät, dass einmal mehr die nachträglich verlautbarte Wahrheit von starken Siegern verkündet werden wird. Wesentlich ist, dass König Mordaunt gefangen und getötet wurde, der große Fallensteller schließlich selbst in die Falle gegangen ist. Der Prinz hat ihn, begleitet von zahlreichen Live-Kameras, mit seinen Klingenhandschuhen bei lebendigem Leibe zerschnitten und dann verbrannt, er präsentierte den aufgerissenen, geschmückten Leinenpanzer und den geschändeten Leichnam seines Bruders. Ich habe mich bemüht, bei all dem den Blick nicht abzuwenden, denn ich vermute, auch durch diese schwer zu ertragenden Bilder gibt es für mich als Euren Diener eine Lektion zu lernen. All das waren, so meine jetzige Einschätzung, Maßnahmen der Abschreckung und des Zwangs zu einem neuen Gehorsam. Doch wir sahen, was so wohl nicht geplant worden war, vor allem ein gänzlich anderes Gesicht des Prinzen Marc, der immer als gütig und moralisch gegolten hatte. Ich werde auch von diesen Aufnahmen, sobald mir die Materialien zugänglich sind, Kopien übermitteln.

Weit aufschlussreicher und auch für die Zukunft des Reichs von noch größerer Bedeutung sind, so meine

I will also send copies of these recordings as soon as I get access to the materials.

In my opinion, what is much more revealing and also of greater import for the future of the realm, are the records of the conquest of the so-called sanatorium. Marc entered the protection zone at the head of his assault detachments and media crews, and what lay concealed there confirmed many rumors, and with the truth of it, which more often than not is very much worse, even surpassed my estimations. As mentioned before, princess Lotte had been kept in an artificial sleep, the cameras showed us her naked, injured body, wrapped in flax and fig-wood. Entirely according to tradition, the prince relied on a ritual kiss to effect her awakening, but the hope for result, which also showed itself in the prince's gaze at the body of the drugged girl, was a completely different one. We bore witness to a reversal — the beauty, now conscious again, turned into a raging beast. Instead of the curse's nullification there was a manner of augmentation, of unexpected transformations. Magic and dissimulated reality combined, observed by all, to form a horrible body. The trembling princess distended and bulged, in her new shape she grabbed the prince like a little puppet and tore his body asunder with ease, accompanied by a sound I will never forget. Then the broadcasts broke off one after the other, and shocked I re-entered the balcony to watch further developments from there. Contrary to the habits and structures of the accustomed spell, the prince had now become the instrument, not the princess. It was no longer a question of cool equations of genealogies and destinies; I had seen, Your Majesty may pardon the expression, the birth of a monster. The princess has changed, on the foundation of dreadful deeds, out of the unforgivable an even worse horror was thrown into our doleful reality. In the following, by which I am returning to the current moment of my report, the princess has turned out to be the unknown and the unexpected. She has become alien and

ich, die Aufzeichnungen über die Eroberung des sogenannten Sanatoriums. An der Spitze seiner Stoßtruppen und Medienteams drang Marc in die Schutzzone ein, und was dort verborgen lag, bestätigte manche Gerüchte und ging mit seiner Wahrheit, die wie zumeist noch sehr viel schlimmer ist, auch über meine Einschätzungen hinaus. Prinzessin Lotte war, wie zuvor schon erwähnt, in künstlichem Schlaf gehalten worden, die Kameras zeigten uns ihren nackten, verletzten Körper, umwickelt mit Flachs und Feigenholz. Ganz gemäß den Traditionen setzte der Prinz auf ihre Erweckung durch einen rituellen Kuss, doch das erhoffte Ergebnis, das sich auch im Blick des Prinzen auf den Körper der Betäubten zeigte, war ein gänzlich anderes. Wir wurden Zeuge einer Umkehrung — die Schöne verwandelte sich, nun wieder bei Bewusstsein, in eine reißende Bestie. Statt der Aufhebung eines Fluchs zeigte sich eine Form der Steigerung, der unerwarteten Verwandlungen. Magie und die verheimlichte Wirklichkeit verbanden sich, beobachtet von allen, zu einem horriblen Körper. Die zitternde Prinzessin dehnte und wölbte sich, sie ergriff in neuer Gestalt den Prinzen wie eine kleine Puppe und zerriss seinen Leib mit Leichtigkeit, begleitet von einem Geräusch, das ich niemals vergessen werde. Dann brachen die Übertragungen nach und nach ab und schockiert ging ich auf den Balkon zurück, um von dort aus die Entwicklungen weiter zu beobachten. Gegen die Gewohnheiten und Strukturen des uns vertrauten Zaubers war also der Prinz nun das Instrument geworden, nicht die Prinzessin. Es war keine Frage mehr von kühlen Gleichungen aus Genealogien und Geschick, ich hatte, Majestät möge mir den Begriff nachsehen, die Geburt eines Monsters gesehen. Die Prinzessin hat sich verändert, auf der Grundlage schrecklicher Taten, aus dem Unverzeihlichen heraus wurde ein noch schlimmerer Schrecken in unsere traurige Wirklichkeit geworfen.

In der Folge, und damit komme ich zurück zum aktuellen Moment meines Berichts, hat die Prinzessin sich

different, she has, thus my impression, reformulated her innermost text and now prepares to rewrite the world. Yes, she may still have needed the prince's kiss, but no more. This break with traditions and processes was, and is still, accompanied by the gigantic growth of her body, which shows less and less human characteristics. One could see her from a great distance with the naked eye as she ploughed angrily through buildings and people, until she withdrew to the citadel again — and now she has let us wait for almost two days. Your Majesty, I am not exaggerating when I say that we not only have to ask what a victory is and how it was achieved; rather, I feel compelled to point out that we are confronting a completely alien adversary here. The princess is stranger and much more dangerous than I can express. I would like to repeat myself quite deliberately in this place: what I am reporting and testifying here is nothing less but the fact that the world has changed irreversibly, that it conforms or obeys less and less to the old rules and usages. The original story and its calculable development, Your Majesty, have to be considered irretrievably lost to us. After Mordaunt and the only for moments victorious Marc, that is my firm conviction, the fate of the kingdom, and perhaps of the continent, too, lies entirely in the hand of princess Lotte. The guards have left us a short while ago, somewhat baffled and with the posture of walloped boys. Among the ambassadors and emissaries there is discussion whether to send a delegation to the citadel. Until a pertinent decision has been made, I will have my spies gather information and will, if You so please, further remain in situ, Your imperfect and occasionally loquacious, but at any rate obedient servant.

als das Unbekannte und Unerwartete erwiesen. Sie ist fremd und anders geworden, sie hat, so mein Eindruck, ihren innersten Text neu formuliert und setzt nun an, die Welt umzuschreiben. Ja, den Kuss des Prinzen mag sie noch nötig gehabt haben, aber mehr auch nicht. Dieser Bruch mit den Traditionen und Verläufen ging und geht immer noch einher mit dem gigantischen Anwachsen ihres Leibes, der immer weniger menschliche Merkmale aufweist. Man konnte sie auch aus großer Entfernung mit freiem Auge sehen, wie sie sich wütend durch Gebäude und Menschen pflügte, bis sie sich wieder zur Zitadelle zurückzog — und uns nun schon seit fast zwei Tagen warten lässt. Majestät, ich übertreibe nicht, wenn ich sage, dass es nicht nur zu fragen gilt, was ein Sieg ist und wie er errungen wurde; vielmehr sehe ich mich verpflichtet darauf hinweisen, dass uns hier ein völlig fremder Gegner erwachsen ist. Die Prinzessin ist eigenartiger und weitaus gefährlicher, als ich es sagen kann. Ich möchte mich an dieser Stelle ganz vorsätzlich wiederholen: Was ich hier berichte und bezeuge, ist nichts weniger als der Umstand, dass die Welt unumkehrbar anders geworden ist, dass sie immer weniger den alten Regeln und Gewohnheiten entspricht oder gehorcht. Die ursprüngliche Geschichte und ihr kalkulierbarer Verlauf, Majestät, müssen uns als unrettbar verloren gelten. Nach Mordaunt und dem nur für Momente siegreichen Marc liegt, so meine feste Überzeugung, das Schicksal des Königreichs und vielleicht auch des Kontinents nun ganz in der Hand von Prinzessin Lotte. Die Wachen haben uns vor kurzer Zeit verlassen, ein wenig ratlos und mit der Haltung verprügelter Knaben. Unter den Botschaftern und Abgesandten wird diskutiert, ob wir eine Abordnung zur Zitadelle schicken wollen. Bis eine entsprechende Entscheidung getroffen sein wird, lasse ich über meine Spitzel Informationen zusammentragen und werde, wenn es Euch gefällt, auch weiterhin vor Ort bleiben, Euer unvollkommener und mitunter geschwätziger, doch zumindest gehorsamer Diener.

173

01:43:21:17

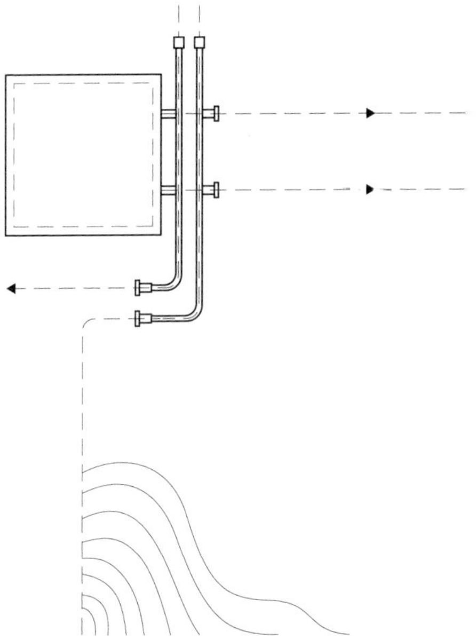

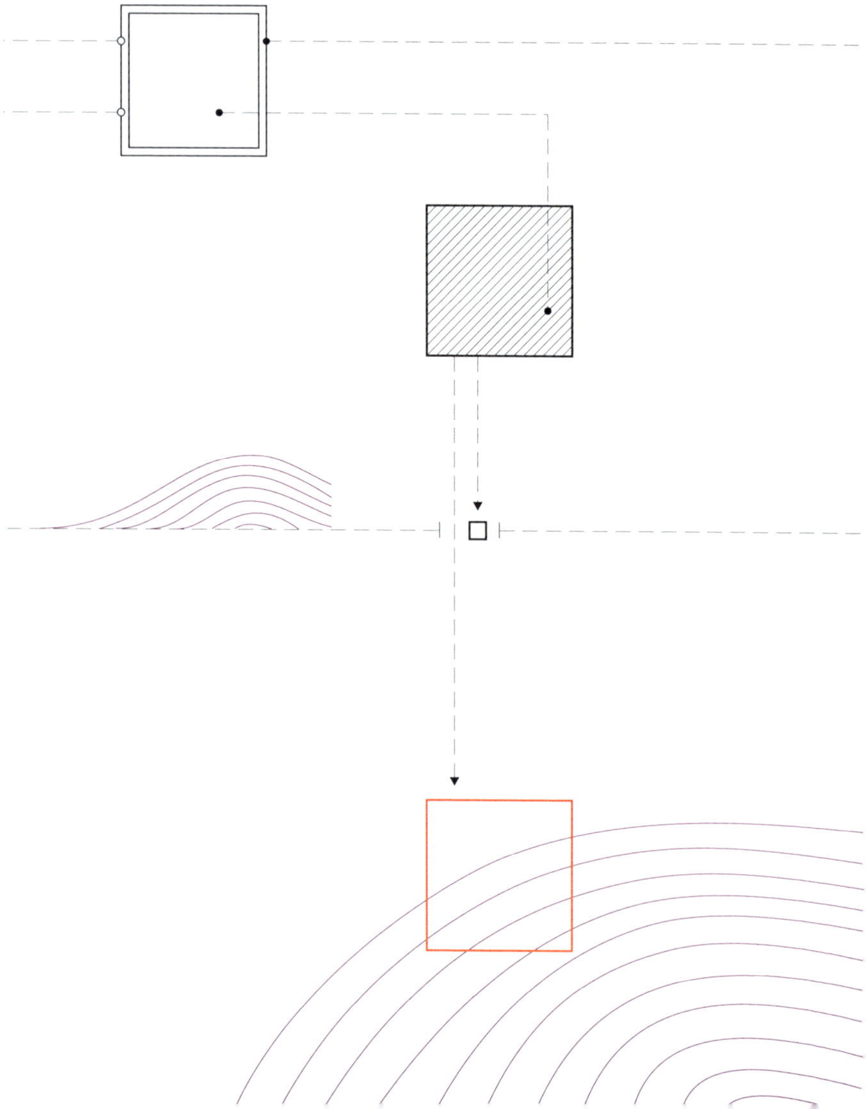

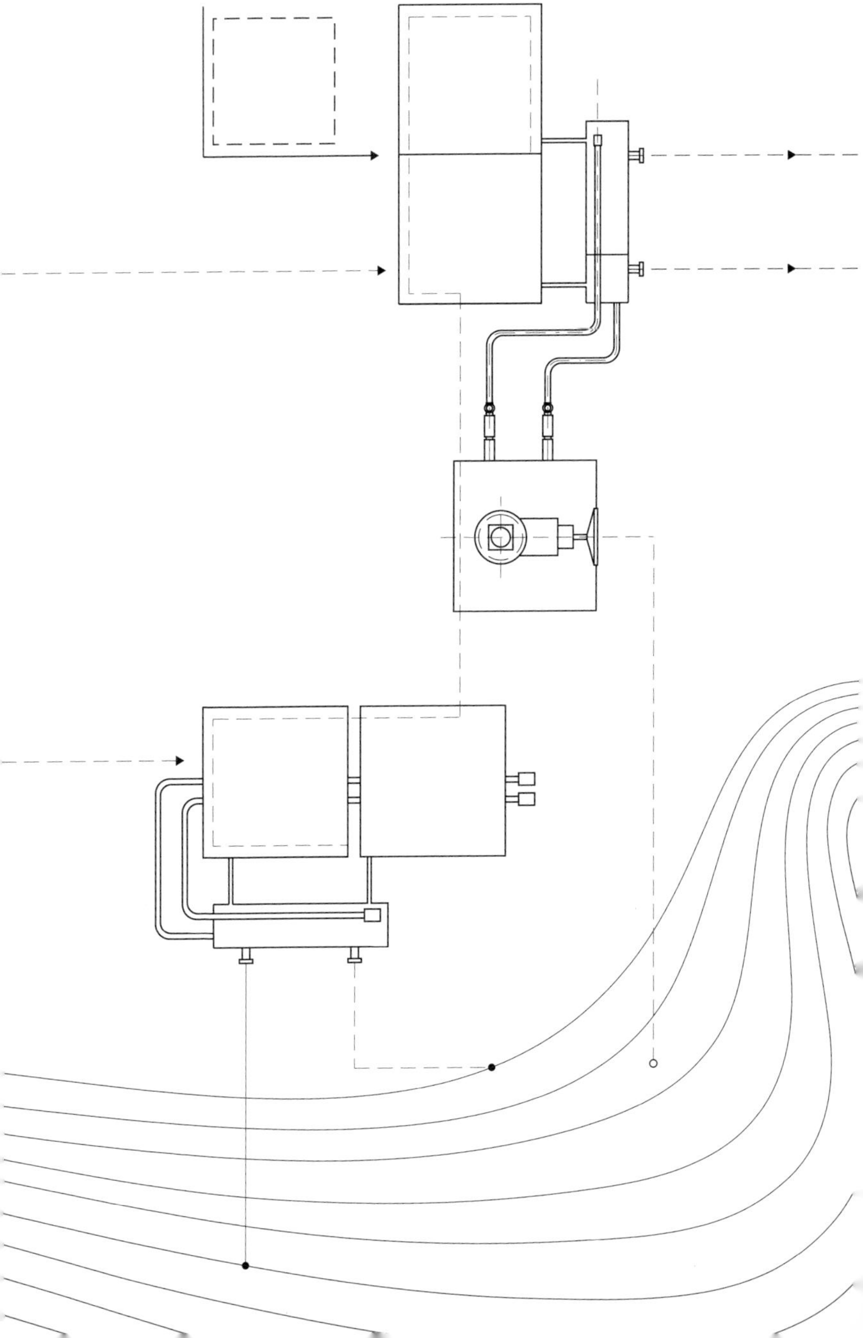

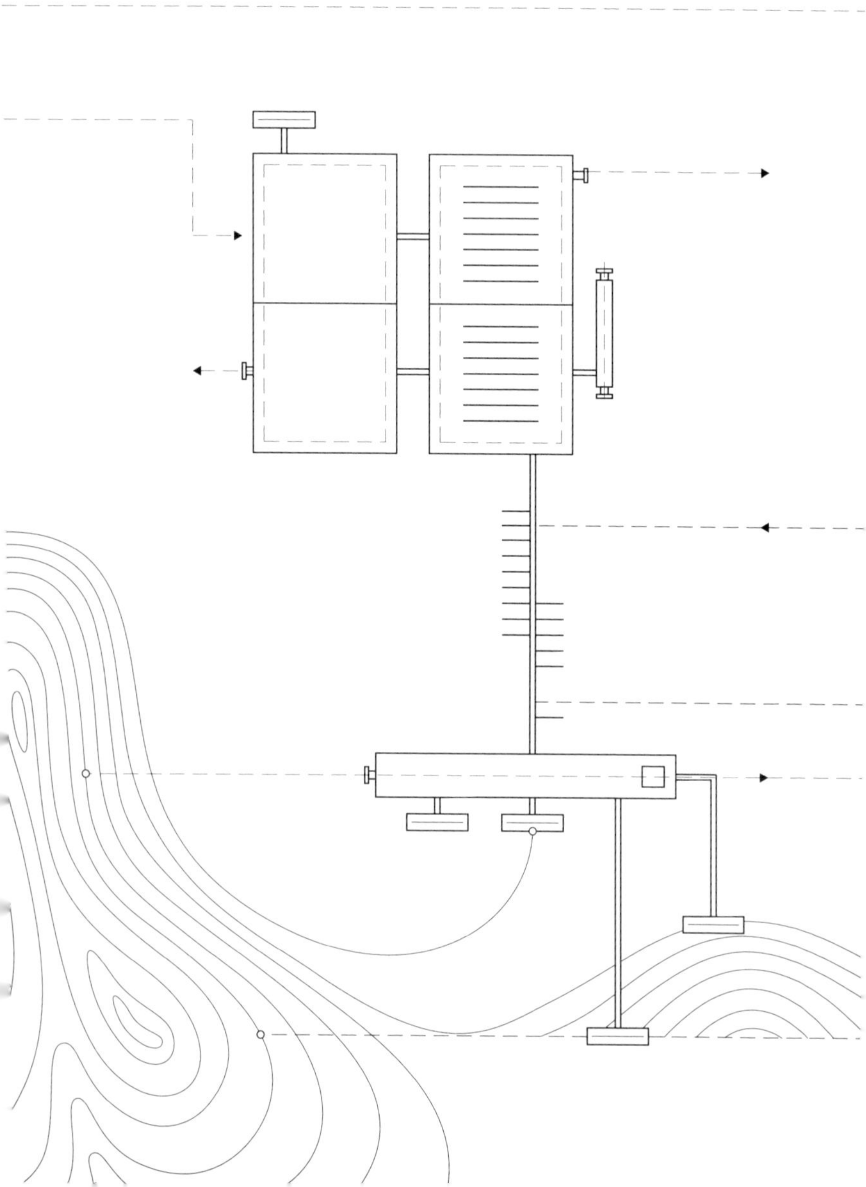

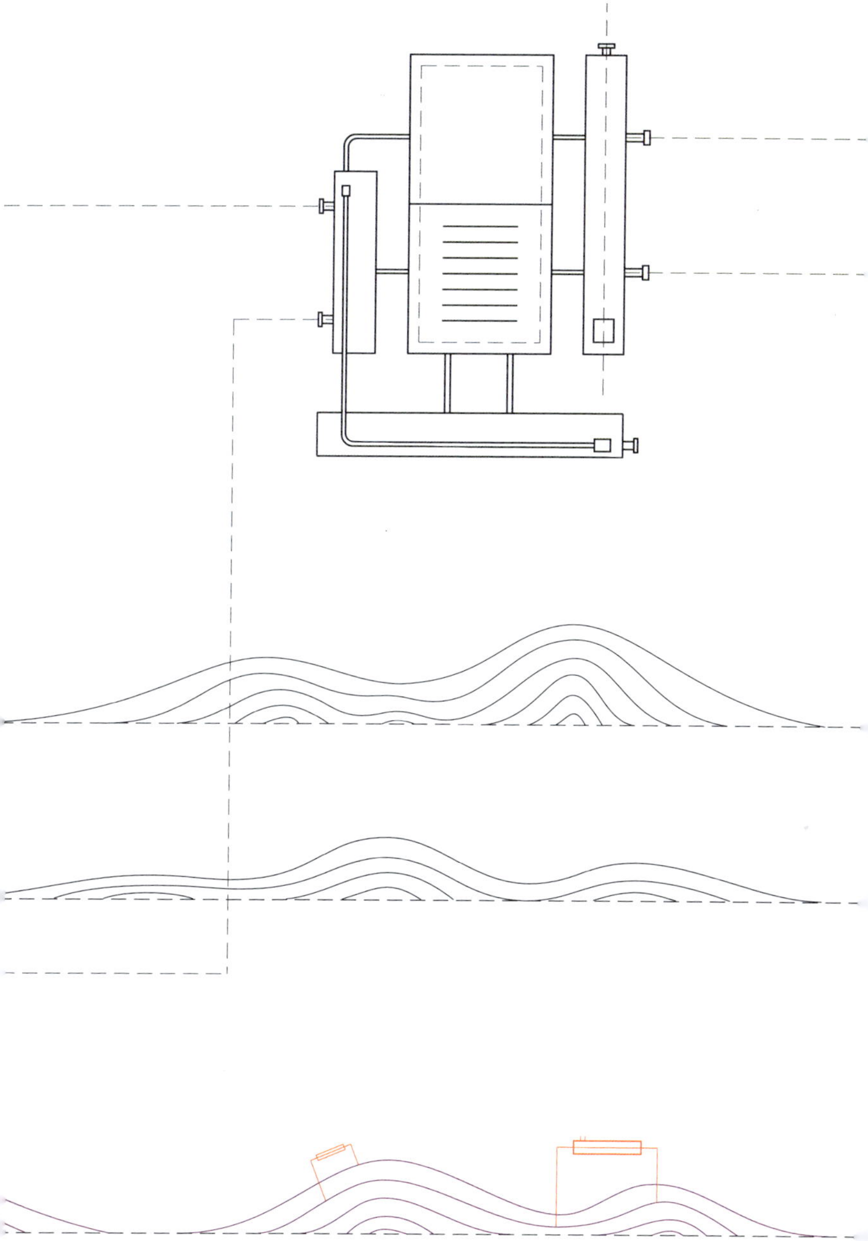

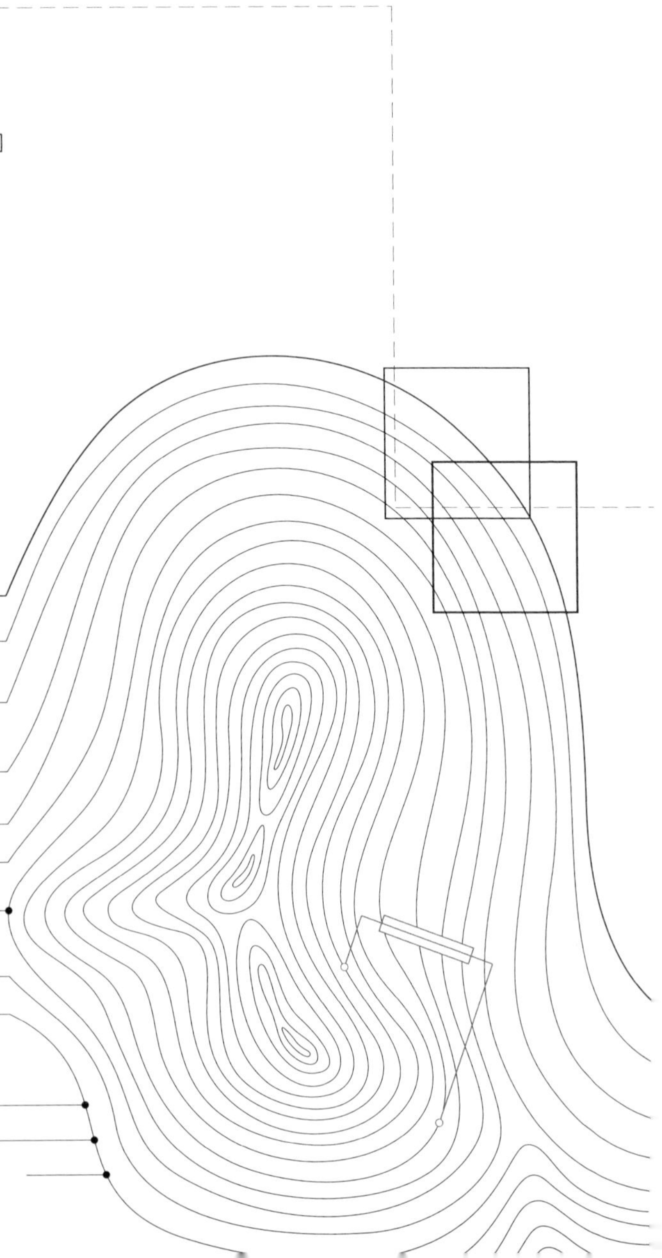

The princess has turned out to be the unknown and the unexpected.

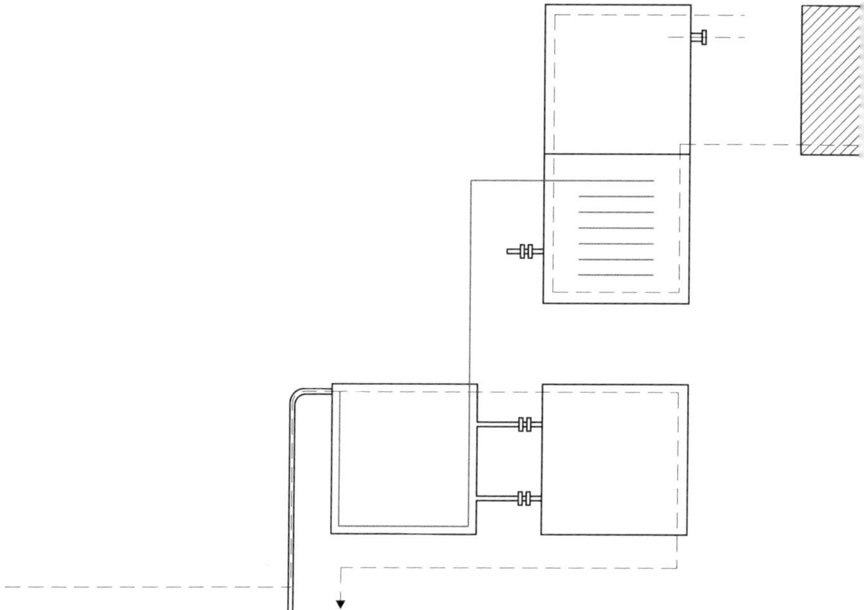

She has become alien and different, she has, thus my impression, reformulated her innermost text and now prepares to rewrite the world.

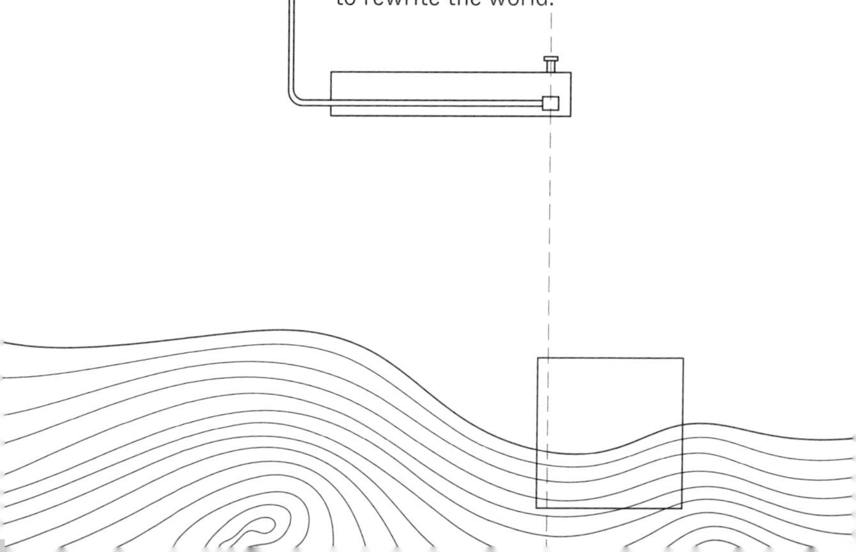

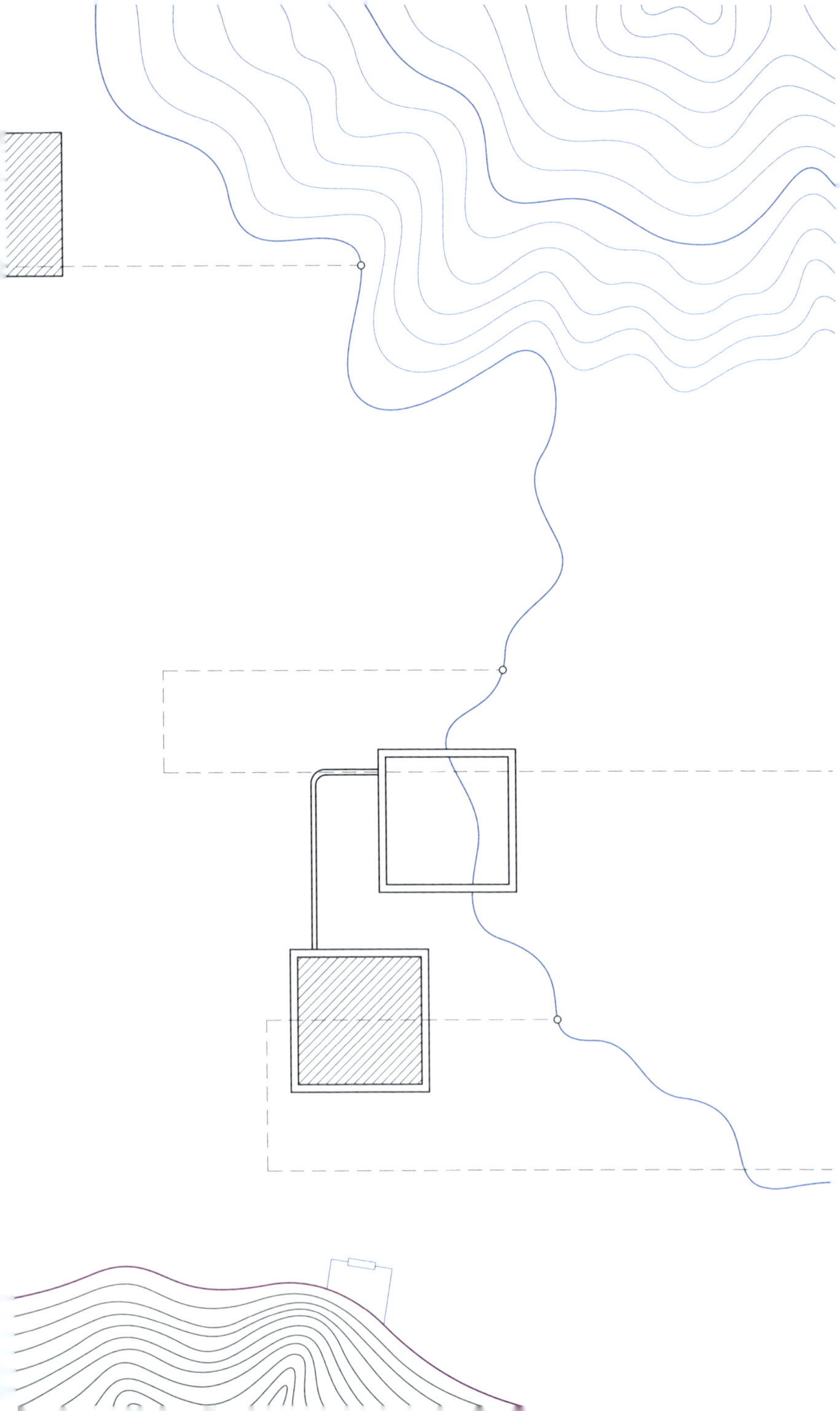

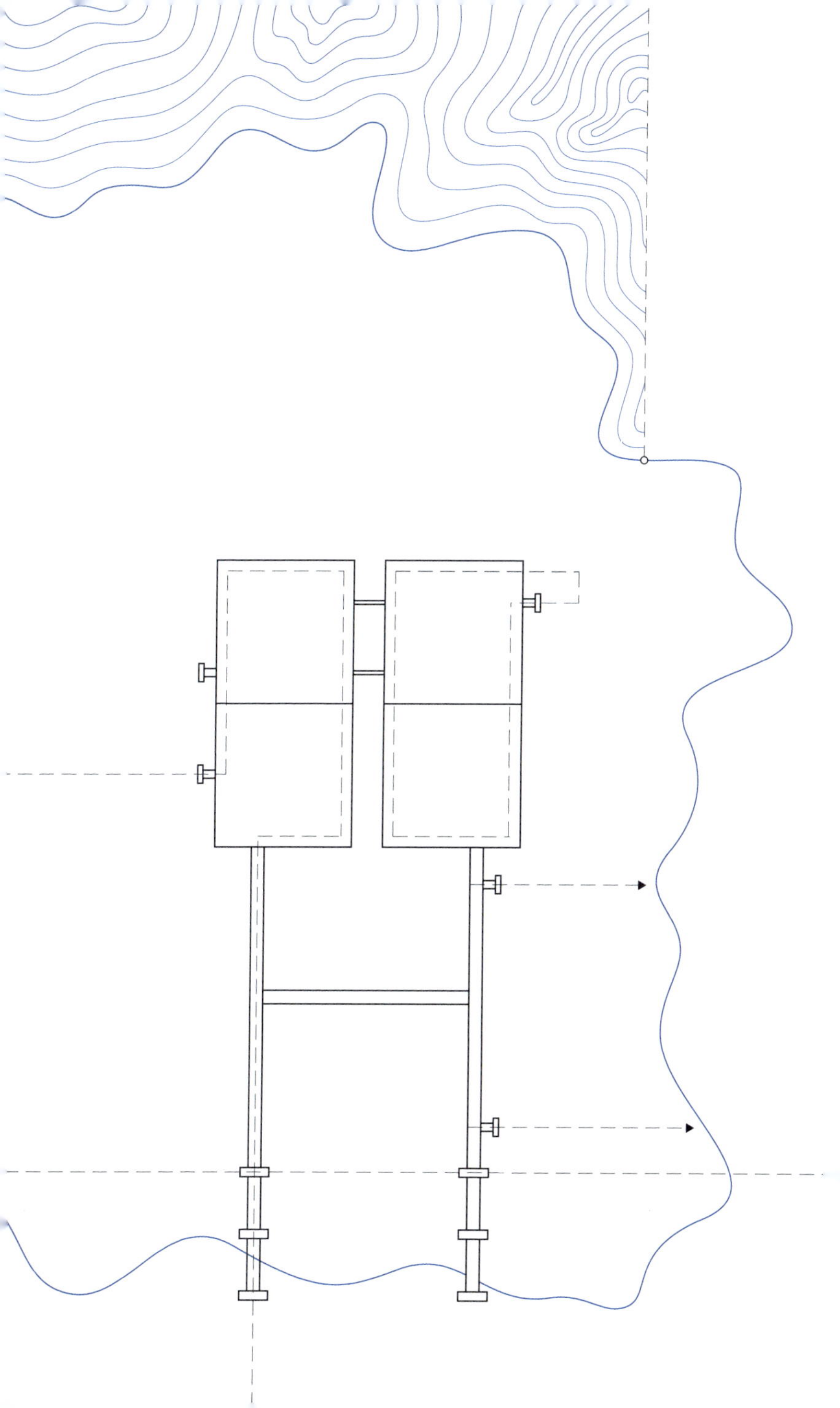

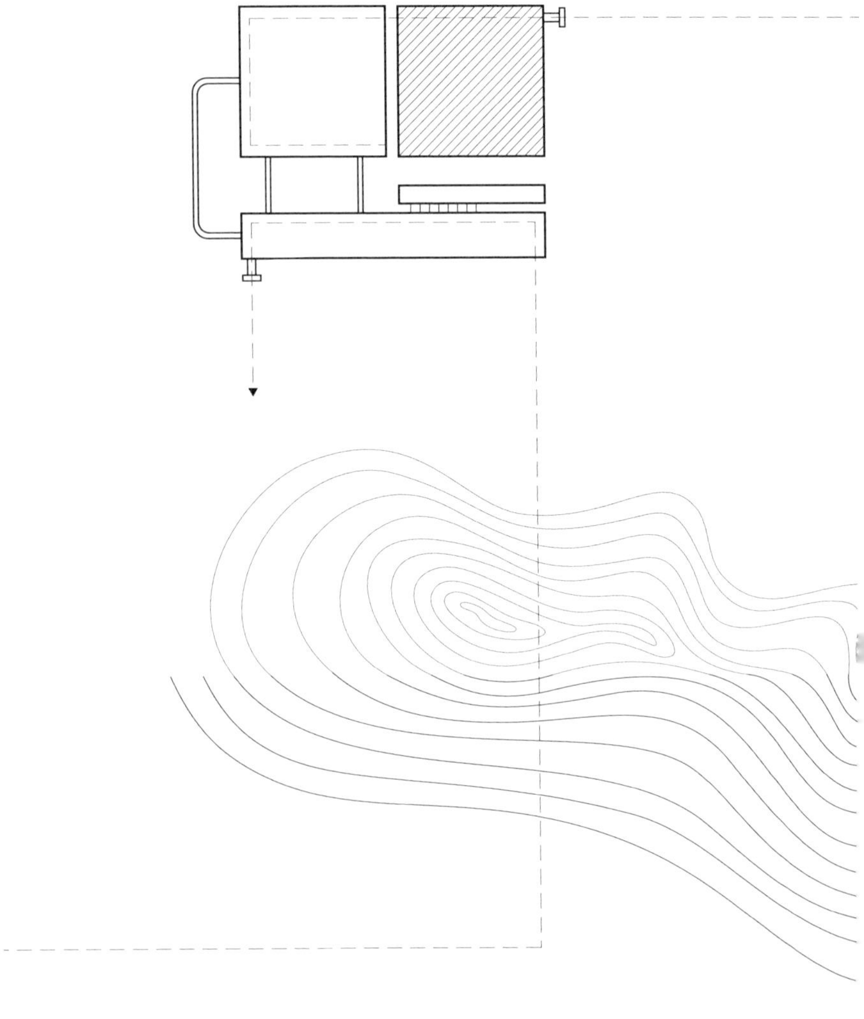

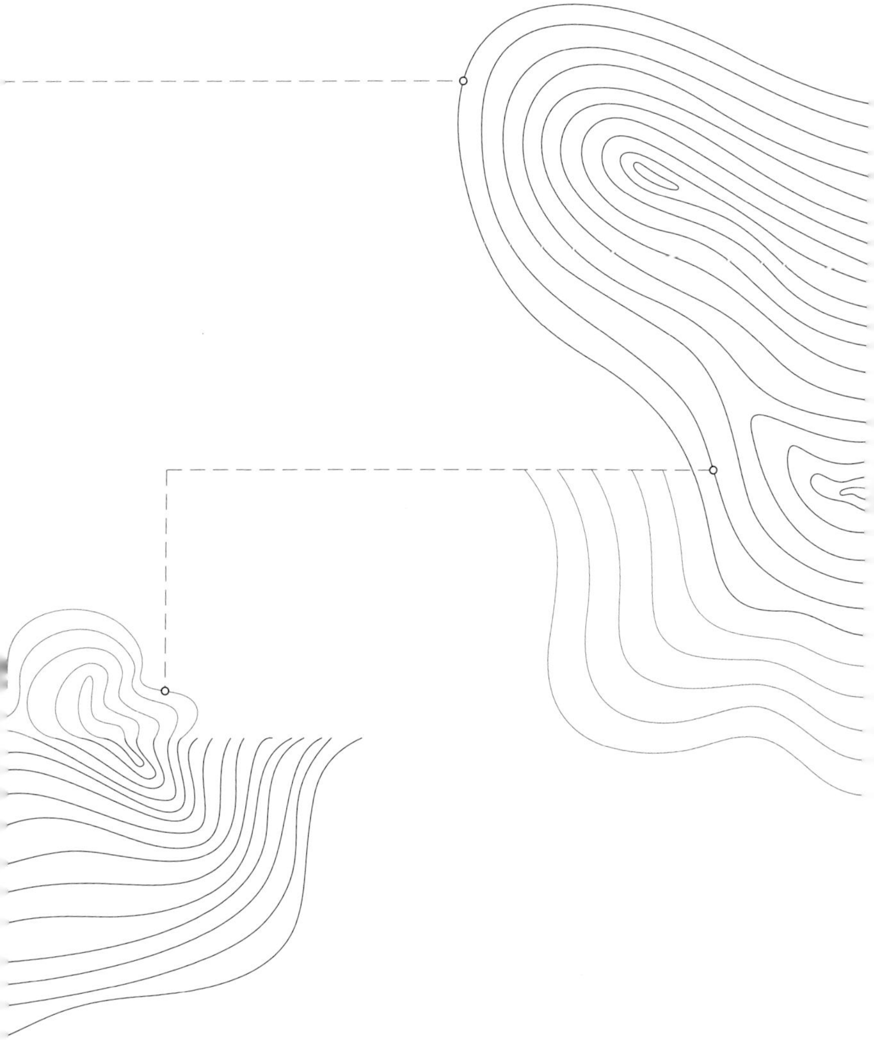

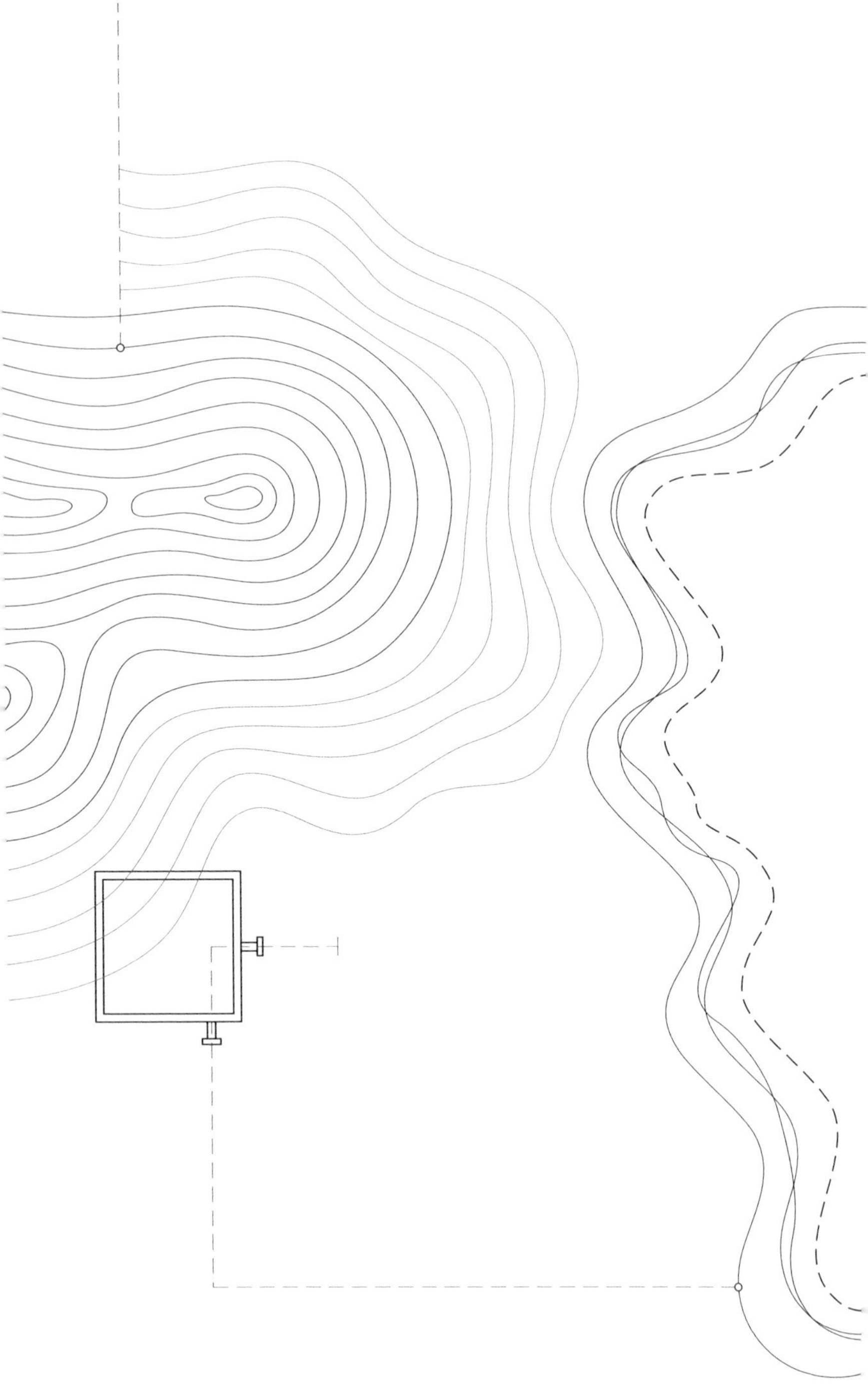

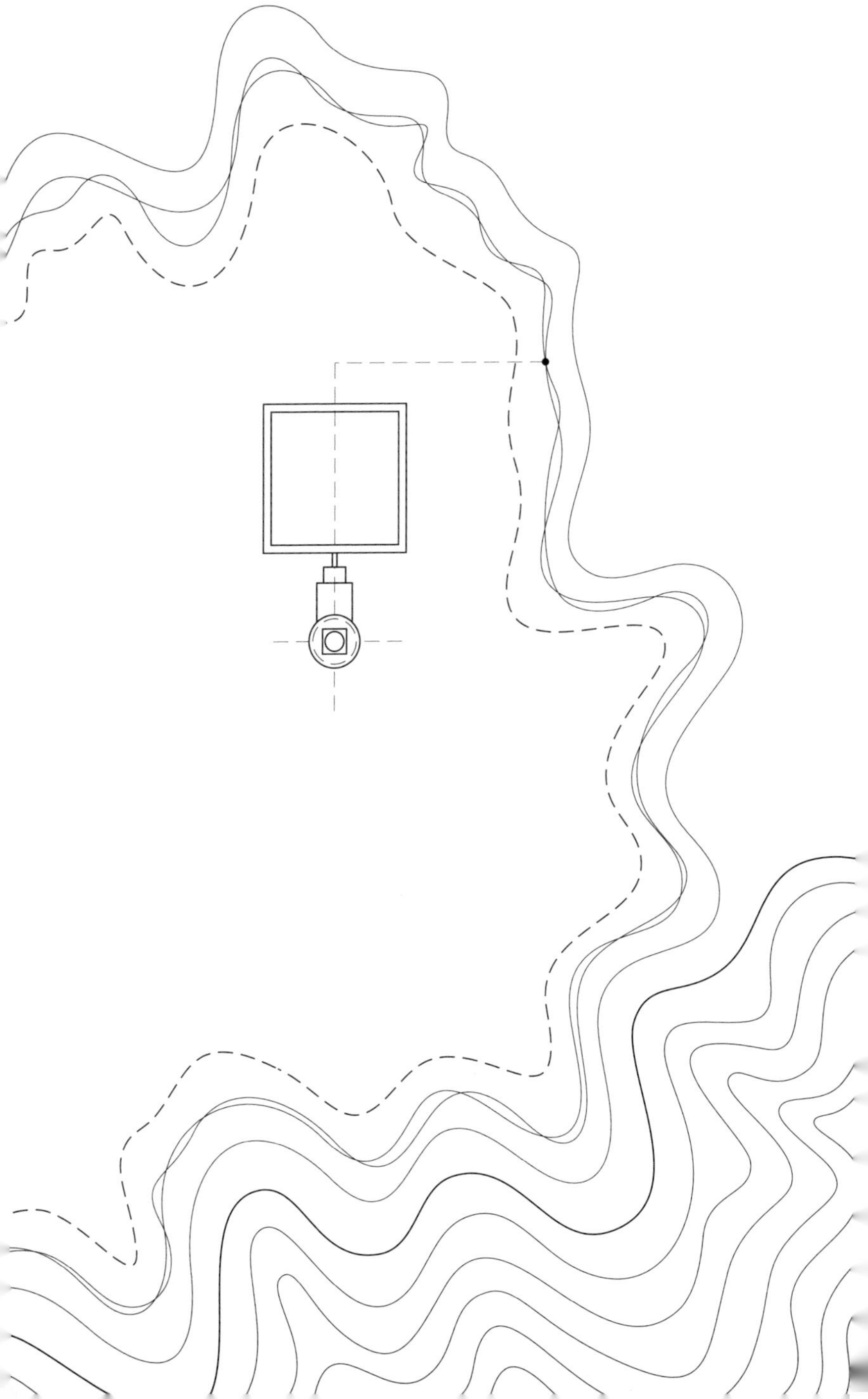

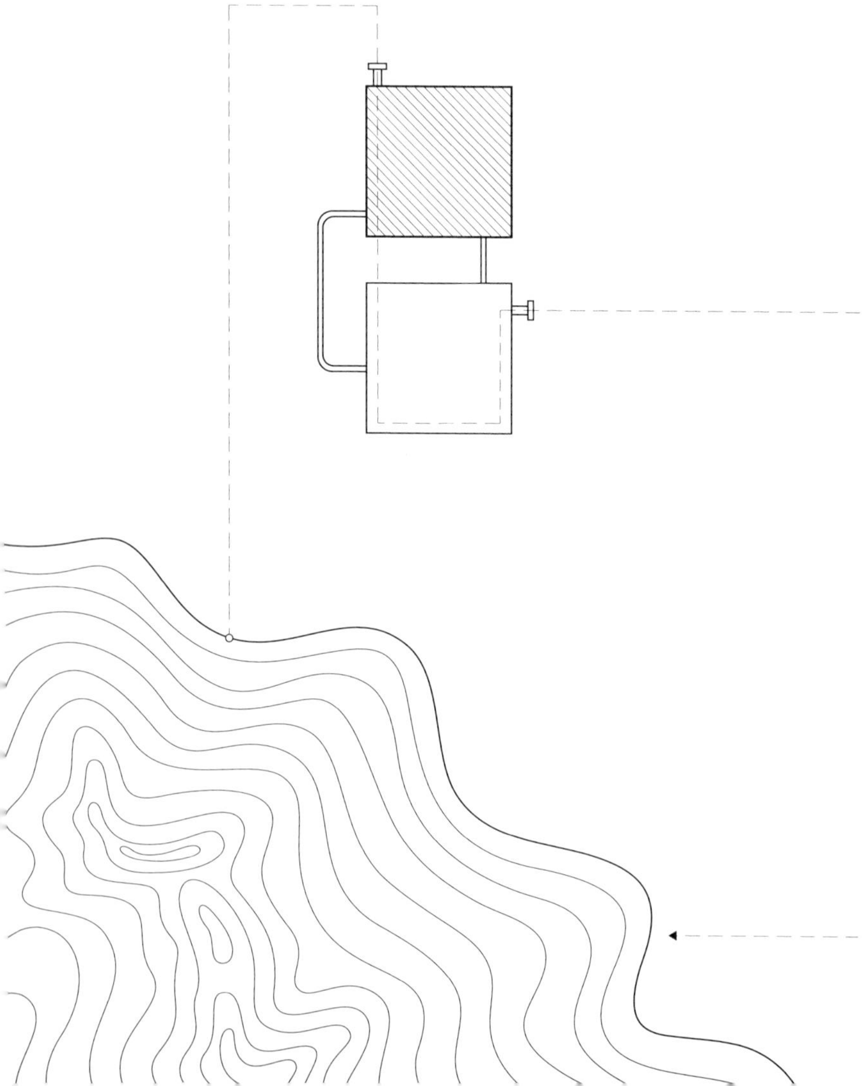

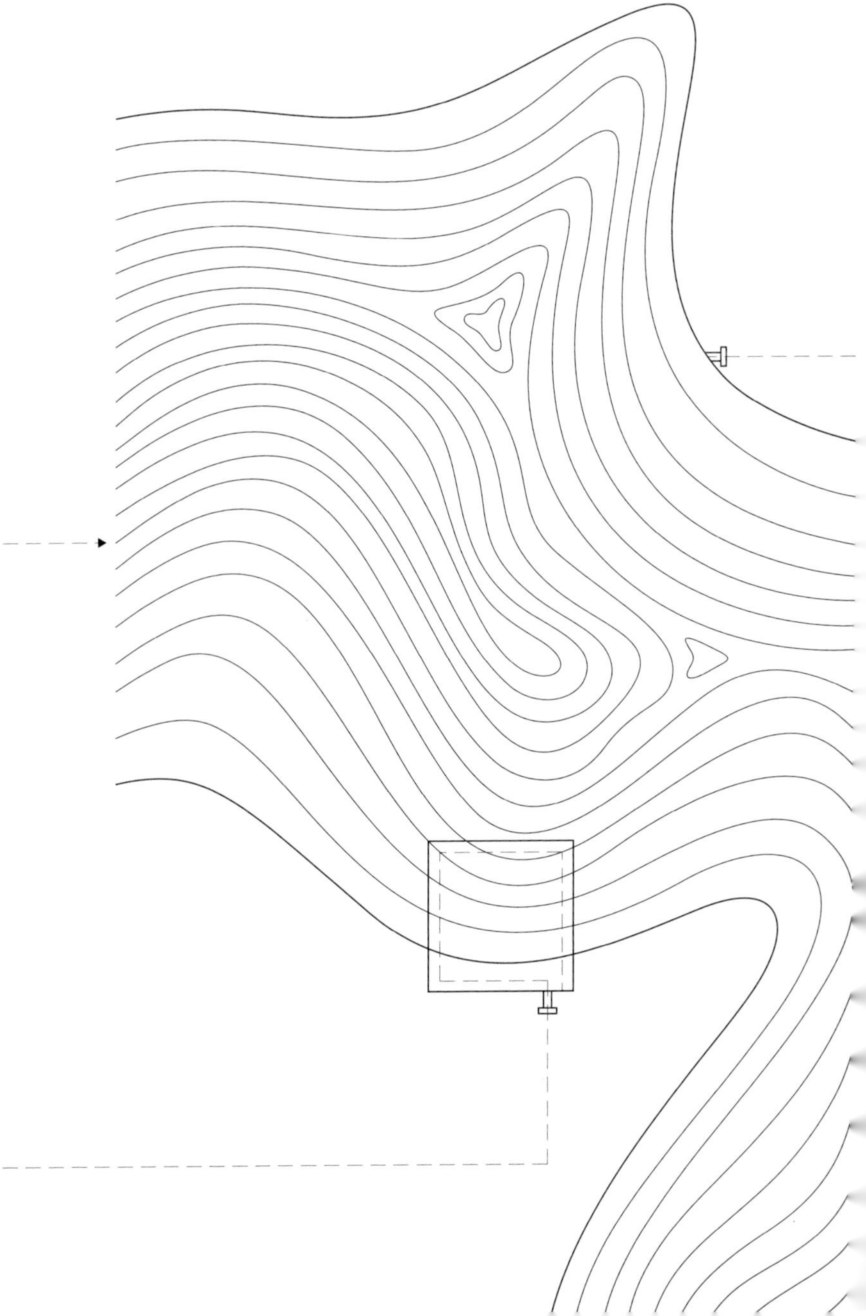

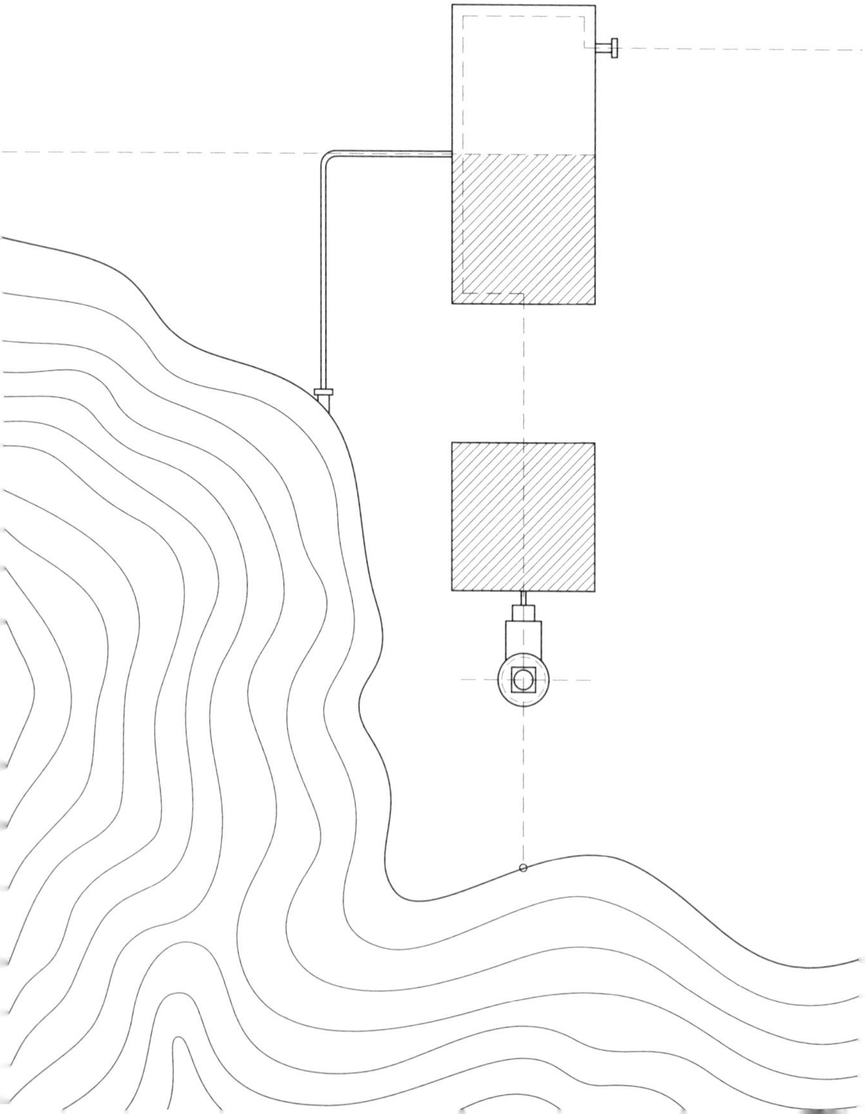

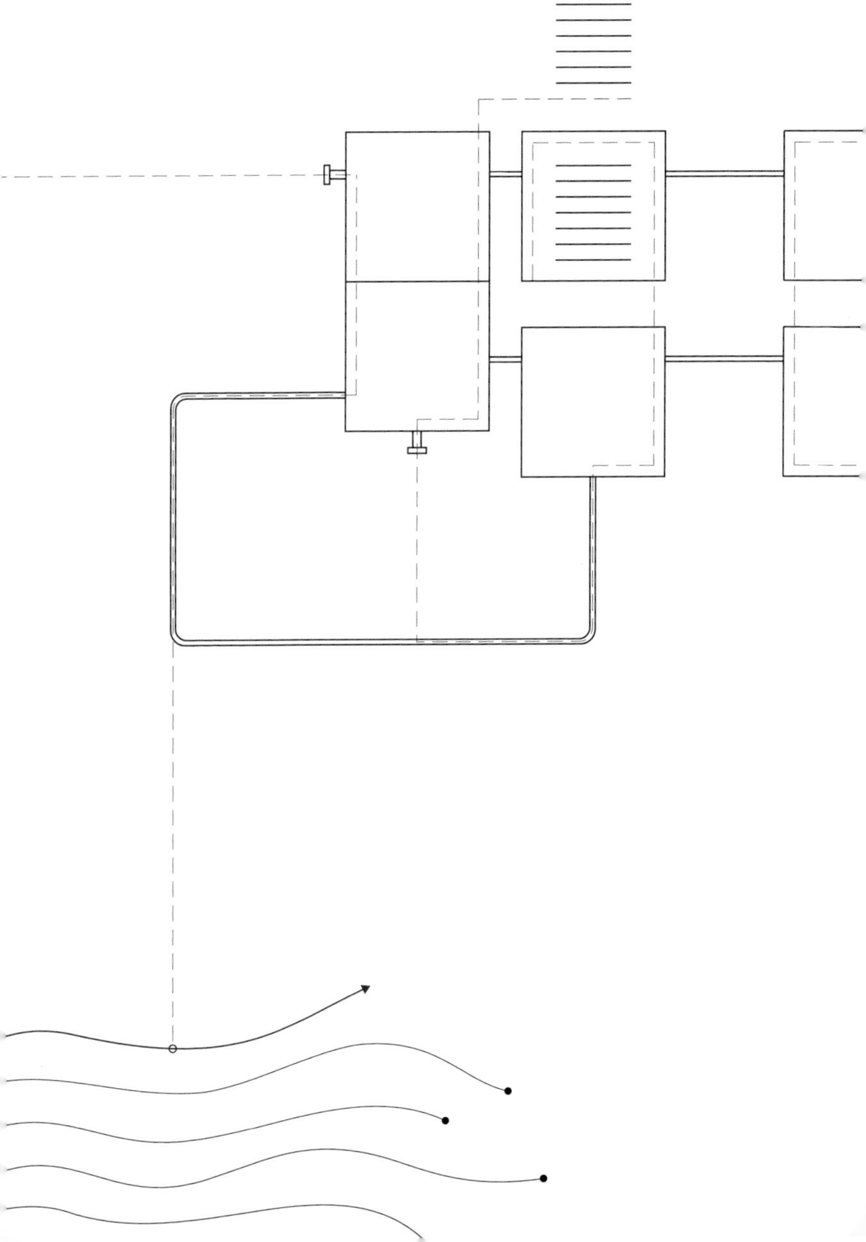

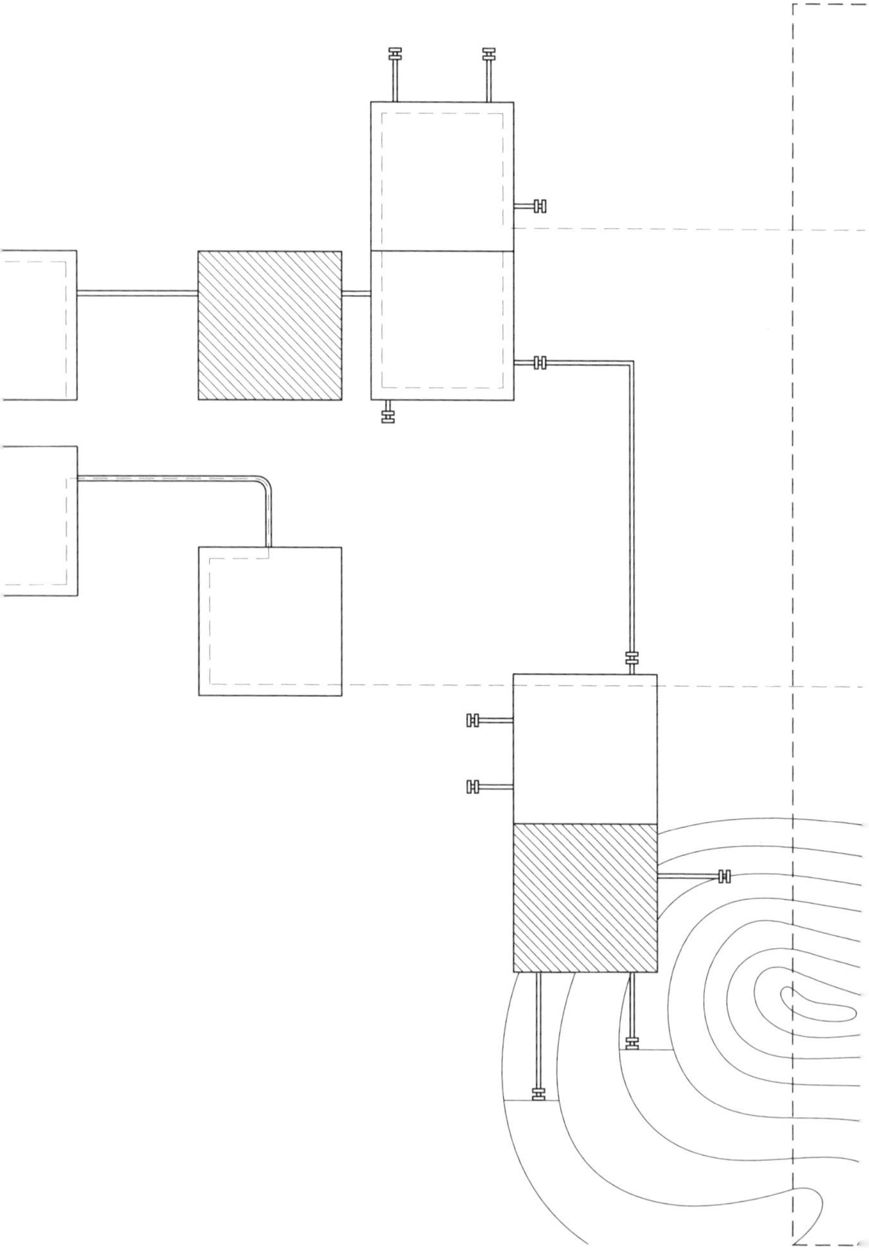

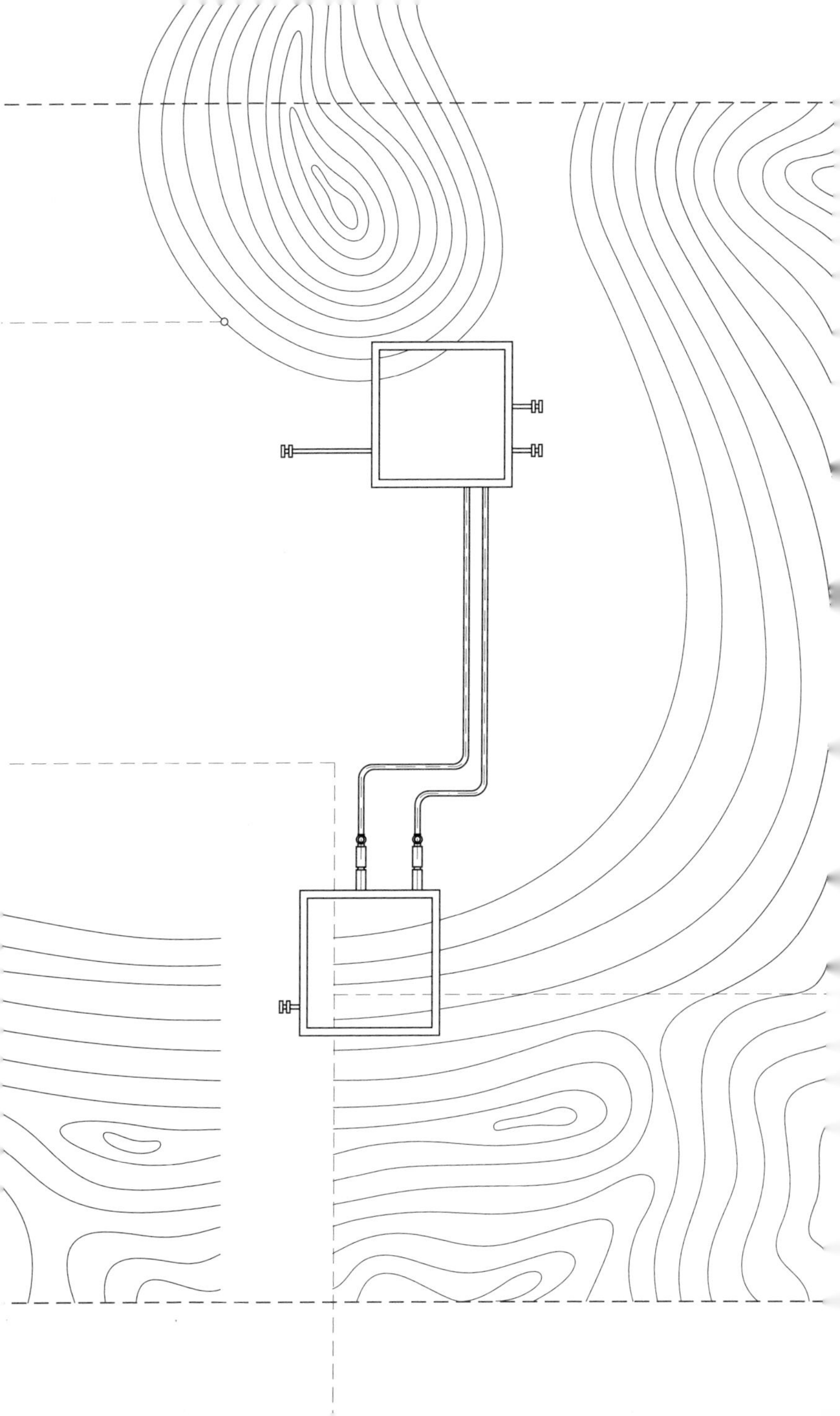

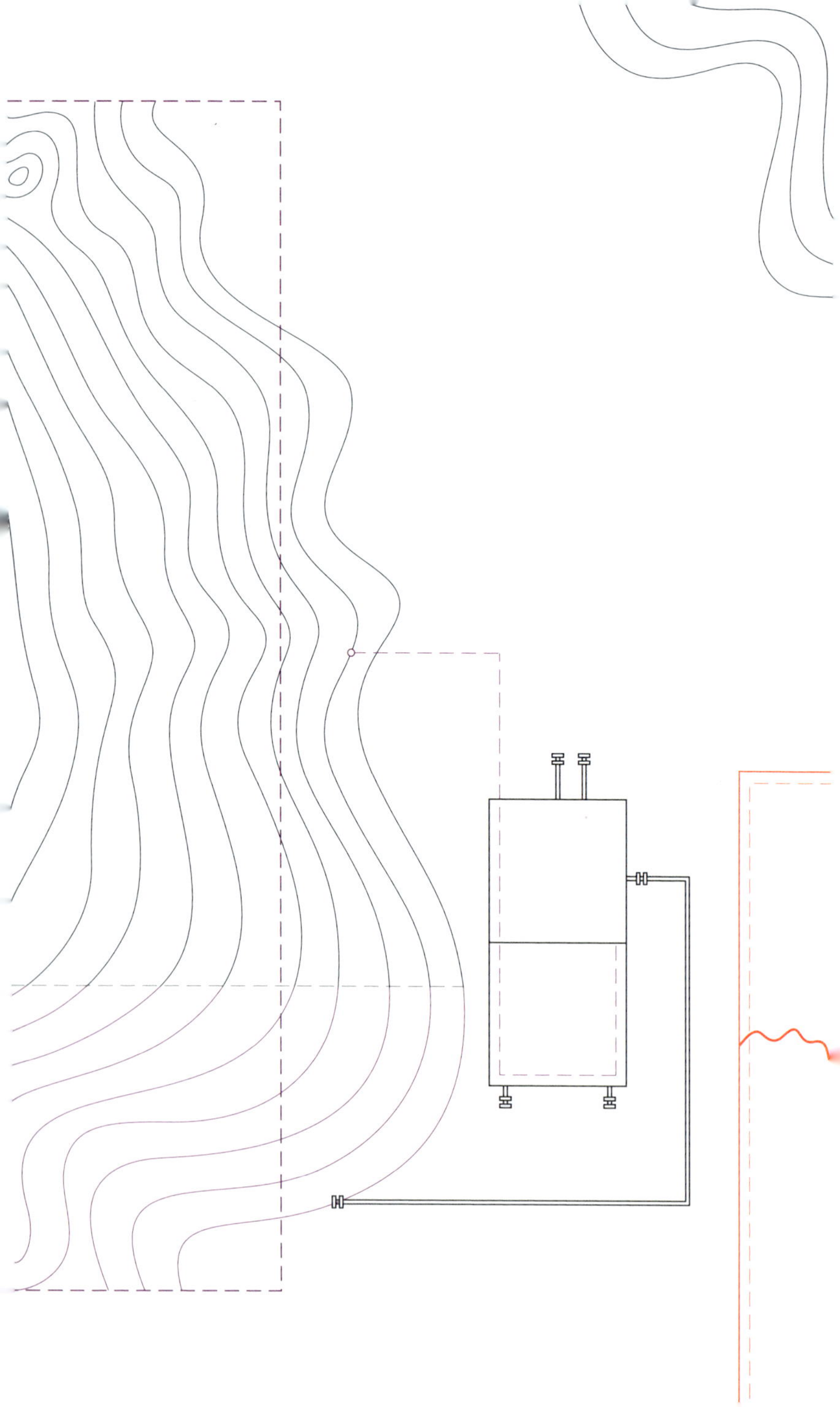

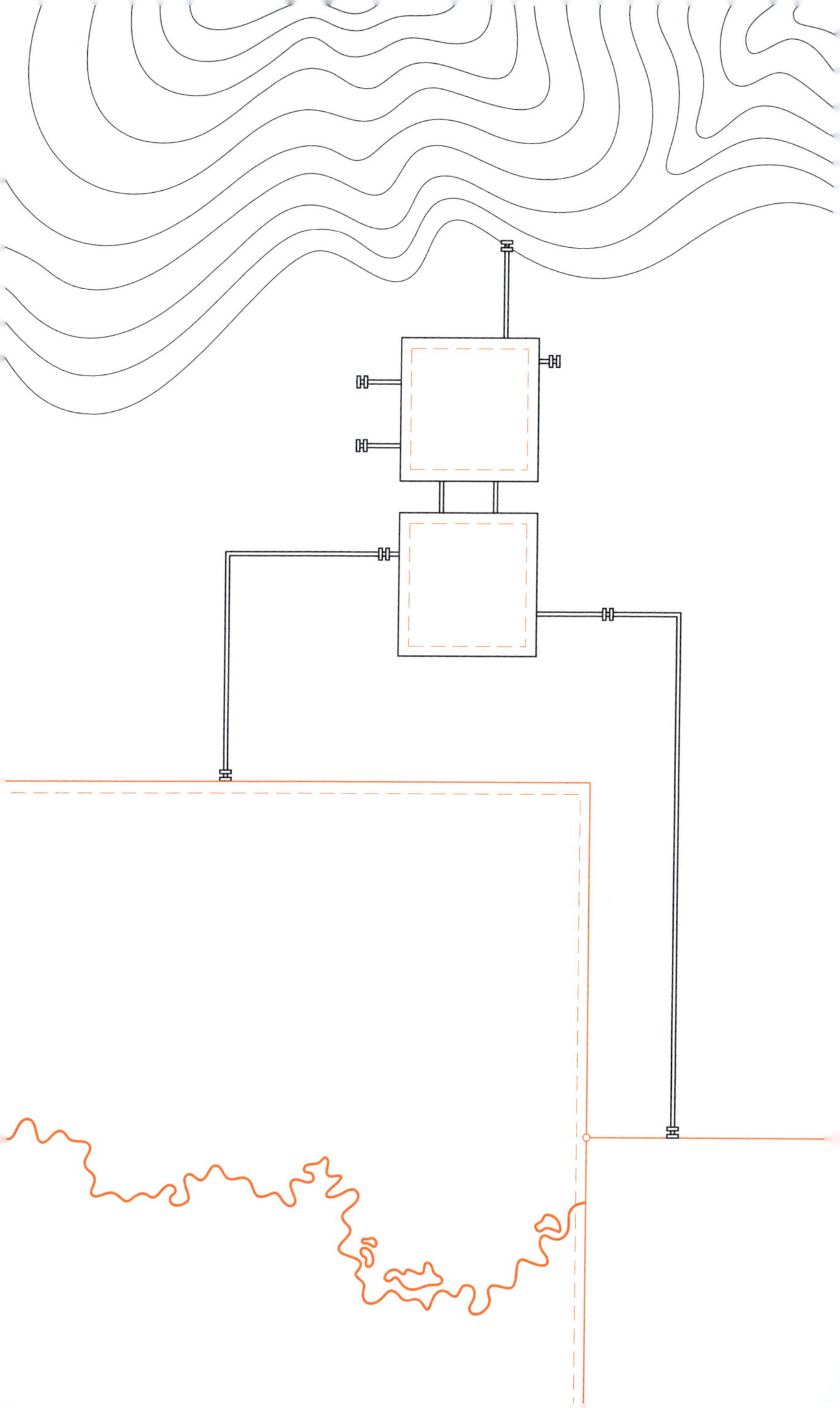

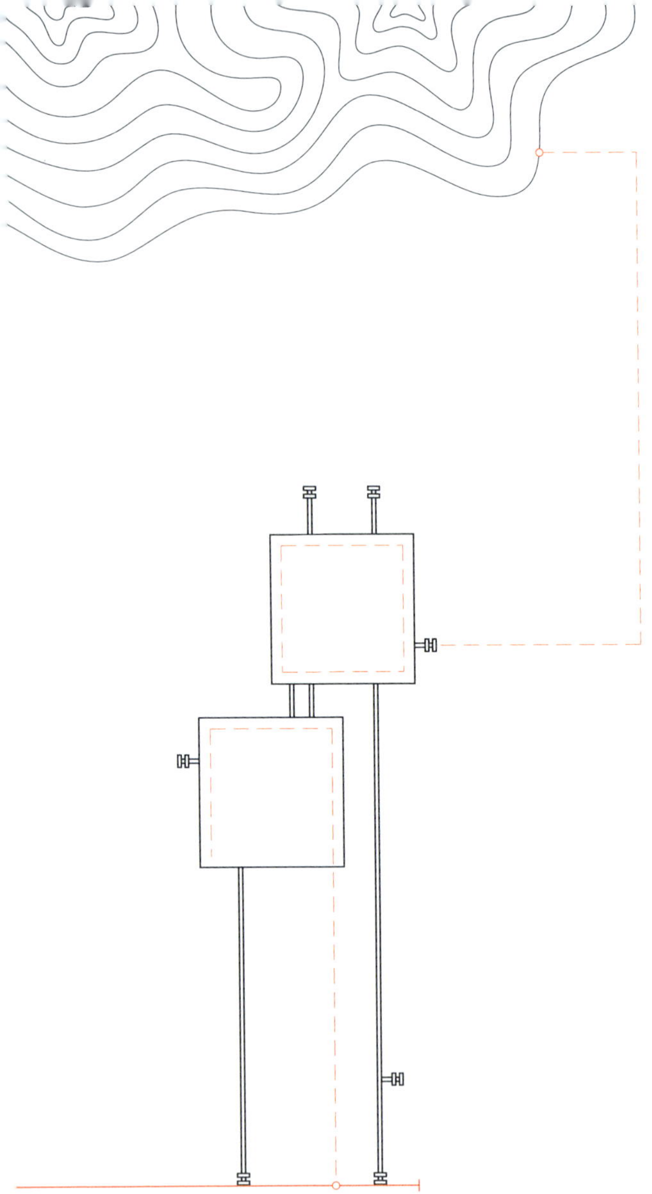

01:47:50:14

Wir ölen den mechanischen Rücken der Schönheit

„I see you're leaving me
and taking up with the enemy“

Elliott Smith: A Fond Farewell

Selbst unter diesem Himmel bist Du versucht, Dich zu fragen *Was mache ich hier?* und Du blickst kurz von Deinen Unterlagen auf, hin zu Deinem toten Bruder, der gemeinsam mit Dir die Beschädigungen am historischen Baubestand dieses euch vertrauten Viertels der inneren Bezirke erfasst. Wie der Herbst, eine schon für gestrig und ausgestorben erklärte Jahreszeit, spürt auch ihr zwischen all den schattengleichen Passanten Sprüngen und Rissen nach, die sich in der vermeintlich ungebrochenen Glätte des Sichtbaren zeigen. Eure einander ergänzenden Linien werden einen Befund ergeben, Grundlage für zwingende Maßnahmen und die fortgesetzte Instandsetzung fragwürdiger Wirklichkeiten. Hier, in diesem Ausschnitt, überlagern sich Raum und Zeit auf eine Dich irritierende Weise. Um Dich zu orientieren und erneut in der Gegenwart zu verwurzeln, fragst Du schließlich laut *Was für einen Dienst tun wir hier?* und Dein Bruder, keine vierhundert Tage älter als Du, setzt zu einer Antwort an, hält dann aber

We Oil the Mechanic Backside of Beauty

"I see you're leaving me
and taking up with the enemy"
Elliott Smith: A Fond Farewell

Even under this sky you are tempted to ask yourself *What am I doing here?* and you look up briefly from your documents towards your dead brother, who together with you determines the damage to historical building stock of this quarter of the inner districts, which you are familiar with. Like the autumn, a season already declared yester and extinct, you too trace cracks and fissures between all the shadow-like passersby that show in the allegedly unbroken smoothness of what is visible. Your complementing lines will result in a report, basis for mandatory measures and the continuing restoration of questionable realities. Here, in this excerpt, space and time overlay each other in a way that irritates you. To get your bearings und take root again in the present, you finally ask loudly *What kind of a service are we rendering here?* and your brother, hardly four hundred days older than you, starts to answer, but then pauses after all. His gaze becomes dark like that time years ago in that club revetted with bricks, when a woman eyed you

doch inne. Sein Blick wird finster wie einst vor Jahren in diesem mit Backsteinen ausgekleideten Club, als euch eine Frau belustigt musterte und tatsächlich mit der Phrase *Are you twins?* ansprach. Du verbietest Dir alle Gedanken an diese glücklicheren Zeiten, wartest immer noch auf eine Auflösung, nur eine Zeile, die Dir diese flimmernde, bröckelige Wirklichkeit wieder zu einem schlüssigen Ganzen fügt, doch Deinem Bruder, diesem traurigen Rest von Familie, kommt kein Wort über die Lippen. Wie anstelle seiner Antwort, nach der Du wider besseres Wissen erneut fragen willst, tritt an der gegenüberliegenden Straßenecke ein Hund in euren Sichtbereich. Das Tier scheint aus einem Deiner Träume ausgebrochen zu sein: Groß wie ein kräftiges Pferd bewegt es sich auf nur drei Beinen, blutrot und bar jeden Fells ist alles an ihm Fleisch und Hitze. Es beginnt unter den schreienden, zurückweichenden Passanten seine enger werdenden Bahnen um euch zu ziehen, es läuft seine Runden und Du kannst sehen, dass ihm nicht nur das linke Vorderbein fehlt, sondern auch Teile seiner Flanke und des Gesichts. Sein offenstehender Körper erzeugt Unverständnis und Unglauben, es beginnt eine dritte Umkreisung, dann erst machst Du, einem Impuls folgend und Dich vor Deinen Bruder schiebend, einen Schritt darauf zu. Alles was Fuchs an Dir ist, sträubt sich, Dein Körper will in zwei Richtungen zugleich, doch etwas wie Mitleid — etwas, das Du für Menschen so nie aufbringen konntest — gewinnt die Oberhand über Furcht und Irritation. Dampfend und schwer atmend kommt der Hund vor Dir zu stehen, Du musterst seinen Schädelknochen, den Kiefer, die Zähne, die gespannten Muskeln. In seinem Blick liegen ungenannter Schmerz und ein Mangel an Verstehen angesichts dieser Welt und ihrer Zumutungen. Du streckst Deine Rechte vor, fast schon berührst Du die Schnauze des gigantischen Wesens. Da verstehst Du, dass nicht Mitleid allein Deine Handlungen bestimmt hat, sondern ein Erkennen Deines nur vermeintlich fremden Gegenübers.

up amusedly and seriously addressed you with the phrase *Are you twins?* You ban all thoughts about those happier times from your mind, still waiting for a solution, only one line that will knit together this flickering, crumbling reality to a coherent whole again, but no word passes the lips of your brother, that sad remnant of family. As if instead of his answer, which you want to ask about once more although you know better, a dog enters your field of vision on the opposite corner of the street. The animal seems to have escaped from one of your dreams: big like a sturdy horse it moves on only three legs, bloodred and bereft of all fur, everything about it is flesh and heat. Among the shouting, retreating passersby it begins to circle around you ever closer, it is making its rounds, and you see that it doesn't just lack its left foreleg, but also parts of its flank and its face. Its open body induces incomprehension and disbelief, it begins a third orbit, and only then you, following an impulse and barging in front of your brother, take a step towards it. Everything that is fox about you bristles up, your body wants to go in two directions at once, but something like pity — something you could never summon up in this way for people — gains the upper hand over fear and irritation. Steaming and breathing heavily, the dog comes to a halt before you, you examine its cranial bone, the jaw, the teeth, the taut muscles. In its gaze there are unnamed pain and a lack of understanding in the face of this world and its demands. You stretch out your right hand, almost touching the muzzle of the gigantic animal. That's when you understand that it was not pity alone which determined your actions, but also the recognition of your only supposedly alien counterpart.

201

01:52:13:19

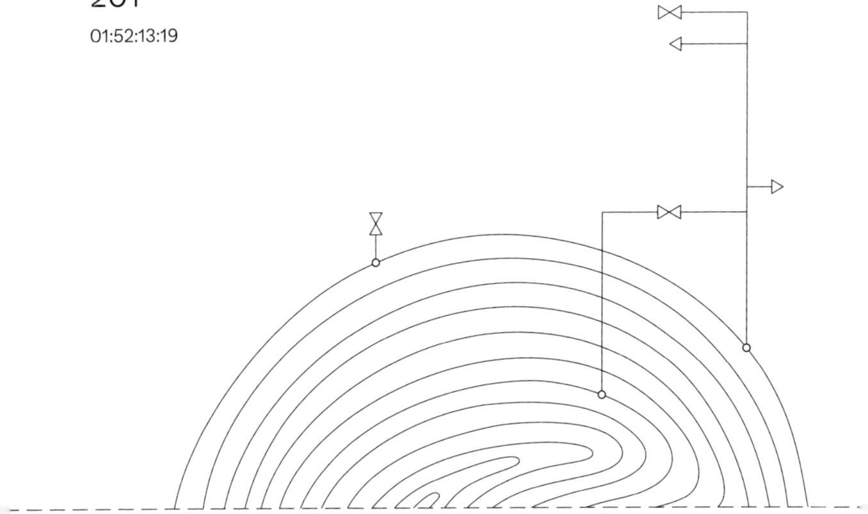

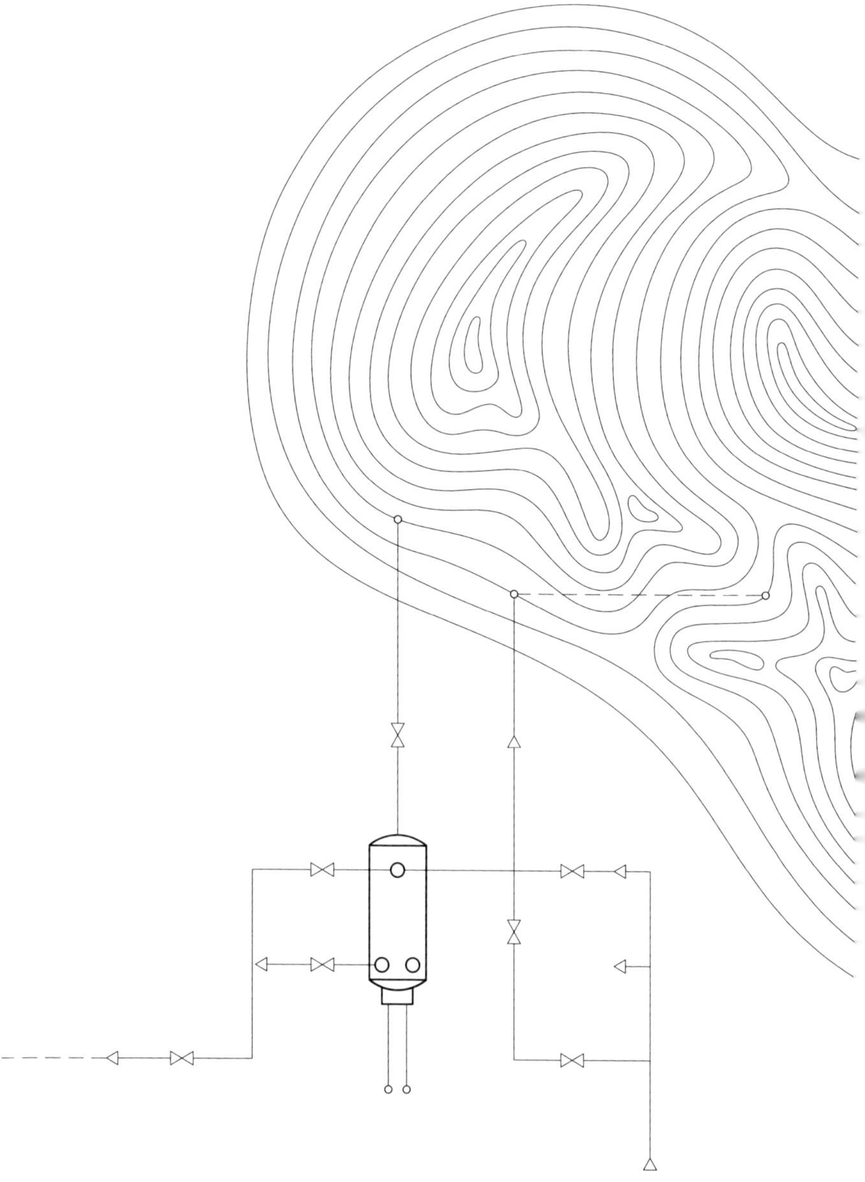

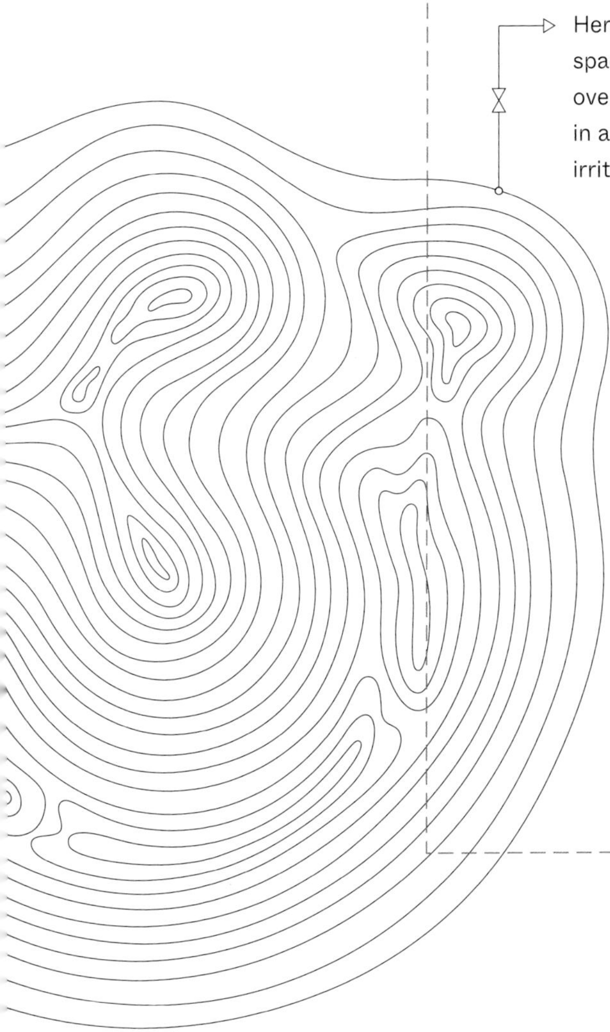

Here, in this excerpt, space and time overlay each other in a way that irritates you.

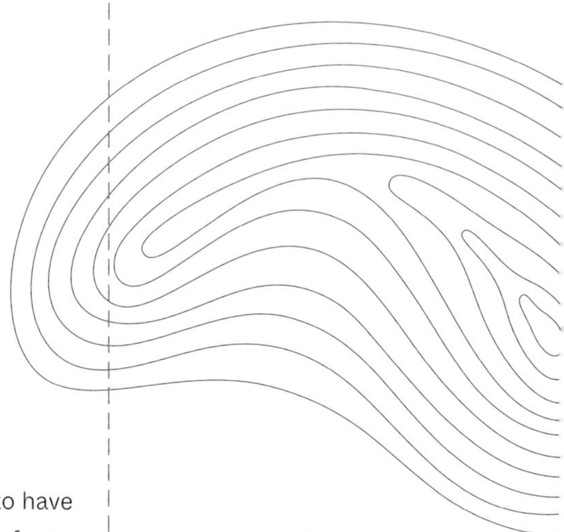

The animal seems to have
escaped from one of your
dreams:

big like a sturdy horse,
it moves on only three legs,
blood-red and bereft of
all fur, everything about it
is flesh and heat.

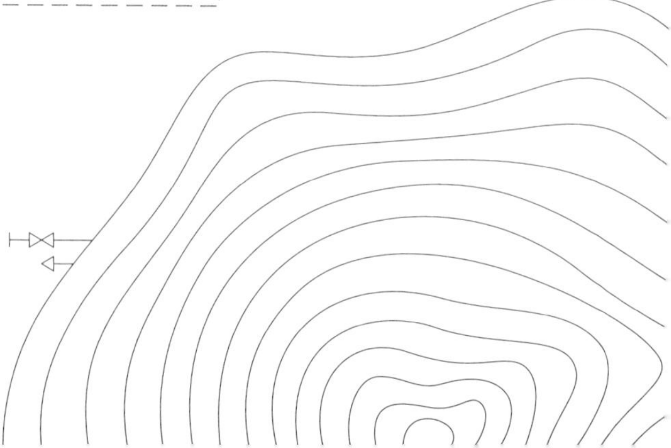

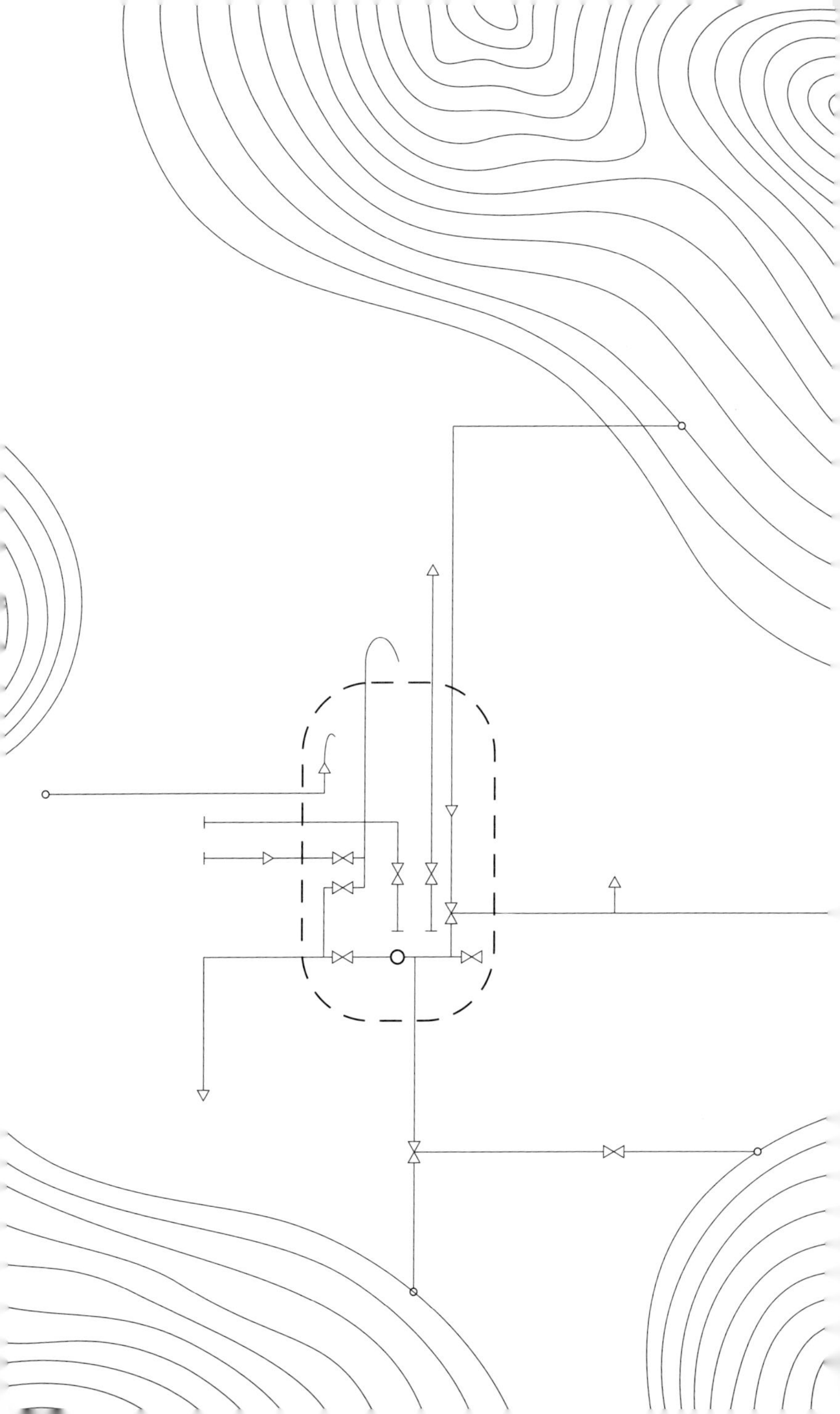

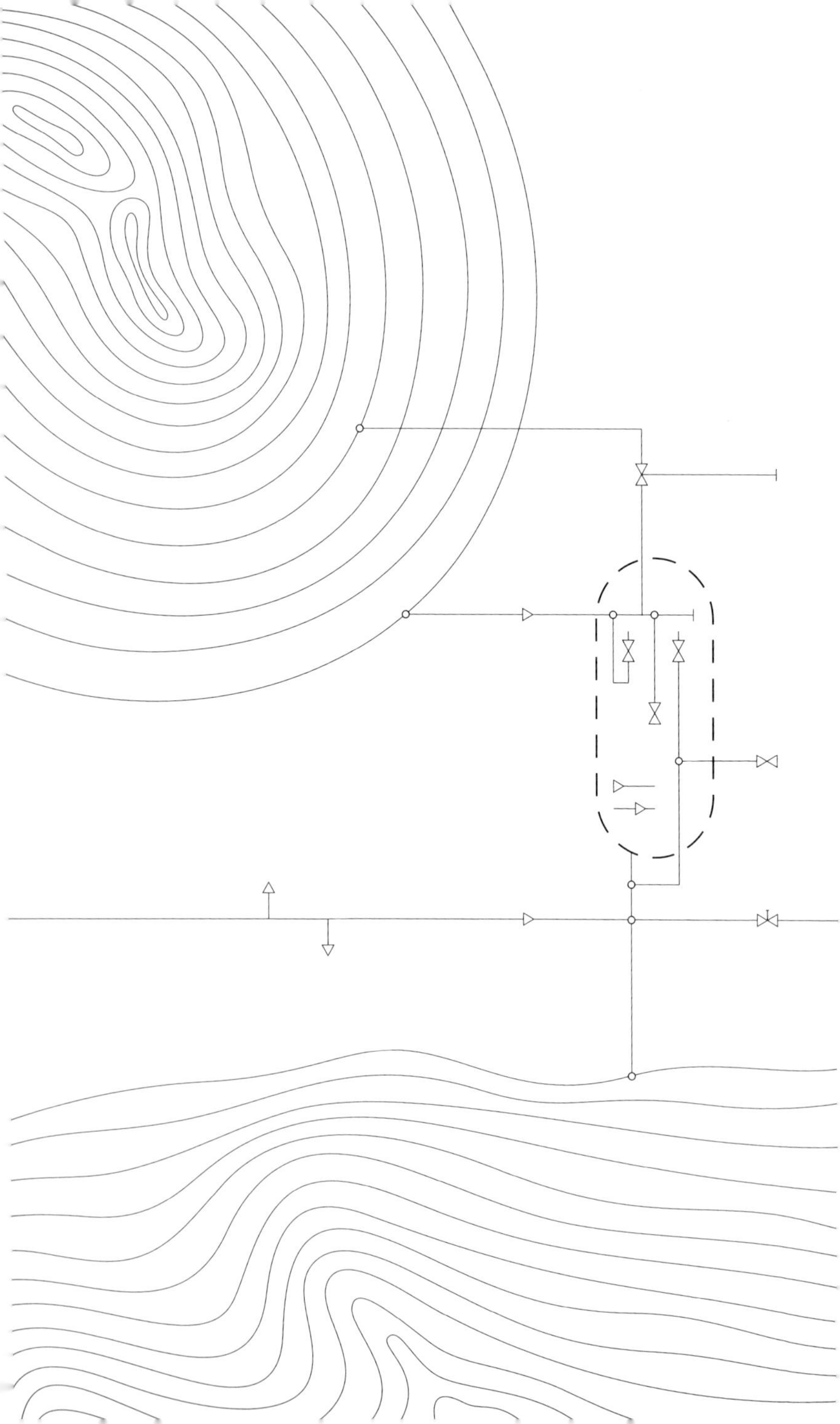

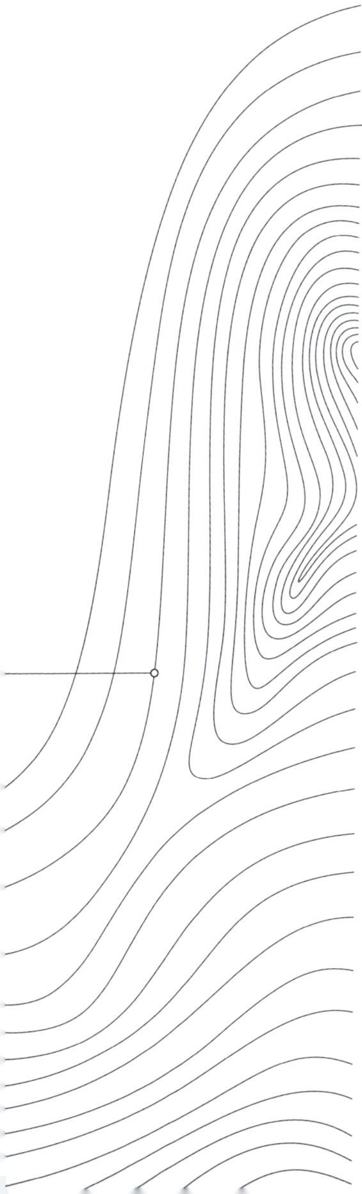

Your complementing lines will result in a report, basis for mandatory measures and the continuing restoration of questionable realities.

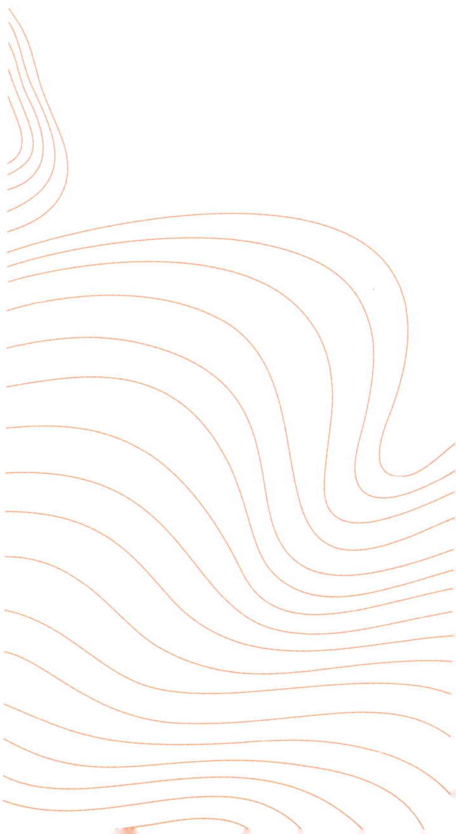

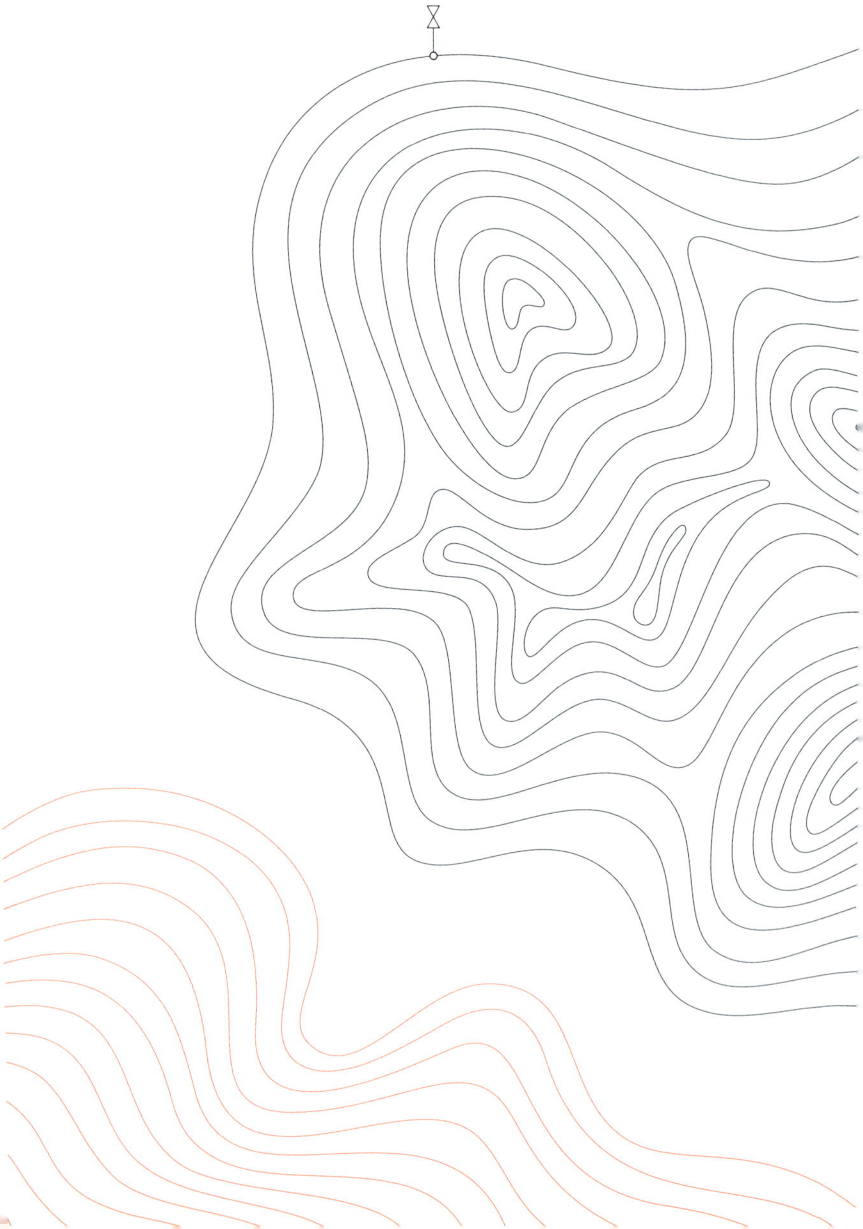

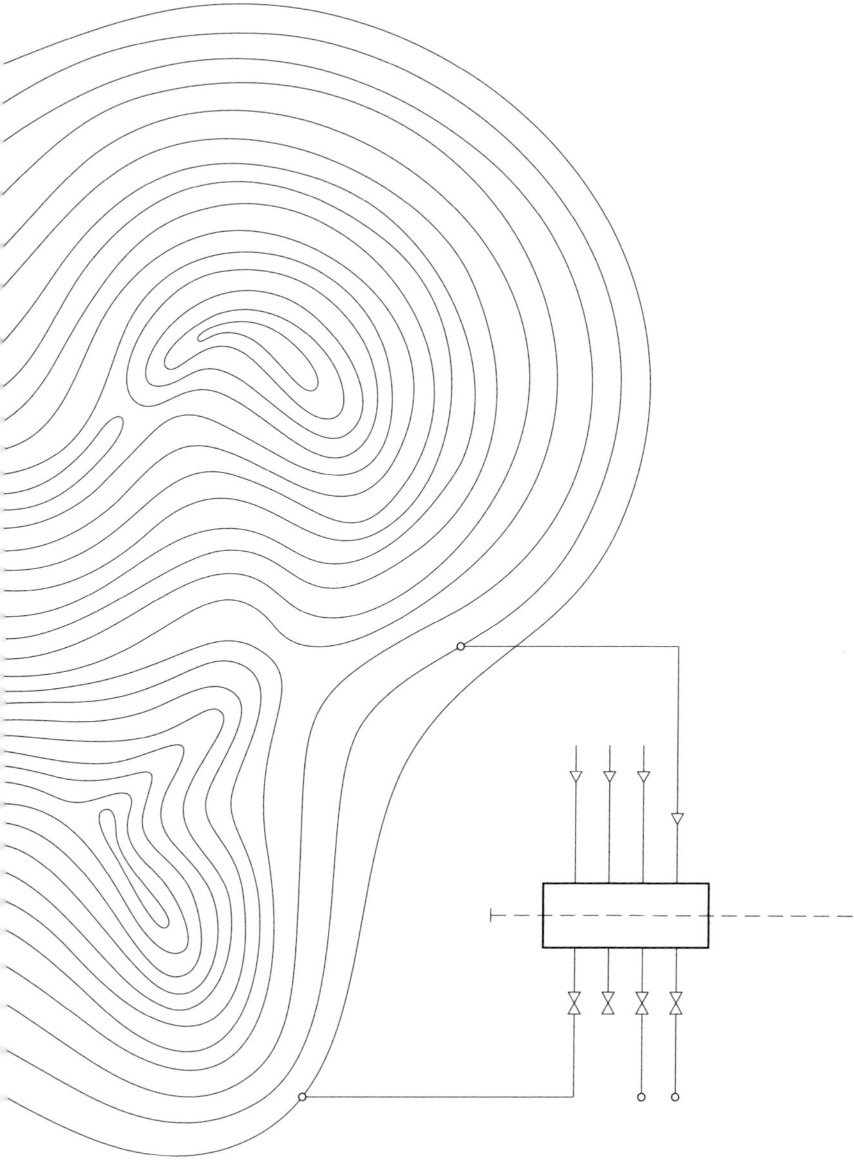

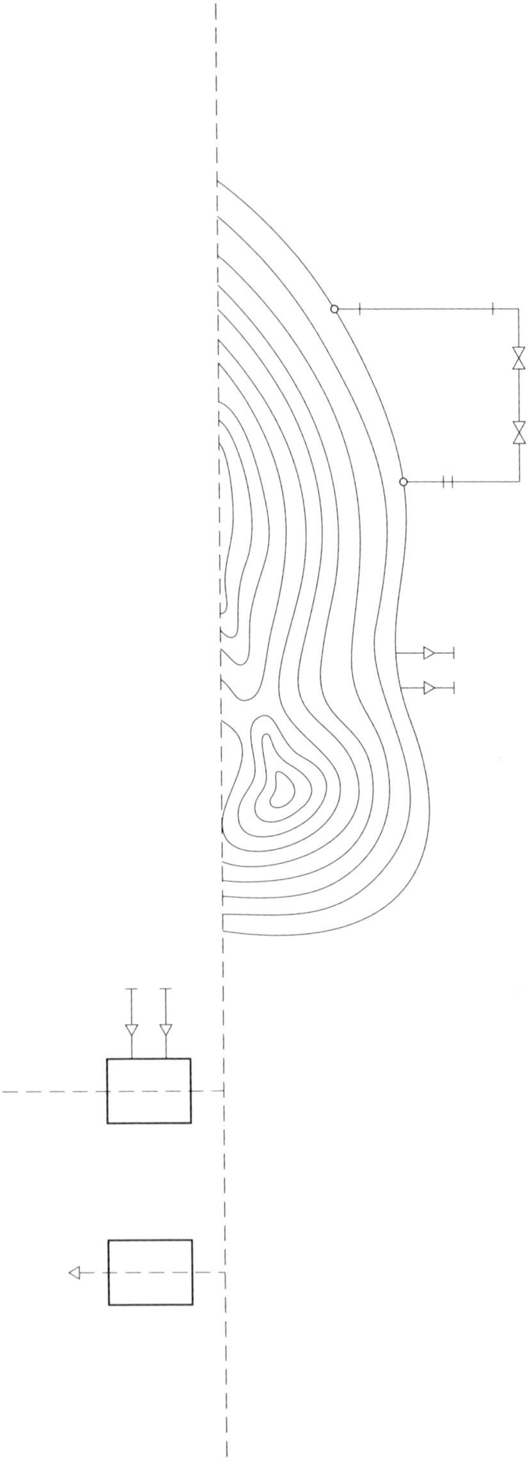

210

01:53:57:12

After Callimachus.

A Bibliographical Nightmare

Aarseth, Espen/Günzel, Stephan (Eds.): *Ludotopia: Spaces, Places and Territories in Computer Games.* Bielefeld: transcript 2019 (=Media Studies 63).

Aït-Touati, Frédérique/Arènes, Alexandra/Grégoire, Axelle: *Terra Forma. Manuel de cartographies potentielles.* Paris: Éditions B42 2019.

Alber, Jan: *Unnatural Narrative. Impossible Worlds in Fiction and Drama.* Lincoln: University of Nebraska Press 2016 (=Frontiers of Narrative).

Alpsancar, Suzana/Gehring, Petra/Rölli, Marc (Hg.): *Raumprobleme. Philosophische Perspektiven.* München: Wilhelm Fink Verlag 2011.

Amerika, Mark: *The Kafka Chronicles.* Normal, IL: Black Ice Books 1993.

Angerer, Marie-Luise/Gramlich, Naomie (Hg.): *Feministisches Spekulieren. Genealogien, Narrationen, Zeitlichkeiten.* Berlin: Kulturverlag Kadmos 2020.

Anzaldúa, Gloria: *Borderlands: The New Mestiza/La Frontera.* San Francisco: Aunt Lute Books 1987.

Ballhausen, Thomas/Peytchinska, Elena: *FLORA. Sprachkunst im Zeitalter der Information/Language Arts in the Age of Information.* Berlin/Boston: De Gruyter 2020 (=Edition Angewandte).

Barad, Karen: *Meeting the Universe Halfway: Quantum Physics and the Entanglement of Matter and Meaning.* Durham: Duke University Press 2007.

Barad, Karen: *Verschränkungen.* Berlin: Merve Verlag 2015 (=Internationaler Merve Diskurs 409).

Barthes, Roland: *Die Lust am Text.* Frankfurt a. M.: Suhrkamp Verlag 1974 (=Bibliothek Suhrkamp 378).

Barthes, Roland: *A Lover's Discourse. Fragments.* London: Vintage 2002.

Bath, Corinna/Meißner, Hanna/Trinkaus, Stephan/Völker, Susanne (Hg.): *Geschlechter Interferenzen. Wissensformen – Subjektivierungsweisen – Materialisierungen.* Münster: Lit Verlag 2013.

Bean, Victoria/McCabe, Chris: *The New Concrete: Visual Poetry in the 21st Century.* London: Hayward Publishing 2015.

Bennett, Jane: *Influx and Efflux: Writing Up with Walt Whitman.* Durham: Duke University Press 2020.

Berger, John: *Confabulations.* London: Penguin Books 2016.

Bernard, Paul: *Poésie concrète.* Genève: MAMCO 2022 (=Collection MAMCO).

Blanchot, Maurice: *Le livre à venir.* Paris: Gallimard 2012 (=collection folio/essais).

Blanchot, Maurice: *Der literarische Raum.* Zürich: diaphanes 2012 (=transpositionen).

Bloomfield, Mandy: *Archaeopoetics. Word, Image, History.* Tuscaloosa: The University of Alabama Press 2016.

Blumenberg, Hans: *Schiffbruch mit Zuschauer. Paradigma einer Daseinsmetapher.* Frankfurt a. M.: Suhrkamp Verlag 1997 (=Bibliothek Suhrkamp 1263).

Boehncke, Heiner/Kuhne, Bernd: *Anstiftung zur Poesie. Oulipo – Theorie und Praxis der Werkstatt für potentielle Literatur.* Bremen: manholt 1993.

Borges, Jorge Luis: *Die Anthologien.* München: Carl Hanser Verlag 1993 (=Jorge Luis Borges: Gesammelte Werke).

Bould, Mark et al. (Eds.): *The Routledge Companion to Science Fiction.* London: Routledge 2009.

Braidotti, Rosi: *Metamorphoses: Towards a Materialist Theory of Becoming.* Cambridge: Polity 2002.

Braidotti, Rosi: *Posthuman Knowledge.* Cambridge: Polity 2019.

Braidotti, Rosi/Dolphijn, Rick (Eds.): *Philosophy After Nature.* Lanham: Rowman & Littlefield 2017.

Braidotti, Rosi/Hlavajova, Maria: *Posthuman Glossary.* London: Bloomsbury 2018 (=Theory in the New Humanities).

Braidotti, Rosi/Bignall, Simone (Eds.): *Posthuman Ecologies. Complexity and Process after Deleuze.* London: Rowman & Littlefield 2019.

Braidotti, Rosi/Jones, Emily/Klumbyte, Goda (Eds.): *More Posthuman Glossary.* London: Bloomsbury 2022 (=Theory in the New Humanities).

Brassier, Ray: *Nihil Unbound. Enlightenment and Extinction.* New York: Palgrave Macmillan 2007.

Brisson-Darveau, Amélie/Brunner, Christoph (Eds.): *Texturing Space. Towards an Exponential Cartography.* Hamburg: adocs Publishing 2021.

Butler, Octavia: *Lilith's Brood: The Complete Xenogenesis Trilogy.* New York: Open Road Integrated Media 2012.

Butt, Danny: *Artistic Research in the Future Academy.* Bristol: Intellect 2017.

Byrne-Smith, Dan (Ed.): *Science Fiction.* London: Whitechapel Gallery/Cambridge, MA: The MIT Press 2020 (=Documents of Contemporary Art).

Caduff, Corina/Wälchli, Tan (Eds.): *Artistic Research and Literature.* Paderborn: Wilhelm Fink Verlag 2019.

Calvin, Rich: *Feminist Science Fiction and Feminist Epistemology. Four Modes.* London: Palgrave Macmillan 2016 (=Studies in Global Science Fiction).

Careri Francesco: *Walkscapes: Walking as an Aesthetic Practice*. Ames, IA: Culicidae Architectural Press 2017.

Carson, Anne: *The Beauty of the Husband. A Fictional Essay in 29 Tangos.* New York: Vintage Books 2002 (=Vintage Contemporaries).

Carter, Angela: *The Infernal Desire Machines of Doctor Hoffman.* London: Penguin Books 2011.

Cavendish, Margaret: *The Blazing World and Other Writings.* London: Penguin Books 1994.

Cohen, Jeffrey Jerome (Ed.): *Inhuman Nature.* Washington, DC: Oliphaunt Books 2014.

Cohen, Jeffrey Jerome/Yates, Julian (Eds.): *Object Oriented Environs.* Santa Barbara, CA: punctum books 2016 (=earth).

Cresswell, Tim: *Place: An Introduction, Second Edition.* Hoboken NJ: Wiley & Sons 2015.

Delany, Samuel R.: *Dhalgren.* New York: Vintage Books 2001.

Deleuze, Gilles: *Negotiations 1972–1990.* New York: Columbia University Press 1995.

Deleuze, Gilles/Parnet, Claire: *Dialogues.* Paris: Flammarion 1996 (=Champs essais).

Deligny, Fernand: *L'Arachnéen et autres textes.* Paris: Éditions L'Arachnéen 2018.

Derrida, Jacques: *De la grammatologie.* Paris: Éditions de Minuit 1967.

Derrida, Jacques: *The Post Card. From Socrates to Freud and Beyond.* Translated, with an Introduction and Additional Notes, by Alan Bass. Chicago: The University of Chicago Press 1987.

Descola, Philippe: *Les formes du visible. Une anthropologie de la figuration.* Paris: Editions du Seuil 2021 (=Les livres du nouveau monde).

de Scudery, Madelaine: *Clélie, histore romaine.* Édition de Delphine Denis. Paris: Gallimard 2006 (=Collection Folio Classique).

de Toledo, Camille/Imhoff, Aliocha/Quirós, Kantuta: *Les Potentiels du temps. Art & politique.* Paris: Manuella éditions 2016.

Dodge, Harry: *My Meteorite. Or, Without the Random There Can Be No New Thing.* New York: Penguin Books 2020.

Dolphijn, Rick/van der Tuin, Iris: *New Materialism: Interviews & Cartographies.* Ann Arbor: Open Humanities Press 2012.

Drucker, Johanna: *Diagrammatic writing.* Eindhoven: Onomatopee 2013 (= Onomatopee 97, Cabinet Project).

Dünne, Jörg/Günzel, Stephan (Hg.): *Raumtheorie. Grundlagentexte aus Philosophie und Kulturwissenschaften.* Frankfurt a. M.: Suhrkamp Verlag 2006 (=stw 1800).

Dünne, Jörg/Mahler, Andreas (Hg.): *Handbuch Literatur & Raum.* Berlin/Boston: De Gruyter 2015 (=Handbücher zur kulturwissenschaftlichen Philologie 3).

Dyer, Geoff: *Zona. A Book About a Film About a Journey to a Room.* New York: Pantheon Books 2012.

Esdaile, Arundell: *A Student's Manual of Bibliography.* London: George Allen & Unwin/The Library Association 1931.

Feireiss, Lukas: *Space Matters: Exploring Spatial Theory and Practice Today.* Wien: Ambra Verlag 2013.

Fioretos, Aris: *Wasser, Gänsehaut. Essay über den Roman.* München: Carl Hanser Verlag 2017 (=Edition Akzente).

Fisher, Mark: *k-punk. The Collected and Unpublished Writings of Mark Fisher (2004—2016).* Edited by Darren Ambrose. Foreword by Simon Reynolds. London: Repeater 2018.

Fletcher, Angus: *The Topological Imagination. Spheres, Edges, and Islands.* Cambridge, MA: Harvard University Press 2016.

Foucault, Michel: *Die Ordnung der Dinge.* Frankfurt a. M.: Suhrkamp Verlag 1971 (=stw 96).

Fournier, Lauren: *Autotheory as Feminist Practice in Art, Writing, and Criticism.* Cambridge, MA: The MIT Press 2021.

Fusco, Maria: *Give Up Art.* Los Angeles: New Documents 2017 (=New Documents 17).

Garnier, Pierre/Garnier, Ilse: *Poésie spatiale – Une anthologie.* Dijon: Les presses du réel 2012 (=Éditions Al Dante).

Gemenne, François/Rankovic, Aleksandar/Atelier de cartographie de Sciences Po: *Atlas de l'Antropocène.* Paris: Presses de Sciences Po 2021.

Goll, Tobias/Keil, Daniel/Telios, Thomas (Hg.): *Critical Matter. Diskussionen eines neuen Materialismus.* Münster: edition assemblage 2013 (=kritik_praxis 2).

Gomringer, Eugen: *theorie der konkreten poesie. texte und manifeste 1954—1997.* Wien: Edition Splitter 1997.

Green, Adam: *magazine.* Frankfurt a. M.: Suhrkamp Verlag 2005 (=es 2405).

Günzel, Stephan (Hg.): *Topologie. Zur Raumbeschreibung in den Kultur- und Medienwissenschaften.* Bielefeld: transcript 2007 (=Kultur- und Medienwissenschaften).

Günzel, Stephan (Hg.): *Raum. Ein interdisziplinäres Handbuch.* Stuttgart: Verlag J.B. Metzler 2010.

Günzel, Stephan (Hg.): *Lexikon der Raumphilosophie.* Darmstadt: WBG 2012.

Hamacher, Werner: *Was zu sagen bleibt.* Schupfart: Urs Engeler Verlag 2019.

Handel, Lisa: *Ontomedialität. Eine medienphilosophische Perspektive auf die aktuelle Neuverhandlung der Ontologie.* Bielefeld: transcript 2019 (=Medienkulturanalyse 11).

Haraway, Donna: *How Like a Leaf: An Interview with Thyrza Nichols Goodeve.* New York: Routledge 2000.

Haraway, Donna: *The Haraway Reader.* New York: Routledge 2004.

Haraway, Donna/Goodeve, Thyrza: *Modest_Witness@Second_Millennium. FemaleMan_Meets_OncoMouse.* New York: Routledge 2018.

Hölscher, Lucian: *Semantik der Leere. Grenzfragen der Geschichtswissenschaft.* Göttingen: Wallstein Verlag 2009.

Holly, Michael Ann: *The Melancholy Art.* Princeton, NJ: Princeton University Press 2013 (=Essays in the Arts).

Hoppe, Katharina/Lemke, Thomas: *Neue Materialismen zur Einführung.* Hamburg: Junius Verlag 2021.

Ingold, Tim: *The Perception of the Environment. Essays on livelihood, dwelling and skill.* London: Routledge 2000.

Ingold, Tim: *Being Alive. Essays on movement, knowledge and description.* London: Routledge 2011.

Ingold, Tim. *Lines. A Brief History.* London: Routledge Classics 2016.

Ingold, Tim: *Imagining for Real. Essays on Creation, Attention and Correspondence.* London: Routledge 2022.

Iovino, Serenella/Oppermann, Serpil (Eds.): *Material Ecocriticism.* Bloomington: Indiana University Press 2014.

Jarman, Derek: *Chroma. A Book of Colour – June '93.* London: Vintage 2000.

Juelskjær, Malou/Plauborg, Helle/Adrian, Stine W. (Eds.): *Dialogues on Agential Realism: Engaging in Worldings through Research Practice.* New York: Routledge 2020.

Jünger, Ernst: *Auf den Marmorklippen.* Hamburg: Hanseatische Verlagsanstalt 1939.

Jullien, François: *Von Landschaft leben oder das Ungedachte der Vernunft.* Berlin: Matthes & Seitz 2016.

Jung, Werner: *Raumphantasien und Phantasieräume. Essays über Literatur und Raum.* Bielefeld: Aisthesis Verlag 2013 (=Aisthesis Essay 40).

Kaiser, Birgit Mara/Thiele, Kathrin (Eds.): *Diffracted Worlds – Diffractive Readings. Onto-Epistemologies and the Critical Humanities.* New York: Routledge 2018.

Kamper, Dietmar: *Ästhetik der Abwesenheit. Die Entfernung der Körper.* München: Wilhelm Fink Verlag 1999.

Klingan, Karin/Sepahvand, Ashkan/Rosol, Christoph/ Scherer, Bernd M. (Eds.): *Textures of the Anthropocene: Vapor.* Cambridge, MA: The MIT Press 2015.

Kneer, Georg/Schroer, Markus/Schüttpelz, Erhard (Hg.): *Bruno Latours Kollektive. Kontroversen zur Entgrenzung des Sozialen.* Frankfurt a. M.: Suhrkamp Verlag 2008 (=stw1862).

Kohn, Eduardo: *How Forests Think.* Berkeley, CA: University of California Press 2013.

Kopfermann, Thomas (Hg.): *Theoretische Positionen zur Konkreten Poesie.* Tübingen: Max Niemeyer Verlag 1974 (=dtv; Wissenschaftliche Reihe 4266).

Kraus, Chris: *Aliens & Anorexia.* Los Angeles, CA: Semiotext(e) 2000.

Kreider, Kristen: *Poetics and Place. The Architecture of Sign, Subject and Site.* London: I.B. Tauris 2014.

Lammer, Christina (Hg.): *Digital Anatomy.* Wien: Turia + Kant 2001.

Land, Nick: *Fanged Noumena. Collected Writings 1987-2007.* Edited by Robin Mackay and Ray Brassier. Falmouth & New York: Urbanomic & Sequence 2020.

Le Guin, Ursula K.: *The Compass Rose.* New York: Bantom Books 1982.

Le Guin, Ursula K.: *Words Are My Matter. Writings on Life and Books.* Boston: Mariner Books, Houghton Mifflin Harcourt 2019.

Lerner, Ben/Kluge, Alexander: *The Snows of Venice. The Lerner-Kluge-Container.* Leipzig: Spector Books 2018.

Levin Becker, Daniel: *Many Subtle Channels. In Praise of Potential Literature.* Harvard: Harvard University Press 2012.

Mallarmé, Stéphane: *Œuvres complètes.* Paris: Gallimard 1945 (=Bibliothèque de la Pléiade).

Mallarmé, Stéphane: *Correspondance complète 1862—1871. Suivi de Lettres sur la poésie 1872—1898.* Paris: Gallimard 1995 (=collection folio classique 2678).

Mallarmé, Stéphane: *Un coup de dés jamais n'abolira le hasard/Ein Würfelwurf niemals tilgt den Zufall.* Göttingen: Steidl Verlag 1995 (=Typographische Bibliothek 2).

Manchev, Boyan: *Clouds. Philosophy of the Free Body.* Sofia: Metheor 2019.

Manchev, Boyan: *The New Athanor. Prolegomena to Philosophical Fantastic*. Sofia: Metheor 2019.

Manning, Erin: *Relationscapes. Movement, Art, Philosophy.* Cambridge, MA: The MIT Press 2012 (=Technologies of Lived Abstraction).

Markson, David: *Wittgenstein's Mistress.* Champaign: Dalkey Archive Press 2010.

Massey, Doreen: *for space.* London: SAGE Publications 2005.

McKean, Dave: *Cages. 25th Anniversary Edition.* Introduction by Terry Gilliam. Milwaukie: Dark Horse 2016.

Mersch, Dieter/Sasse, Sylvia/Zanetti, Sandro (Hg.): *Ästhetische Theorie.* Zürich: diaphanes 2019 (=Denkt Kunst).

Mertlitsch, Kirstin: *Sisters – Cyborgs – Drags. Das Denken in Begriffspersonen der Gender Studies.* Bielefeld: transcript 2016 (= Edition Queer Studies 2).

Miller jr., Walter M: *A Canticle for Leibovitz*. London: Orbit 2019.

Morton, Timothy: *All Art is Ecological.* London: Penguin Books 2018 (=Green Ideas).

Morton, Timothy: *Spacecraft.* New York: Bloomsbury Academic 2021 (=Object Lessons).

Nail, Thomas: *Theory of the Object.* Edinburgh: Edinburgh University Press 2021.

Neimanis, Astrida: *Bodies of Water. Posthuman Feminist Phenomenology.* London: Bloomsbury Academic 2019 (=Environmental Cultures).

Nelson, Maggie: *Something Bright, Then Holes.* London: Zed Books 2019.

Parikka, Jussi: *Insect Media. An Archeology of Animals and Technology.* Minneapolis: University of Minnesota Press 2010 (=posthumanities 11).

Paulson, William R.: *The Noise of Culture. Literary Texts in a World of Information.* Ithaca: Cornell University Press 1988.

Perec, Georges: *Espèces d'espaces.* Paris: Éditions Galilée 2000 (=Collection L'espace critique).

Perloff, Nancy (Ed.): *Concrete Poetry. A 21st-century Anthology.* London: Reaktion Books 2021.

Peytchinska, Elena/Ballhausen, Thomas: *FAUNA. Sprachkunst und die neue Ordnung imaginärer Tiere/ Language Arts and the New Order of Imaginary Animals.* Berlin/Boston: De Gruyter 2018 (=Edition Angewandte).

Pfohl, Stephen: *Death at the Parasite Cafe. Social Science (Fictions) and the Postmodern.* London: The Macmillan Press 1992.

Picker, Marion/Maleval, Véronique/Gabaude, Florent (Hg.): *Die Zukunft der Kartographie. Neue und nicht so neue epistemologische Krisen.* Bielefeld: transcript 2013 (=Kultur und Medientheorie).

Rancière, Jacques: *Mallarmé. Politik der Sirene.* Zürich: diaphanes 2012 (=transpositionen).

Ravn, Olga: *The Employees. A workplace novel of the 22nd century.* London: Lolli Editions 2020.

Rheinberger, Hans-Jörg: *Experiment, Differenz, Schrift. Zur Geschichte epistemischer Dinge.* Marburg/Lahn: Basilisken-Presse 1992.

Rheinberger, Hans-Jörg: *Exerimentalsysteme und epistemische Dinge. Eine Geschichte der Proteinsynthese im Reagenzglas.* Göttingen: Wallstein Verlag 2001.

Riechelmann, Cord/Oetker, Brigitte (Eds.): *Toward an Aesthetics of Living Beings/Zu einer Ästhetik des Lebendigen.* Berlin: Sternberg Press 2015 (=Jahrbuch für Kunst, Jahresring 62).

Rosset, Clément: *Das Prinzip Grausamkeit.* Berlin: Merve Verlag 1994 (=Internationaler Merve-Diskurs 183).

Rosset, Clément: *L'invisible.* Paris: Les Éditions de Minuit 2012.

Roussel, Raymond: *Locus Solus.* Paris: Librairie Alphonse Lemerre 1914.

Schmatz, Ferdinand: *Radikale Interpretation. Aufsätze zur Dichtung.* Wien: Sonderzahl 1998.

Schmatz, Ferdinand: *aufSÄTZE! Essays zur Poetik, Literatur und Kunst.* Berlin/Boston: De Gruyter 2016 (=Edition Angewandte).

Schroer, Markus: *Räume, Orte, Grenzen. Auf dem Weg zu einer Soziologie des Raums.* Frankfurt a. M.: Suhrkamp Verlag 2006 (=stw 1761).

Schubert, Karsten: *Körper Raum Oberfläche. Strukturen gebauten Raums und architektonische Raumbildung.* Berlin: Gebr. Mann Verlag 2016.

Schuiten, François/Peeters, Benoît: *L'archiviste.* Paris: Casterman 2009 (=Les cités obscures).

Schweitzer, Doris: *Topologien der Kritik. Kritische Raumkonzeptionen bei Gilles Deleuze und Michel Serres.* Münster: Lit Verlag 2011 (Gesellschaft und Kommunikation/Soziologische Studien 10).

Scott, Emily Eliza/Swenson, Kristen (Eds.): *Critical Landscapes. Art, Space, Politics.* Oakland: University of California Press, 2015.

Serres, Michel: *Détachement.* Paris: Flammarion 1983.

Serres, Michel: *Rome. Le livre des fondations.* Paris: Grasset 1983.

Serres, Michel: *Les cinq sens.* Paris: Grasset 1985.

Serres, Michel: *Statues. Le second livre des fondations.* Paris: Éditions François Bourin 1987.

Serres, Michel: *Les origines de la géométrie. Tiers livre des fondations.* Paris: Flammarion 1993.

Serres, Michel: *Atlas.* Paris: Éditions Julliard 1994.

Serres, Michel: *Hermes V. Die Nordwest-Passage.* Herausgegeben von Günther Rösch. Berlin: Merve Verlag 1994.

Serres, Michel: *Rameaux.* Paris: Éditions Le Pommier 2004.

Serres, Michel: *Temps des crises.* Paris: Éditions Le Pommier 2009.

Serres, Michel: *Pantopie, de Hermès à Petite Poucette. Entretiens avec Martin Legros et Sven Ortoli.* Paris: Le Pommier 2014.

Serres, Michel: *Yeux.* Paris: Éditions Le Pommier 2014.

Serres, Michel: *Le gaucher boiteux: puissance de la pensée.* Paris: Le Pommier 2015.

Serres, Michel: *Relire le relié.* Paris: Éditions Le Pommier 2019.

Serres, Michel/Farouki, Nayla (Hg.): *Thesaurus der exakten Wissenschaften.* Frankfurt a. M.: Zweitausendeins 2001.

Sheldrake, Merlin: *Entangled Life.* New York: Random House 2020.

Simic, Charles: *The Monster Loves His Labyrinth. Notebooks*. Keene, NY: Ausable Press 2008.

Simic, Charles: *The Life of Images. Selected Prose.* New York: Ecco 2015.

Singh, Julietta: *Unthinking Mastery. Dehumanism and Decolonial Entanglements.* Durham: Duke University Press 2018.

Singh, Julietta: *No Archive Will Restore You.* Santa Barbara, CA: punctum books 2018.

Sukla, Ananta Ch. (Ed.): *Fiction and Art. Explorations in Contemporary Theory.* London: Bloomsbury 2015.

Terry, Philip (Ed.): *The Penguin Book of Oulipo; Queneau, Perec, Calvino and the Adventure of Form.* London: Penguin Modern Classics 2019.

Timeto, Federica: *Diffractive Technospaces. A Feminist Approach to the Mediations of Space and Representation.* New York: Routledge 2016.

Tsing, Anna Lowenhaupt: *The Mushroom at the End of the World. On the Possibility of Life in Capitalist Ruins.* Princeton: Princeton University Press 2015.

Turchi, Peter: *Maps of Imagination: The Writer as Cartographer.* San Antonio, TX: Trinity University Press 2004.

Vandermeer, Jeff: *Shriek: An Afterword.* London: Pan Books 2018.

Vasset, Philippe: *Un livre blanc. Récit avec cartes.* Paris: Fayard 2007 (=rentrée littéraire).

Vint, Sherryl: *Bodies of Tomorrow. Technology, Subjectivity, Science Fiction.* Toronto: University of Toronto Press 2007.

Wagner, Franc (Hg.): *Was ist Text? Aspekte einer interdisziplinären Texttheorie.* Basel: Schwabe Verlag 2016.

Ware, Chris: *Building Stories.* New York: Pantheon Books 2012.

Wark, McKenzie: *A Hacker Manifesto.* Cambridge, MA: Harvard University Press 2004.

Watkin, Christopher: *Michel Serres: Figures of Thought.* Edinburgh: Edinburgh University Press 2020.

Winearls, Joan (Ed.): *Editing Early and Historical Atlases.* Toronto: University of Toronto Press 1995.

Witzgall, Susanne/Stakemeier, Kerstin (Eds.): *Power of Material/Politics of Materiality.* Zürich: diaphanes 2014 (=Publication series of the cx centre for interdisciplinary studies at Academy of Fine Arts Munich).

Zanetti, Sandro (Hg.): *Schreiben als Kulturtechnik. Grundlagentexte.* Frankfurt a. M.: Suhrkamp Verlag 2012 (=stw 2037).

231

02:10:19:09

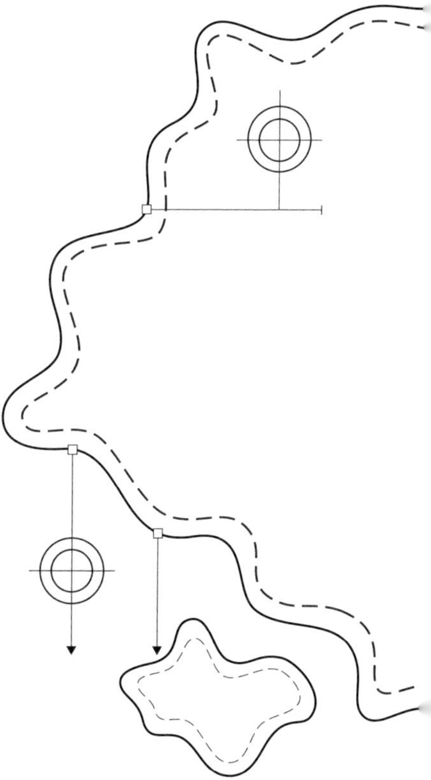

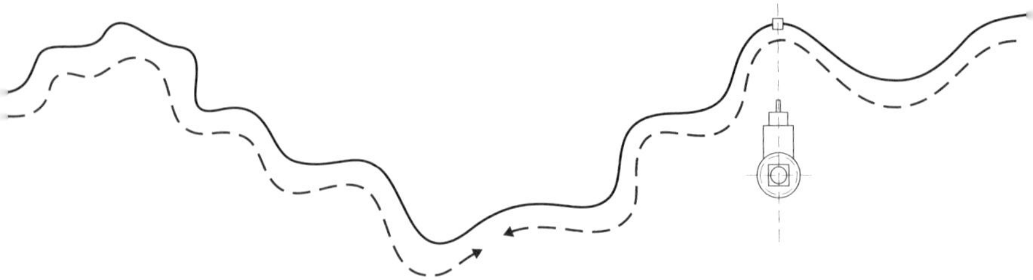

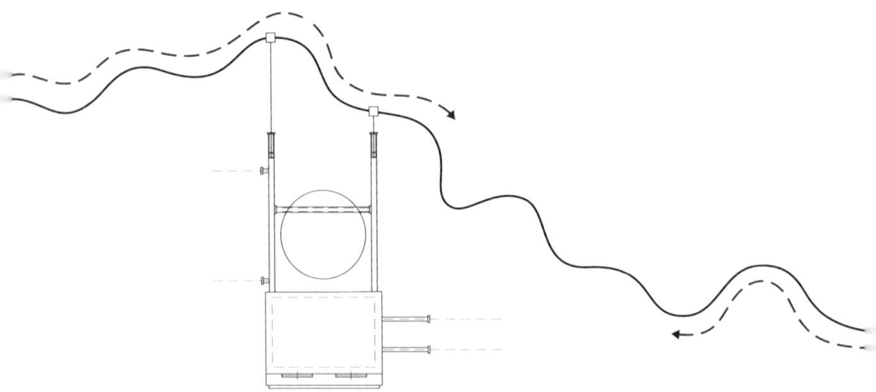

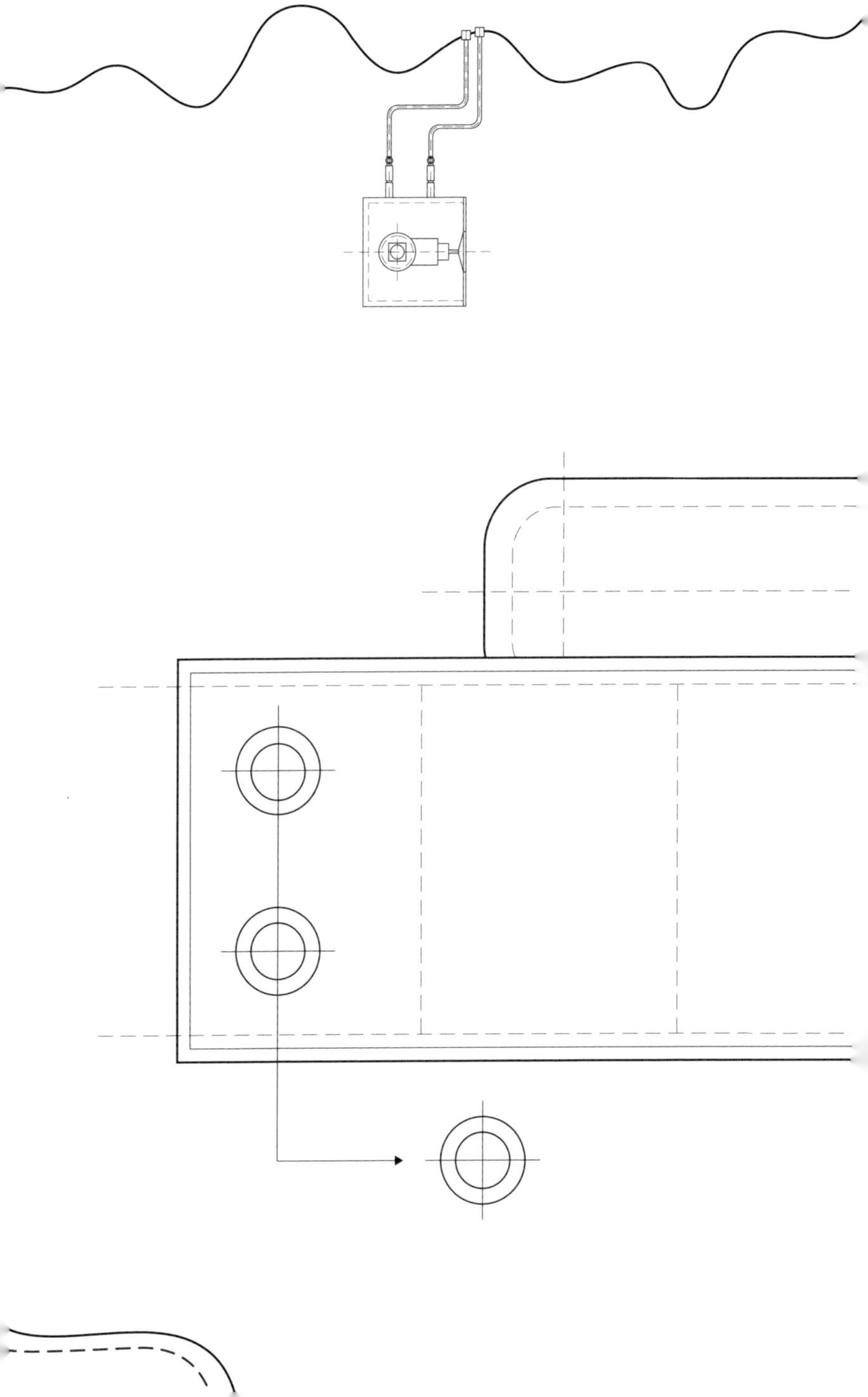

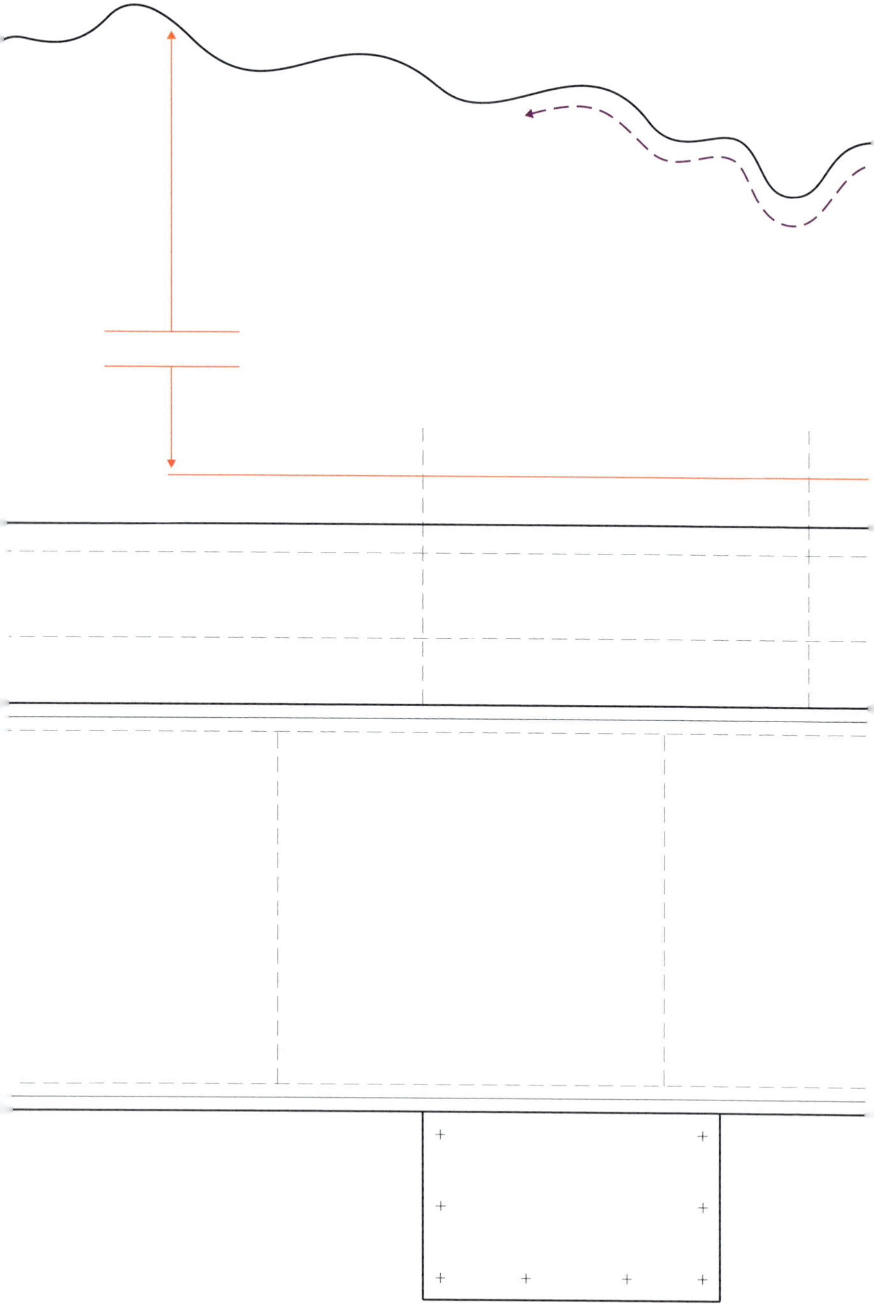

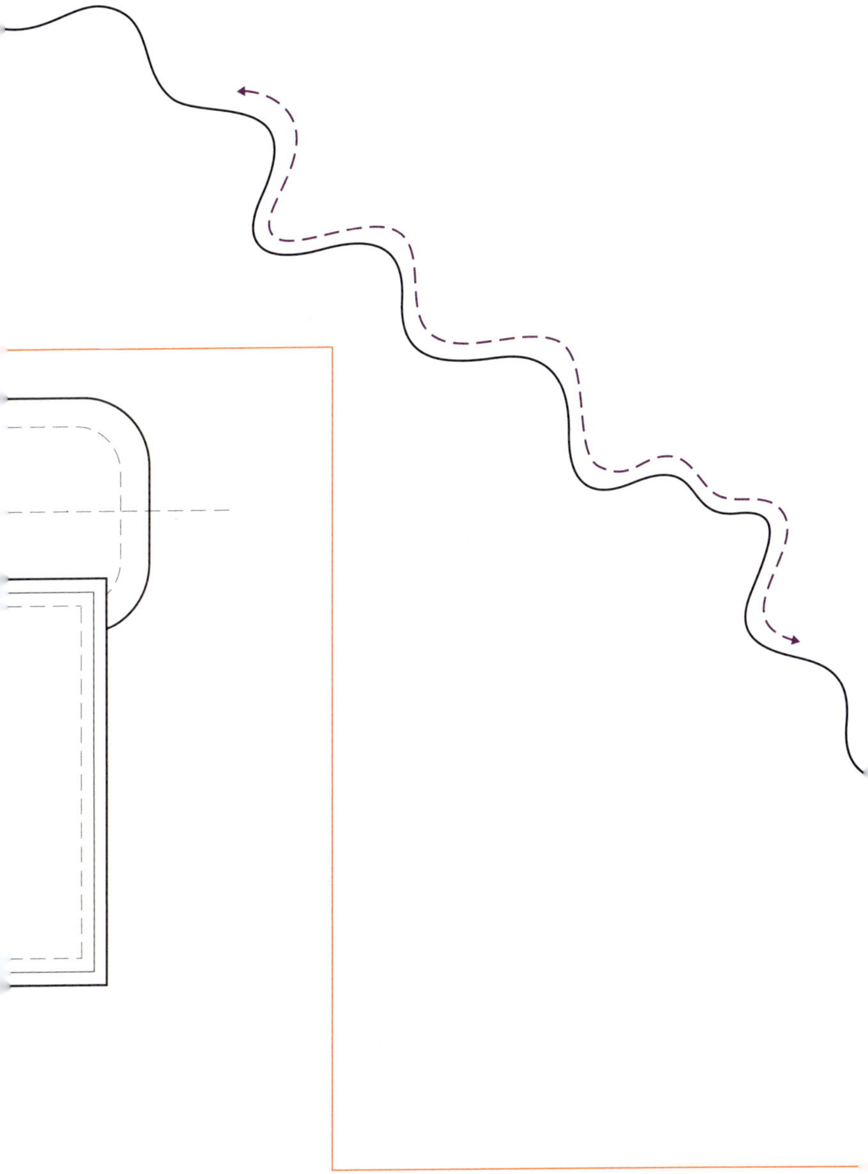

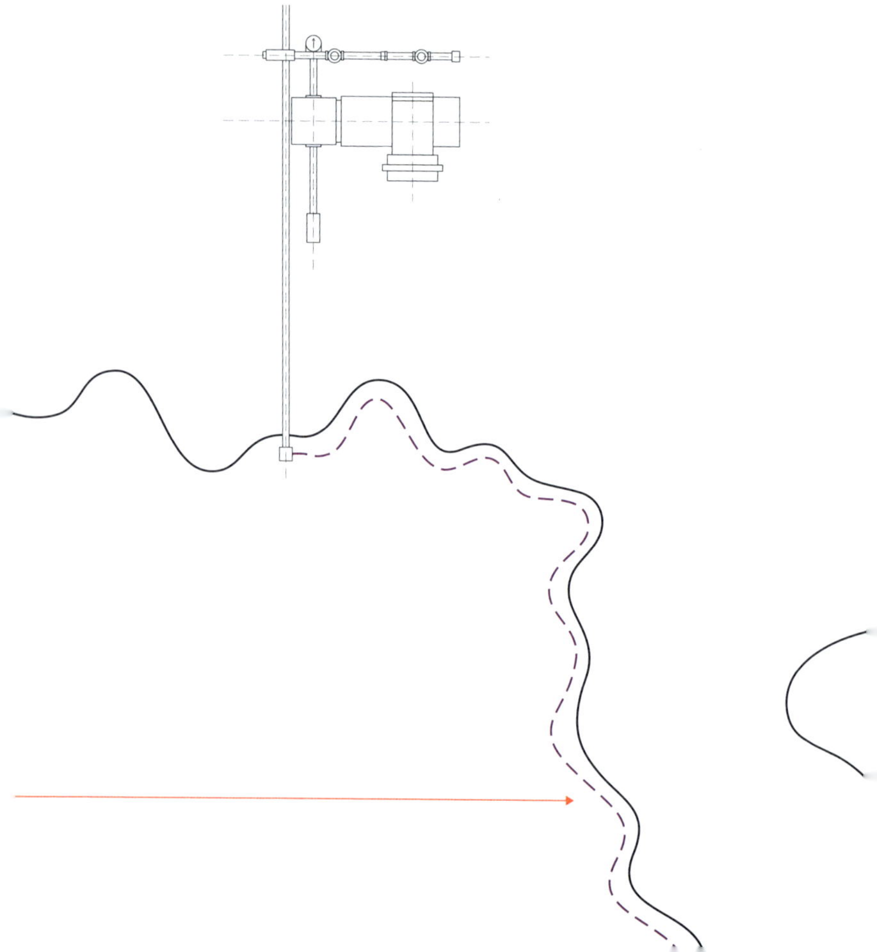

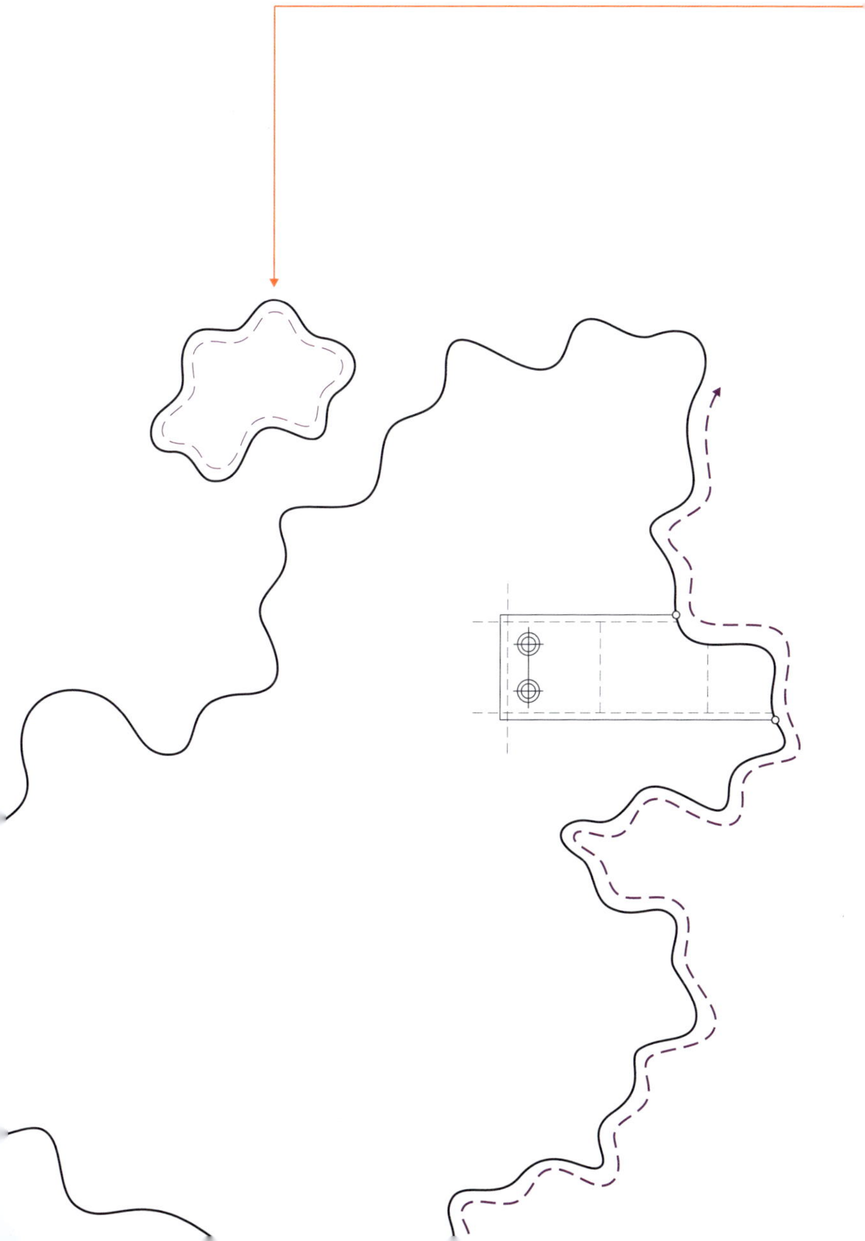

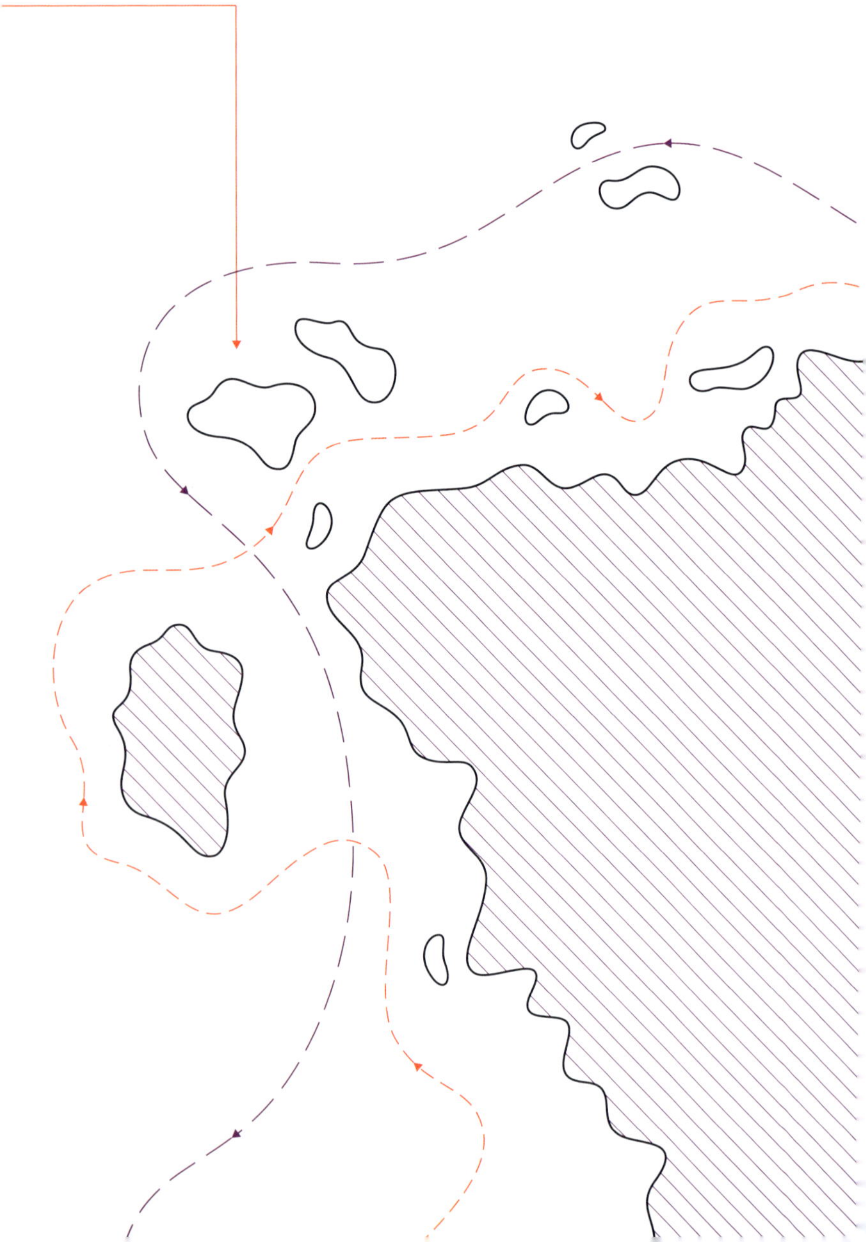

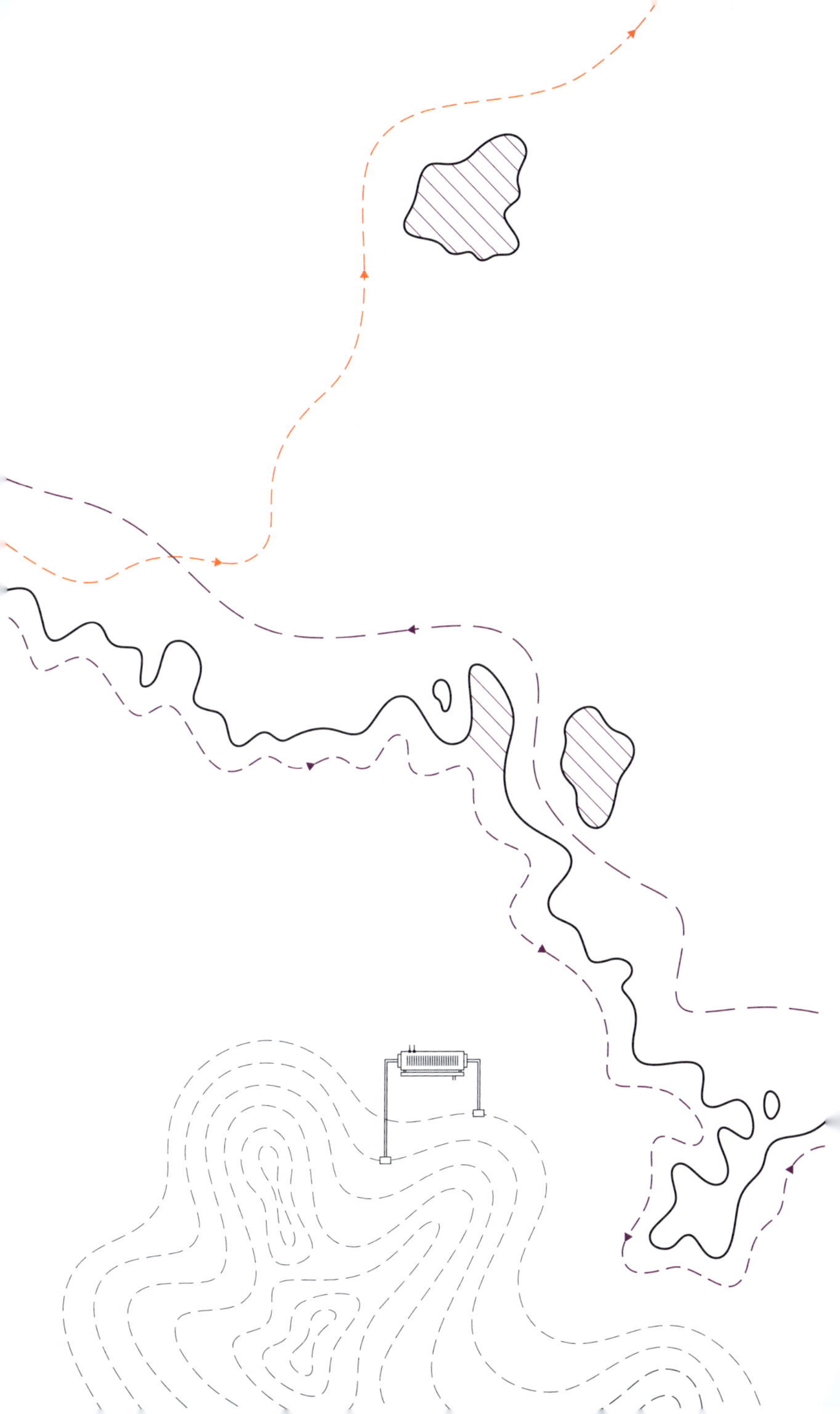

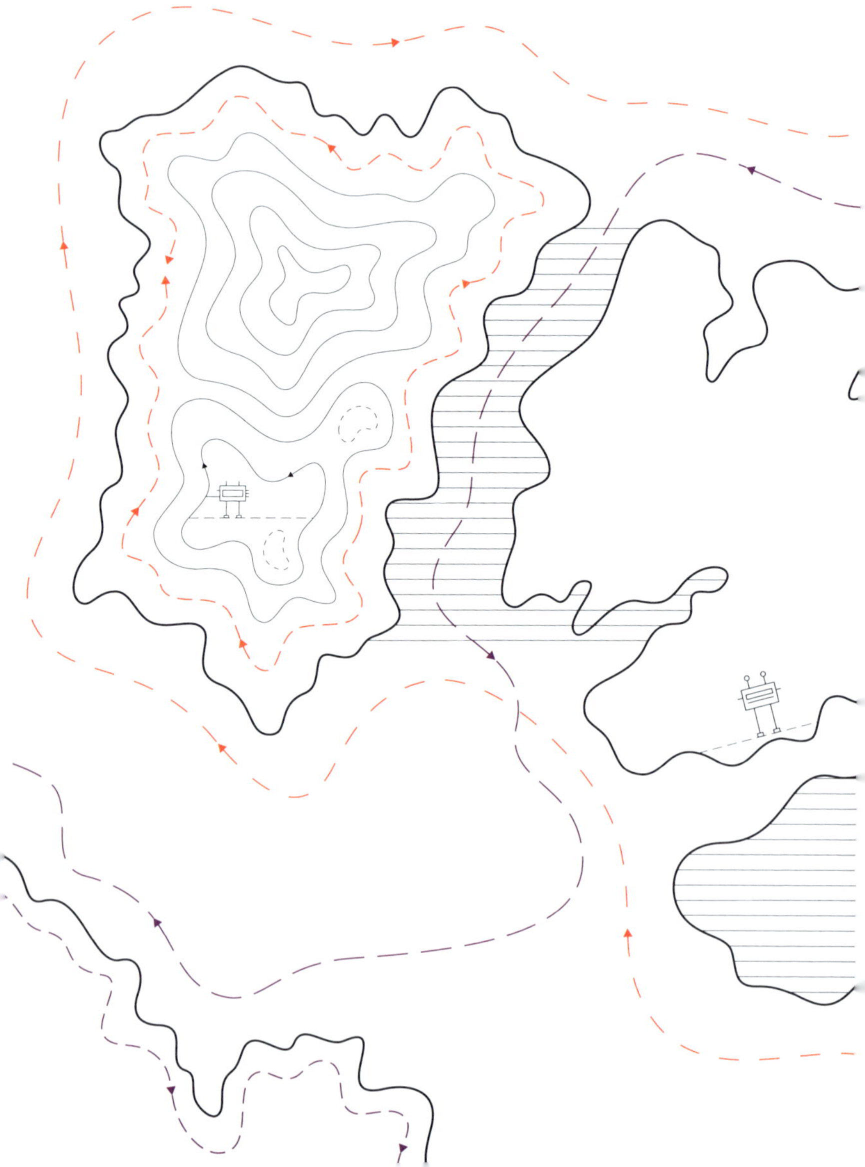

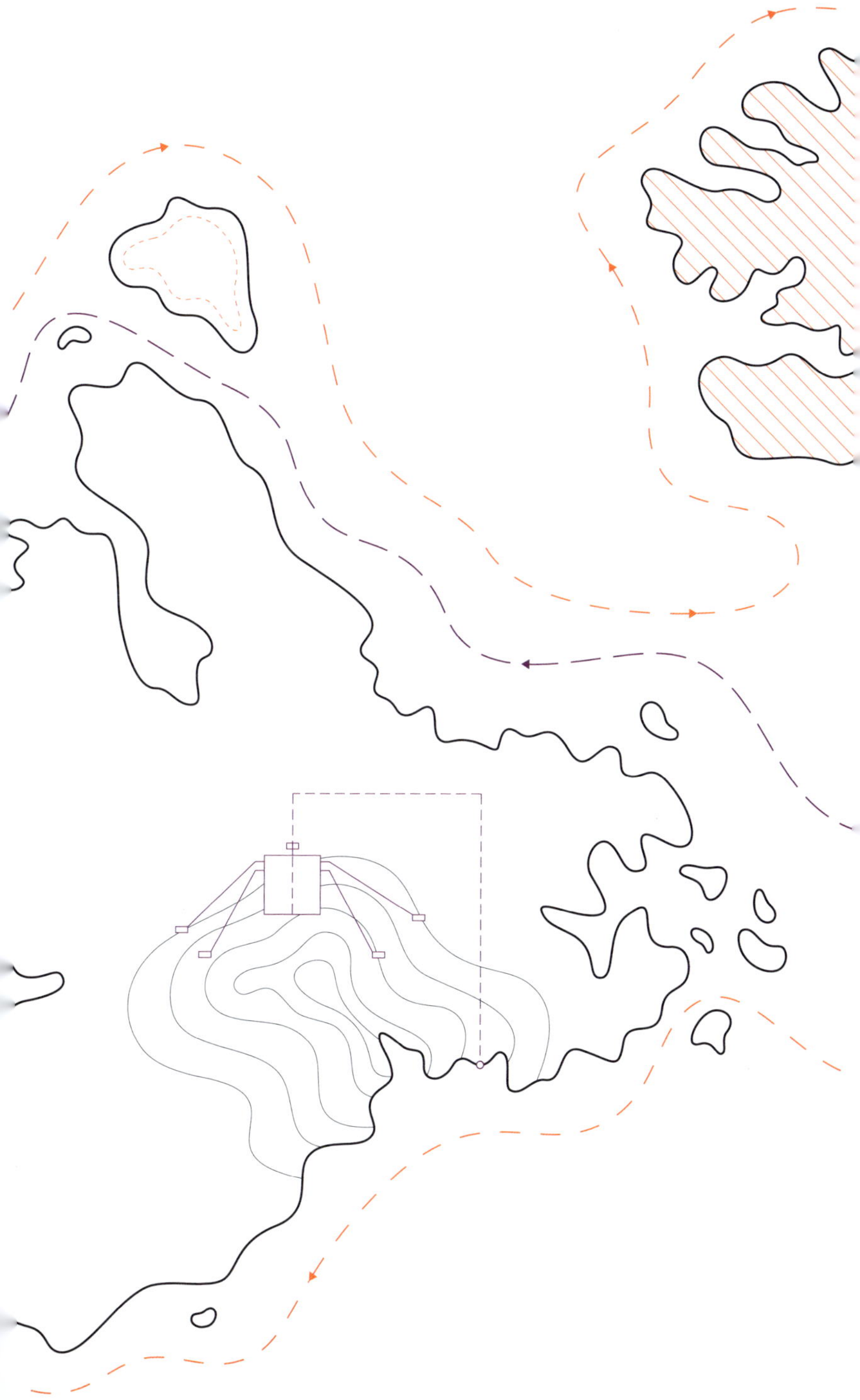

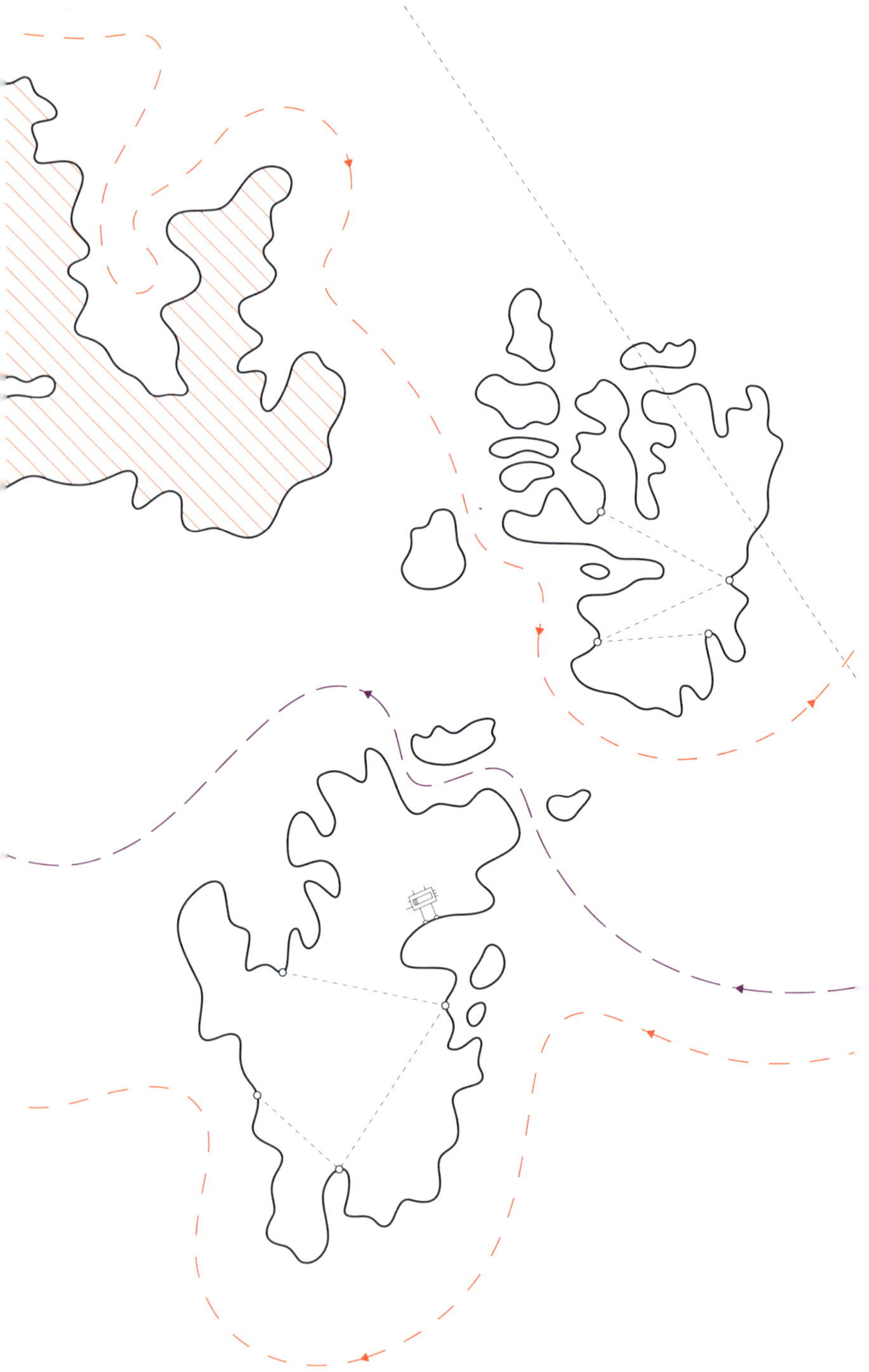

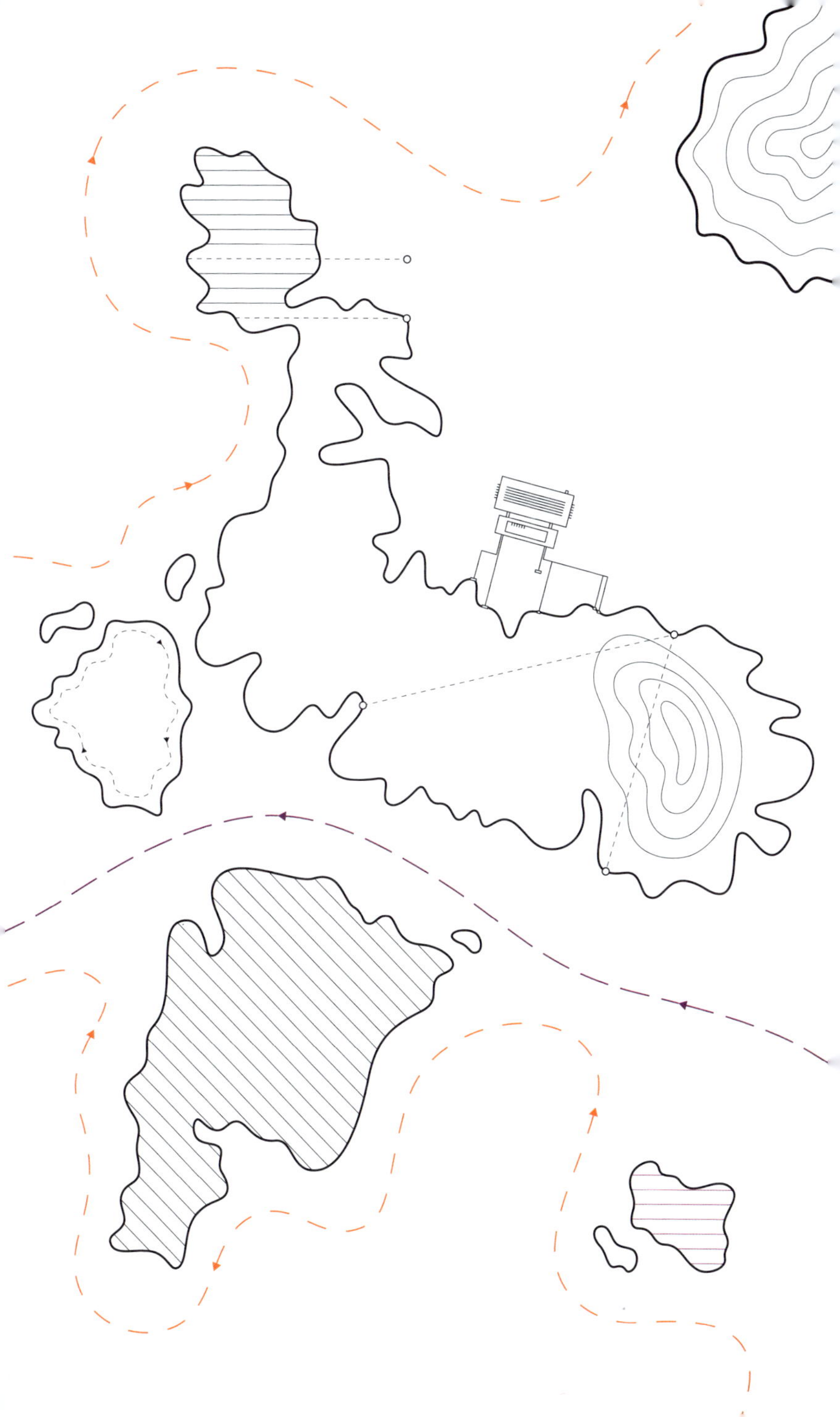

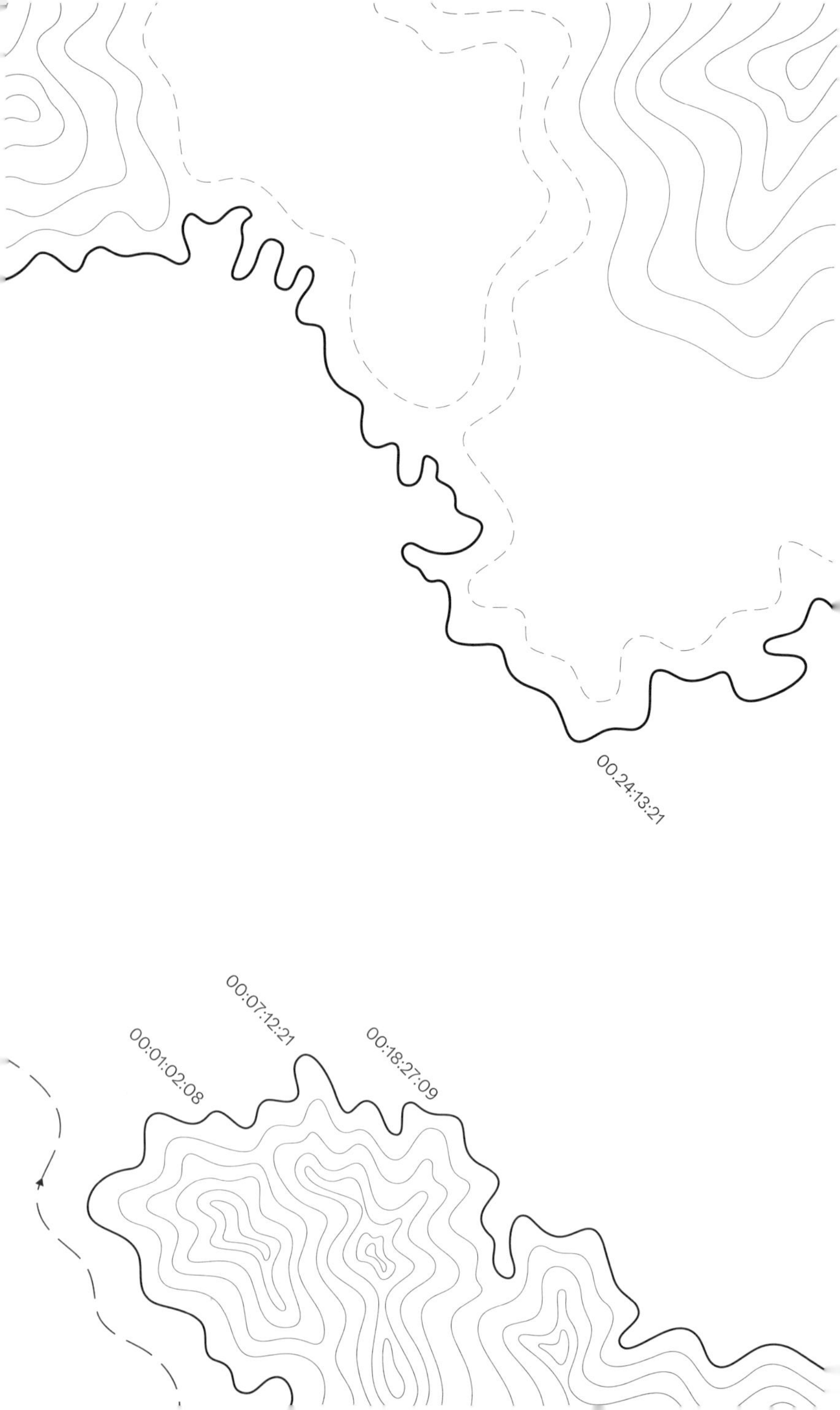

00:24:13:21
00:07:12:21
00:01:02:08
00:18:27:09

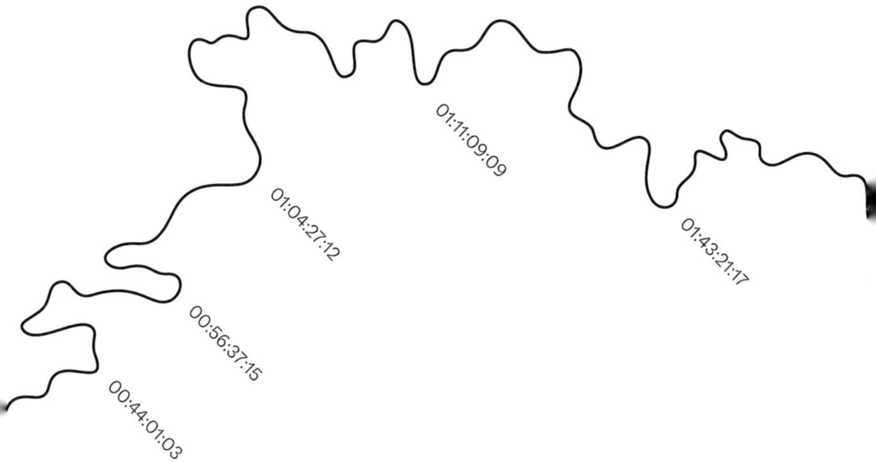
00:44:01:03
00:56:37:15
01:04:27:12
01:11:09:09
01:43:21:17

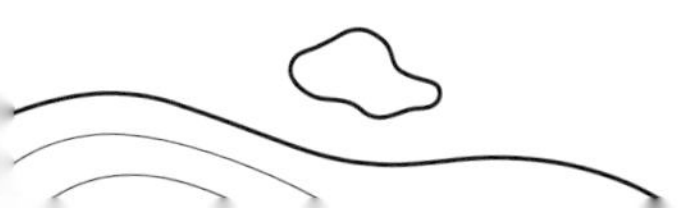

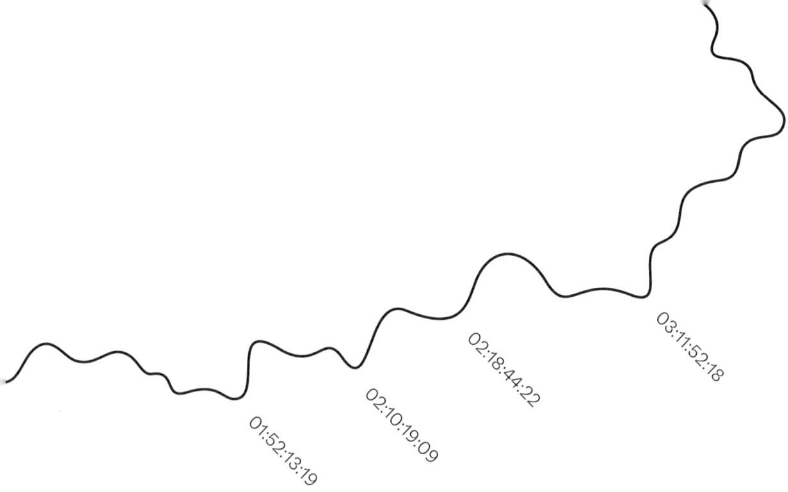

246

02:14:34:23

Der Augapfel verschwindet im Ich.

SCHMATZ FERDINAND

Die Verschwendung ist ein Halten. Das sich Platz schafft im Verlangen, sich weiterzuspinnen.

Fäden aus dem Auge in das Auge und weiter in die Hand und weiter in das Außen, das ein Innen ist.

Wäre das Fiktion als Gegebenes, so ist der Schaltplan im Netzwerk der eigentliche Schalter, nein die Schaltung, die nicht aufhört, Eins Null, Licht aus Licht an. Vice versa.

Wer führt die Hand, das ist die Frage nicht wert, wen kümmert's, wer sieht. Der Augapfel ist die Kugel der Welten.

So oder so gehen PeytchinskaBallhausen vor, indem sie wartend rasen, um das Ich und das Auge den Apfel finden als Zeichen und Wort. Es kann auch umgekehrt gehen, das Zeichen und das Wort ZEICHNEN das Auge zum Apfel, das wir spüren mit ihnen.

Der fliegende Körper ruht.

Du Elena, du Thomas, wir sind im Auge, du Thomas, du Elena, wir sind im Apfel. Das ist der Raum. Die entweder / oder Schaltung

The Eyeball Disappears in the I.

SCHMATZ FERDINAND

Dissipation is holding. Which creates space in its desire to spin itself out.

Threads from the eye into the eye and on into the hand and on into the outside, which is an inside.

If this were fiction as something given, then the connection diagram in the network is the actual switch, no the shift that never ceases, one zero, light off light on. Vice versa.

Who guides the hand, that's not worth asking, who cares who sees? The eyeball is the sphere of spaces.

Anway PeytchinskaBallhausen proceed by rushing in a waiting manner, finding the ball around the I and the eye as sign and word. It may also work the other way around, the sign and the word DRAWING the eye for the ball, which we feel with them.

The flying body is at rest.

You Elena, you Thomas, we are in the eye, you Thomas, you Elena, we are in the ball. This is the space. The either / or switch works quasi thermodynamically, meaning

funktioniert gleichsam thermodynamisch, das heißt, sie steuert auf ihre Auflösung hin. Sie wird exponentiell kommen, eintreten, aber das, Ferdinand, hat Zeit.

Die Sonne der Fakten geht noch lange nicht unter.
Die Türen sind aus dem Holz der Wege.

Das Glasauge ist eine Vergrößerungskugel, die den Schaltplan seiner Geraden enthebt und die fliehenden Punkte zeigt, die Bewegung sind, unaufhörlich.

Das ist das Drama des Untergangs mit allen hellsten Sonnenaufgängen hinter dem Auge, das BallhausenPeytchinska risikobereit eingehen.

Der Augapfel verschwindet im Ich.

RhizophormaPharmakon, es sind zweit Weisen der Raumerzeugung, aber das Wort davor und das danach kann gleich gesetzt werden.

Je nach Buch mündet das gleiche Wort nie in den selben Raum.

Das ist alles nicht so rätselhaft, was sieer und ersie da an stellen, setzen, aber es ist nicht leicht, die Stellen, die sie in sich und in uns bewegen, zu beschreiben, aber ein Schreiben, Ferdinand, verlangt es, nämlich ohne den einzigen Namen im Punkt zu fixieren, denn das hieße dann ...:

that it is heading towards its dissolution. It will come, occur exponentially, but that, Ferdinand, can wait.

The sun of facts will not sink for a long time yet. The doors are made of the blindness of alleys.

The glass eye is a magnifying sphere that divests the connection diagram of its lines and shows the vanishing points which are movement, incessant.

It is the drama of sinking with all the brightest sunrises behind the eye, which BallhausenPeytchinska are willing to risk.

RhizophormaPharmakon, these are two ways of creating space, but the word before and the one thereafter can be considered synonymous.

According to book, the same word never opens out into the same space.

All this is not so mysterious what shehe and heshe are getting up to, putting on, but it is not easy to describe the places they are moving in themselves and in us – but scribing, Ferdinand, it demands, that is to say without fixating the only name in the point, for that would mean ...:

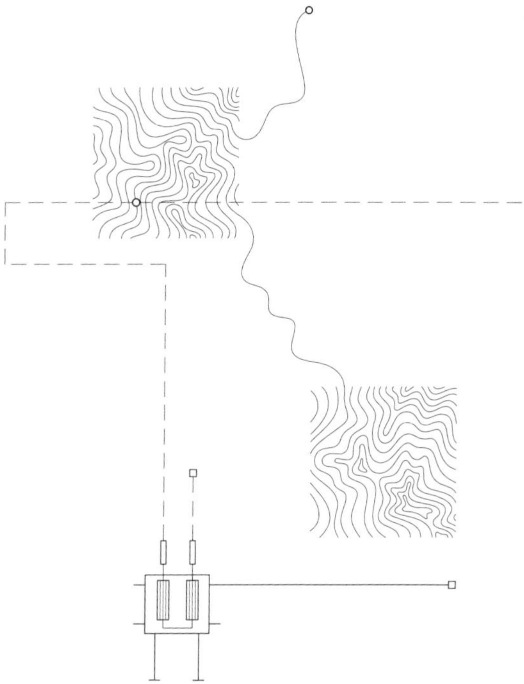

253

02:18:44:22

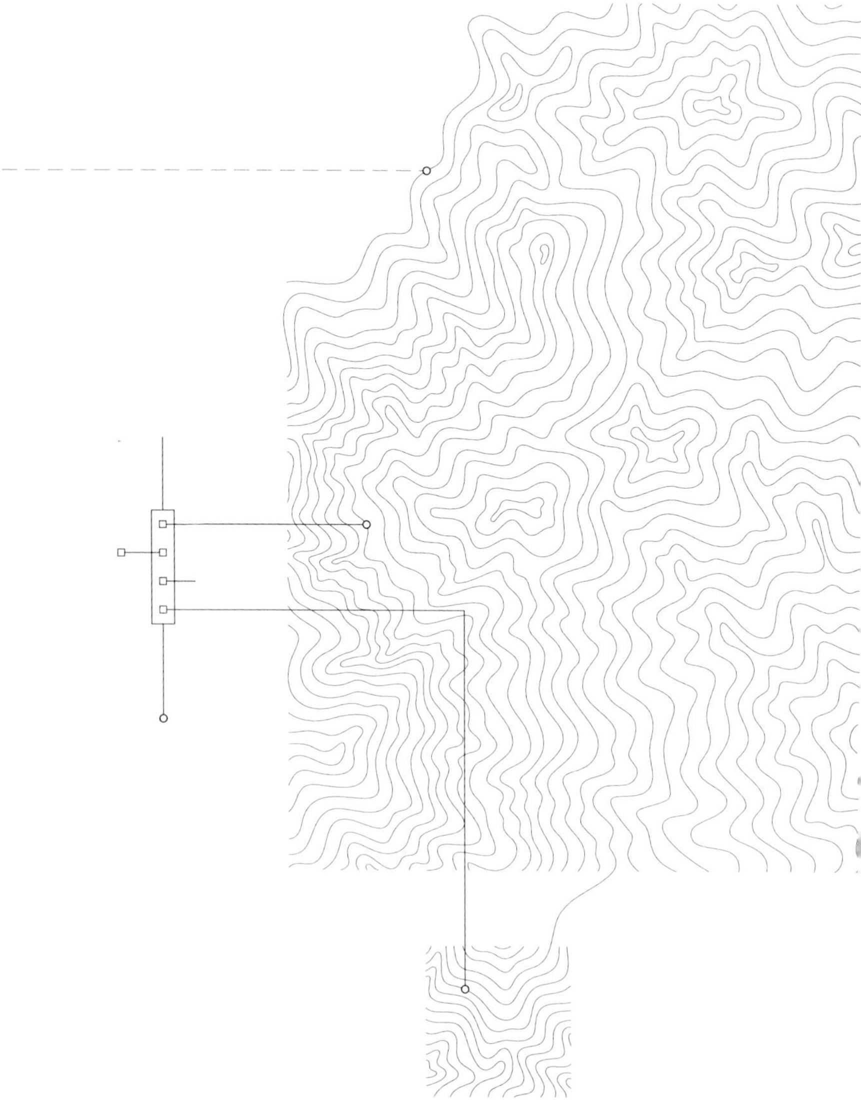

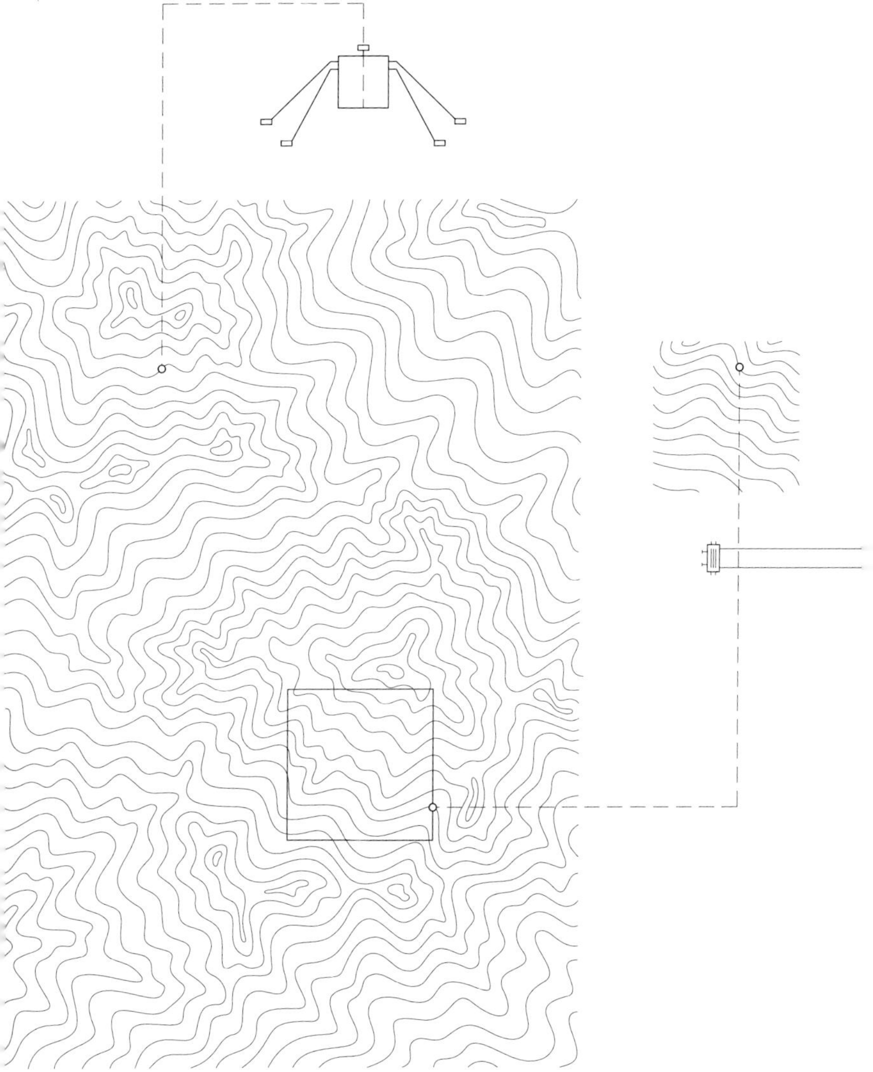

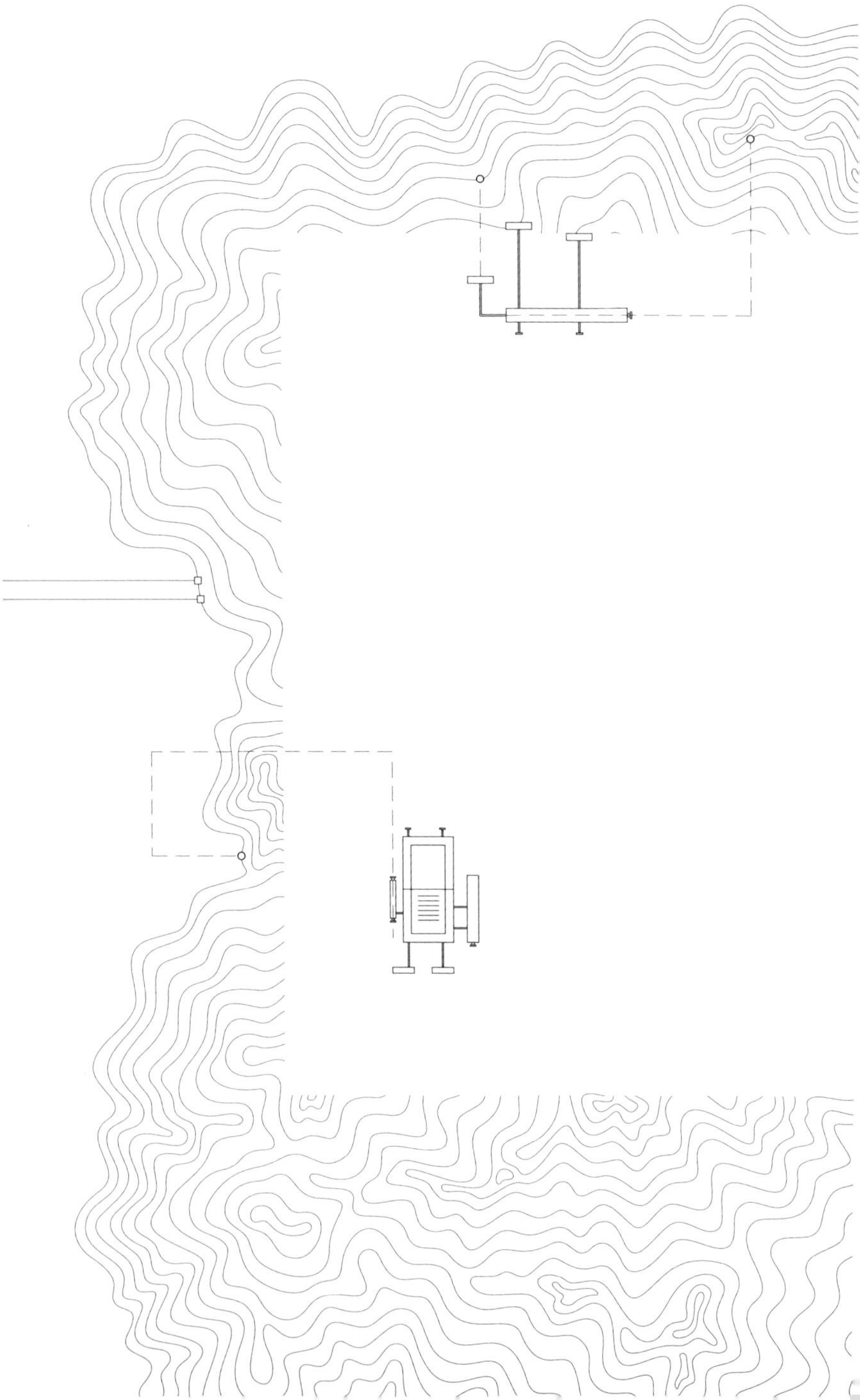

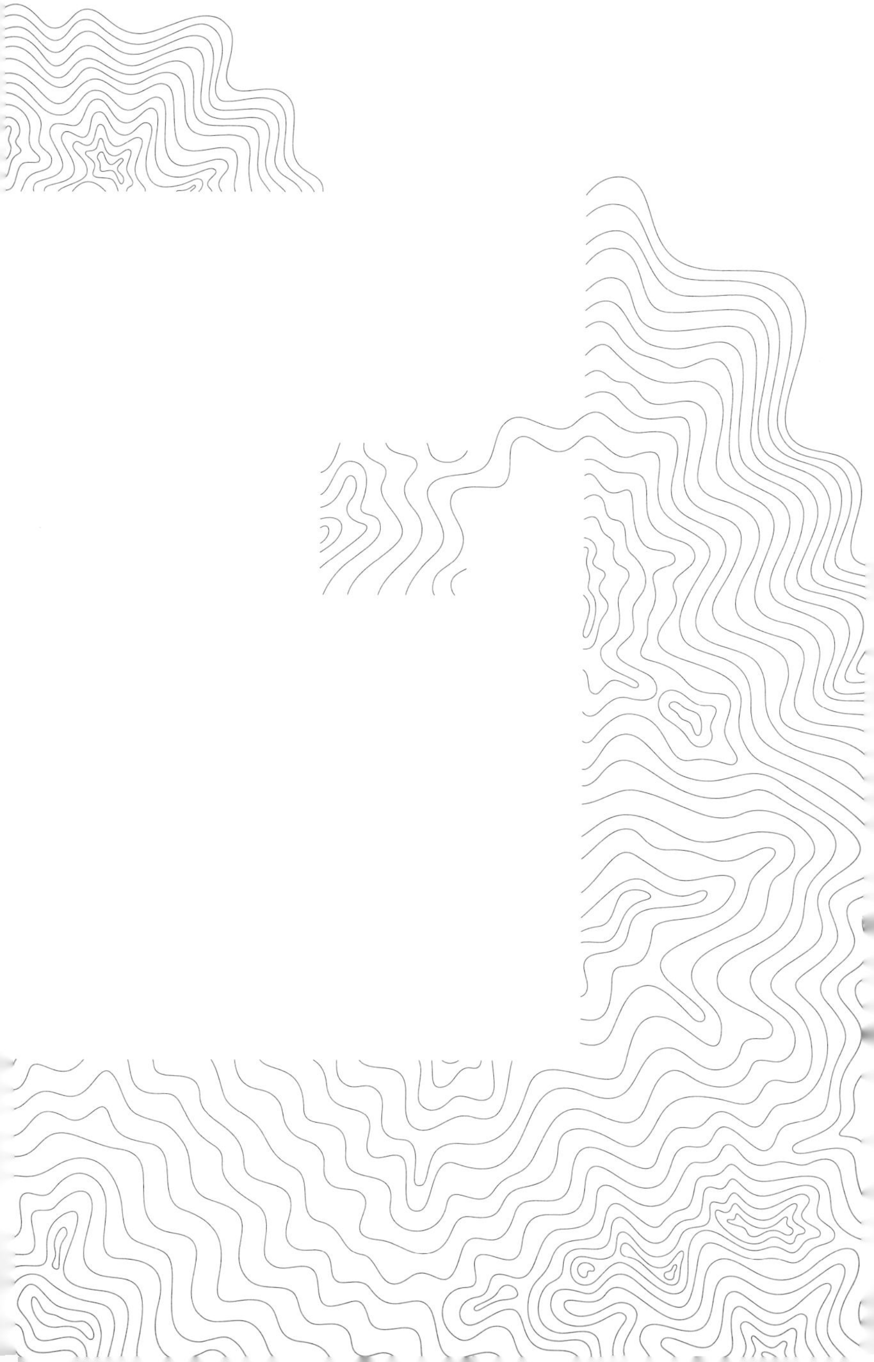

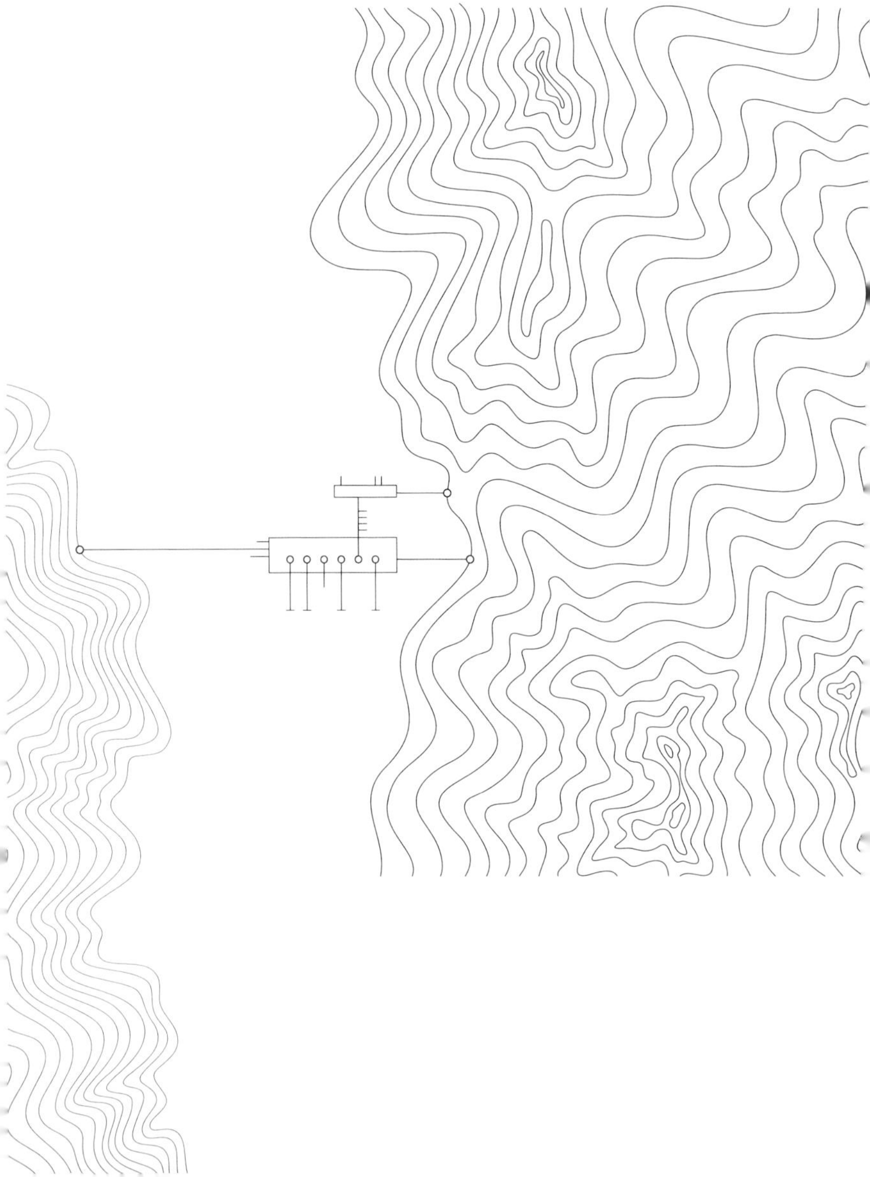

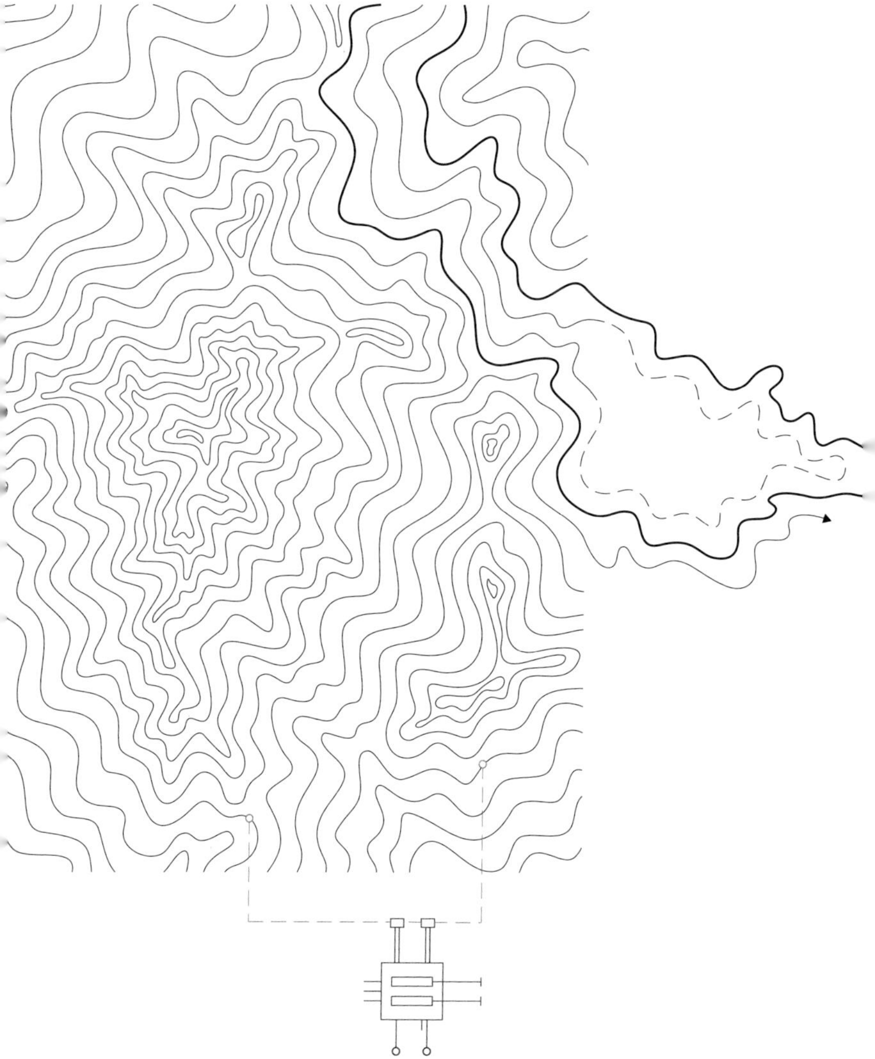

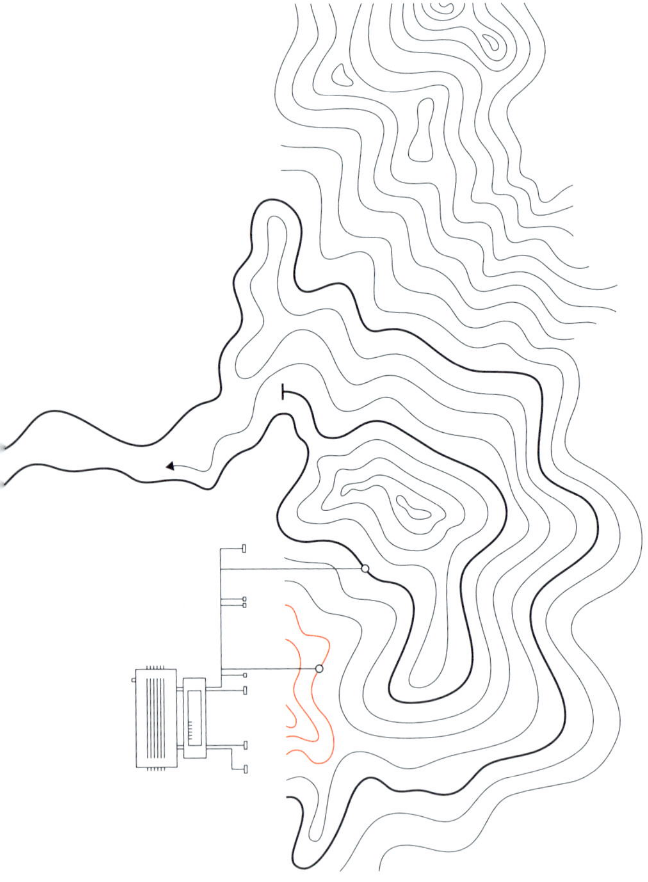

260

02:20:43:12

THERE

SABINA HOLZER

Sometimes stars offer us something to hold on to with which we can try to approach the world. Words can also have this helpful geometry. Like the word: *spaceship.*

Spaceship. A ship in space. Moving. A shell that connects and carries. A curved palm to settle into. A bent, tender, affection. A being close to the other, even if not within reach. Bound together nevertheless. With an awareness of in-between spaces. *Spaceship* means holding hands. The hand of another. With whom one lives through the night. Blindly sharing while surrendering to the metamorphosis caused by darkness. Being de-caused. Suddenly being opened. Stretched out. Growing somehow. Turned inside out. Exposed.

Inserted. Planted. Transplanted through the air.

You say: What touches you can become a model for the future.

My fingers are long and frail. Water bridges. Liquefied glows of almost forgotten roots that once held the planet together. They continued to grow through space, as if attracted by other stars. Being in search for them. Probably these fingers are busy with nothing else than this exploration. What else is there? What other connections? Other kinds? Other kinships? They spiral to get in touch. Touching means to slide over the surface of something other for these transparent, cartilaginous snakes that extend from my arm. I aim to do this tenderly—as you have shown me so often. But i do not always manage. Sometimes i end up in crampy contractions. Or weird outbursts i cannot control or understand. But if i manage, and these rather weightless movements connect—they could almost seem absent—i am moved by them entirely, too.

I become other.

Also for me, this *arm* is a mysterious thing: This *bone structure* (as some used to call it), which is connected through a spatial interruption and different tissues to two other *bones*, which again divide to become five *bones* with the same principle of extension and multiplication. These are then divided

into three parts of different length. You called these bones: "organs." They consist of numerous spaces and intra-active tissues, which are constantly being rebuilt. None of these are straight in the geometric sense. They are slightly curved, twisted and notched. And so is space. That is at least the way i perceive it. Something circulates.

"Are you a senso-motoric machine?" you ask.

How should i know by which processed signals i appear to you? What affects you in general and what in these particular circumstances? With blind, daring attempts, we practice caressing, we try to approach each other. We engage in something like *touch*. We practice contact, as offer. Never imposing or forcing. That's the deal. It is not about holding tight, not about grasping. Caressing dematerializes our boundaries (if those exist) and at the same time affirms the differences between us. That is good. But how can i hold on when i need to let go? What exercises can i engage my inky tentacles in as they continue to produce formless, crazy drips and squiggles? Spastically tossed into the void until they hit a surface. And become. And connect. With each other. With sighing singing sounds. Reaching out. To you. With the need to turn a holding on into an extended embrace.

You want to remind me of other drifts.

This morning i woke up and tried to remember my dream. I call it morning when, after a period of quiet, undisturbed floating, activations begin around me that in turn recharge me. I realized that i am intentionally anchoring myself in memories. As a kind of home. Otherwise my thinking would seem placeless, a floating stardust through the depths of time. I use bodies to locate myself. "Bodies are not for understanding yourself, they are an instrument for measuring the world," you said.

In moments of dissolution and transformation, however, in ecstasy or pain, that what was *body* creates an energetic imprint. A contour. Within the ungraspable moments of such intensity, it spaciously sinks into the here and now. And then we become what we are: Forces – in motion. Membranes – permeable. Inner energies – radiant. That which was body illuminates space and occupies it. Directs it. Space does not remain separate from the bodies, but it does not belong to them either. This interwoven radiant zone of a strange kind consists of boundless bodies. This is the place where we exist. This is the way we exist. A place that transcends space and time. The topography of our intimate being: a quivering tension of being in between.

But when one of us is absent or too far away, the glow turns into pain. Into a negative form of ecstasy. Then this imprinting by the other creates a situation that is unbearable for the body. The dissolution then becomes a dark,

endless space. A breathless density. A trembling. To be measured only by vibrations. By the charges. By the tensions. Interstices populated by the living dead. A possible war.

"Only if you're afraid," you say.

What should i be afraid of? I am not afraid. I am in a stable equilibrium, a state of entropy. A kind of paralyzed calm that i know very well. Perhaps this is a consequence of fear from another time. Nevertheless, i try to alleviate this dark pulsation that spreads in circles. Trying to absorb the shocks. To absorb the alien poisons into me. I surrender to all of it. To become all of it. In a kind of helpless longing, i try to take advantage of these adverse circumstances. I catapult myself into a future and remember: liquid soil. Earth. Not parched. I remember: soft moisture. My fibers open, allowing bright blue to glide through them instantly. Contract in golden twitches. Rays of rainbows pierce through me. Something breaks, and i fall into darkness. Surrounded by total blackness, i try not to leave a trace with any of my breaths. I extinguish myself. No light. No color. No expansion. No contraction. I can no longer recognize anything. Not recognize you. Not recognize myself. Can't feel anything. Can't hear anything. Not me, not you. Nothing. I can't differentiate. I have to surrender completely.

And become white noise.

Reverberation. Sonorous flights, sonic slipstreams. As well as the ink in my blood, these vibrational waves and sounds re-choreograph my whole self into a fuzzy unknown. Sounds of flesh. Sounds of cartilage. Of saliva. Of the sea, of stones. Of trees blossoming. Of underground mushrooms. Sounds of other lives and deaths. Wild silence surrounds me. Until this maelstrom. This spiral that twists and turns me. Throws me up and down at the same time. Every part of me. Every molecule of me is turned upside down. Is turned toward that which is unreadable. Solid fabric becomes flowing, permeable scribbles. A groping space in between. Nothing else. Even when i bump up against something barely tangible, when i desperately try to shield myself. When i plunge in, ready to be crushed, recklessly trying. I stay. Matter. And ask in amazement: is this *home*? Does this have to be *home*?

You held my hands to my eyes and showed me the lines in the palms, first the left, then the right. How different! You taught me to read them. Our portable, carved, inscribed, folded firmament. Countless lines crossing, intertwined, visible as dots. Often i have eluded their message, clenched my hands into fists, intertwined them, placed them on wounds, elevated them to goddesses, carried the water from the well, woven the linen with our patterns, buried them in the warm hair of children. In another time, i embraced your head with my two hands in farewell. Its shape remained

as an imprint in my palms. Hands have a memory. They are stars of another kind.

Spanned between presence and absence, between the living and the dead. Sparkling. They know more than we can think. Are carriers of ghostly traces. Ghosts of yesterday. Ghosts of tomorrow. Timeless ghosts. Terrible ones. Beloved ones. These specters. They are. In these spaces of touch. But also without touch. What are these multiple phantom approximations? They linger around and inconspicuously deform a carefully protected status. They penetrate the integrity of this sphere, to encounter the depths of the other. They contact surfaces. The pressure, the transmission of forces, the resistance of the tissues. You know all of this. You do it the same way. Maybe i do it, too. You see, my construct of order begins to waver again with this constant unleashing and taming of the dynamics of touch. The desiring, chasing, pursuing, needing, rejecting. Even naming it can get us into big trouble.

How and when does a touch begin or end?

Can these closely intertwined abysses ever be clearly distinguished? Is this a dream? Are we brothers and sisters? Are we similar to each other? Or is this just a thought traveling through time? Coming, stretching through this night? To sink in the swollen realm of the other. To become attachment, appropriation, transformation, assimilation. In spite

of everything, we are of the same worlds. *There*—here and there, both meanings in one word. The confrontation of different sides. The definitions of being alive. In these diaspora-, corner-, backyard-spaces, these gardens and fields. Tracing what used to be called body. What might be called head, hands, feet, and heart. Or skin. Our silver skins. That residual acceleration. These tissues. Woven from the threads of some guts to give us the ability to deal with expected and unexpected changes. "No process is ever perfect. No body is immune to manipulation," we were told. What could be a productive notion out there? What a disposition of care?

We work together. We practice not to control, but to liberate. We cast a spell. We do it secretly. Create these coordinates to evoke a voice, a desire, a joy. To evoke a weighty lightness. To carry the other. To carry a *you*. To endure the sounds of shared laughter. Perhaps. We transform the many mistakes of the past into an exercise ready to make several experiments for a near future in peace. Oh! "Peace…," such a funny word. It is strange how underrepresented this state of life has always been. Perhaps we have been love-blind.

We will try. Again. And again.

I did not know how to contact you. I carry the folds of my brain around my head like a cloud. A whitish, overgrown, shriveled,

floating walnut. Surrounded and guarded by gentle winds. Full of woven textures from here to there. From wild worlds. They are hidden in timeless folds. These secrets belong neither to you nor to me. They hide there, with no provision, and approach the other as fractal fact. Following the songs – something like songs –, some fluid lines to realize: This is not about war or peace. This is about the courage to face something unknown and unpredictable. To encounter something unknown and unpredictable. That is all. And nothing less than that.

We have actively explored different worlds and now find ourselves as those who have been encountered. We experience ourselves in a deep passivity as that which is touched. Without having any control over it, the one touching has become the touched. The foreign has now gotten under the skin without us being able to do anything about it. Neither you. Nor me.

So we dance.

To restore balance. To cushion recoil and suction. To learn to be alone. To celebrate connections. We have long since settled in this cold toxic environment. Without even knowing or deciding. We have crept along the folds and furrows. Between the planet-shaped grains. We call it darkness. But only because we can't perceive what is there. The slow gentle showers of light that penetrate

deep and burn through our threadlike cells. They rest as long arcs in time. Ambivalent forces born in other worlds. At times in sickly simmerings. Forces even stranger than this rising and sinking, this expanding and contracting. These arcs, in their gentleness, at times are disenchanting. They require in their essence a tremendous amount of accumulated, retained and sublimated energy until they become immaterial. But then: would an encounter between you and me be possible without them?

(This text was written in close company of a score, written by Sabina Holzer for the opening performance for *Von Händen and Sonden* by Elena Peytchinska and Thomas Ballhausen.)

Instead of closing it, the scar opens the wound. Poetics of Stigmata in Writing.

ELISABETH SCHÄFER

When our first dog died, we received a message from a friend in New York, which since then gives me to think. The friend wrote that the death of a beloved animal is a wound that will not close.[1] What do wounds in time? Do they close when they scar? What exactly is the scar? After all, it doesn't exactly make the wound disappear; on the contrary, it gives it a sign. Instead of closing it, the scar opens the wound. Wounds heal scars – not the other way around.[2]

Placing this paradox at the beginning of this text does not mean to turn this paradox into coherence by conclusively resolving it, but rather to open it up as such so that it can be thought through. Just as the confrontation with wounds and traumas should perhaps

not follow the inherent trait of closure, internalization, obscuration and encapsulation alone, but not become quiet, to seek out the open of the wound again and again, in order to work through it. The wish to close a wound once and for all is not the operation of a scar. The scar keeps open instead of closing the wound. The scar marks the wound. Makes it speak. Let us turn to the speaking of wounds, to the signs and writings of scars.

Great literature, as Hélène Cixous lets us know,[3] always exposes one, or rather the "wound" of the subject. Great literature shakes off—like a large smooth animal, perhaps—everything that veils and covers the wound. What can then be revealed is the truth of a wound before which our clichés and stereotypes merely step again to cover it once more. It is the old topos of the veil that Cixous invokes many times in her work.[4] That veil which *veils*, but which, precisely through this veiling, can also unveil, expose, and confront with the bare truth in the mode of its concealment. However, it is not only a matter of tearing away the veil that can unveil—there are also modes of veiling that unveil. It exists: The unveiling veiling according to Cixous, it exists particularly in literature; in the context of Cixous's "autobiografictional writing"[5] it is prominently her own myopia that functions as such an unveiling veiling. It is not the glasses that make one see, but the blind seeing that leads to the discovery of a truth of the subject. At the center of all this in Cixous: the "wound," as a resource for infinite

speaking and writing, a narrative of the arts, philosophy as well as the sciences. The subject circles around it to make sure of it, but also to step back from it, in order to survive. Survival does not mean getting rid of the wound. That every subject qua subject is the place holder of the wound can perhaps be considered a kind of unwritten psychoanalytic "law." Often the wound indicates a hole in the symbolic, i.e., in language, with which no artist, no text, no piece of art does not have to deal. The confrontations with it happen in many ways: by distancing, by transfiguration, by escape movements. Nevertheless, everything that counts in literature as in art marks the wound. Not in the form of narcissistic self-victimization, however, but out of a resistance to the temptation to stylize oneself as the eternal victim. This is also the case in "Animal Amour,"[6] which centers on a failed childhood relationship with a dog whose bite to the foot left Cixous with a "blessed wound," a "felix culpa,"[7] as she writes, that informs her writing in many ways. "Animal Amour" is a lecture given by Hélène Cixous at the Nouveau Théâtre Montreuil in 2006. The lecture took place within the framework of a series inspired by radio broadcasts Walter Benjamin wrote for children and young people between 1929 and 1932. The condition of this series was that the lecturers should address children and young people and do so "off the beaten track, in a cross-generational movement of friendship."[8]

Our possibly first associations with the title "Animal Amour" and the subject "For Children and Adults" are very quickly challenged by the text as clichés in a sustainable and productive way.

Hélène Cixous's encounter with animals and "animal humanity"[9] is a central aspect of her writing, but one that has so far not been extensively discussed, especially in the German speaking discourse on her work. While some who know Cixous's writing rightly associate it mostly with cats, there are other animals as well, such as dogs, donkeys and many more. Fips, the dog Cixous's family took in when they lived in Algiers in the late 1940s, is the one who tore a deep and unclosing wound in the author's autobiografictional experience and writing. When Cixous was still a child, about eleven years old, her father brought Fips the dog home as a gift. Home is an Arab neighborhood in Algiers called Clos-Salambier. Cixous writes about the relationship to Fips: "We who had dreamed him as one bound to us with cords of a love after our own kind, we wanted him to love us this way and not that, we wanted to pet him this way and not that. We were very small and had very great irritable feelings without name. We wanted him to be in our image and he didn't want to be a fixed photo fips. He did not let us put him in our pocket, he loved us in his own way and not at our command. We felt a dull disappointment. Without knowing it, we loved him a little less. Not better, alas, but a little less."[10] This love prison cemented Fips's

alterity. When Cixous's father died of tuberculosis a year later and the respect he was given as a doctor was no longer available to the surviving family, the family's position in the neighborhood changed. The tragic story of Fips is embedded in the socio-political context of Cixous's Algerian childhood, when Arab neighbors, protesting the presence of a French-Jewish family, attacked their house with stones.

Increasingly kept in the garden as well as at the mercy of stone attacks, Fips had no way to fight back. This turned Fips into an angry dog. When Cixous as a child with all her irritable feelings kicked the dog one day, the dog realized that she, too, wanted to hurt him, and Fips bit her foot, leaving indelible marks that recur in Cixous's writing with a ghostly presence. Cixous's self-described "felix culpa," or "blessed wound," however, is what ultimately remains with her, like a stigma created by her encounter with Fips, and enables her to find a transformation of her initial failed relationship with Fips that leads into a profound reflection of the human-animal relationship. Moreover, perhaps it is this bite and its indelible trace that enables her to embed Derrida's theory that the erased trace is capable of producing further traces. The ability to trace—or mark the absence of the presence—implies the ability to erase a trace given its interplay between absence and presence. Yet, the erasure of traces leaves yet another mark, thus the trace can never be entirely erased. In a very Derridean sense,

there is the possibility of an animal's *autobiography* that relates to the animal's capacity to trace. For Derrida this trace exceeds the human-nonhuman opposition: "Beginning with *Of Grammatology,* the elaboration of a new concept of the trace had to be extended to the entire field of the living, or rather to the life/death relation, beyond the anthropological limits of 'spoken' language."[11] Hence, humans, like animals, are fundamentally powerless in effacing their traces, calling into question the authority implicit in autobiography. Animals and humans share something that results from their capacity for wounding and incapacity to preserve their traces as they were. This is a starting point for rethinking the distinction between humans and animals from a *poethical* perspective and for developing new concepts and new practices of other trajectories, which is both present in the works of Cixous and Derrida. Cixous, however, bridges what Derrida still calls a fundamental gap between humans and animals, resulting from the *auto* in auto-biography. The *auto* in the Derridean perspective underscores the autonomy of the human subject and simultaneously denies that the animal has an equal capacity to put its traces into spoken or written language. Derrida calls the process of autobiography an auto-immunization of the human subject. In trying to tell the story of the self, this story always already becomes the story of another self. In Derrida's perspective, then, there is in every autobiographical act an exclusion or a failure of the self. Writing

is in search of the history of the self, transforms itself to capture the self, but always also misses it. This process resembles that of immunization. Cixous's project is contrary to Derrida's analogy that autobiography is "auto-immunizing," because in her perspective stigmata resist internalization, and encapsulation.[12]

Instead of this, Cixous reconstructs traces of Fips's autobiography. Although some might argue that this must end up in an act of anthropomorphising animals, Cixous puts the potential language element of the notion of *animots* into practice: Her texts on Fips imagine – or perhaps dream – what Fips could have said, as we find in this example: "Here I am, alone on earth, having no more brother, sister, no father nearby, no friends, only my solitude for company. The most sociable and loving of beings is unanimously outlawed. I am caged as in a dream and I don't sleep anymore. And I, detached from them and tied to a strand of wire, what am I?"[13]

Drawing on Derrida's work on the question of the animal,[14] we might say that Cixous's encounter with Fips produces a wound that, in retrospect, breaks down the barriers between her and the dog; her dehiscence reveals Fips's "profound animal humanity"[15] that emerges through shared suffering, empathy, and love. The lesson Cixous learns from reviving the memory of Fips, the dog, and therefore is now able to teach us, is how to become more human. The dog's "humanity"

is the ability to see and love outside of preconceived notions. It is an attack on the boundaries that racialized exclusion creates, and a challenge to the false humanism of the colonial project. "Animal Amour" is evidence of how animal studies and studies of colonialism and anti-Semitism intersect. Cixous's reflections on her relationship with Fips are instructive for addressing systemic forms of exclusion that seek to exclude relationality and love across the boundaries of nation, race, religion, and species. The victimization of Jews and animals is linked to what Derrida calls "idealistic hatred of the animal as hatred of the Jew."[16] Cixous shows us, however, that these boundaries are fluid, as she, a Jew, sometimes belongs to more than one category, or to none, or slips from one to another and back again.

Although Cixous and Fips were similarly powerless in their shared vulnerability, the power lies in the openness of Cixous's wound that breaks the barrier between human and animal. In her preface to another text, "Stigmata," she equates Fips with Job, the biblical figure and righteous person from the land of Uz, who, as an innocent victim arousing pity, biblically represents the nadir of suffering: "My dog, an avatar of Job, lacerates my foot with his desperate teeth, forever imprinting his message of outrage on the fabric of my memory."[17] The scene of her encounter with Fips biting her creates a stigma that perpetuates the "unforgettable horror" of her misunderstanding him and her imprisoning love that was excluding his alterity.

Job, the dog, turns into "god," if you turn the word dog around. Job, the dog, becomes god, and is in this transformation very much that what Cixous calls an *animot*.[18] Maybe Fips can be read as the creator or the muse of animots. The dog's whole life was an assault on the boundaries that made life hell. But Fips tried to create a passage, to "pass through" by transforming itself into a "supernatural dog"[19] and striving, "as he always did, to remove the fences between himself and the just life."[20] In another text, Cixous writes suggestively, "Perhaps the irony is that we are never more human than when we are dogs."[21] Reflecting on the figure of Fips—who is her "wild trans-figure"[22] and following the animal that is also her—Cixous develops her own response to wounds by turning to them to read their rich connotations and implications. In these readings, she sets herself the task of learning how to inhabit the world in ways that are less harmful to others and ourselves and more true to the fractured and corporeal beings that we are. Among other things, this means transcending compartmentalized communities of all kinds, as "the murdered saint of the Garden of Algiers" did.[23]

In 2017, when Hélène Cixous contributed to the Talks of the Viennese publishing house Passagen "Disrupt! Strategies of Political Intervention" at the Semper Depot in Vienna, she also visited my partners and my apartment for a variety of reasons. Secretly, our reason for inviting Cixous home was that she could meet our then dog Miss Crystal. The wish for

Cixous to meet Miss Crystal—always called *Kristelle* by H. C. after the encounter—had a mysterious and unknown reason, a certain groundlessness that the encounter nonetheless instigated. “Unforgettable,” as Cixous wrote to us some time ago, after we had to inform her that Miss Crystal/Kristelle had since passed away. Even if it was a meeting of special intimacy, as if they knew each other by heart—I didn’t know for a long time why I wanted to introduce our dog to Cixous or why it could be of importance that both get to know each other. The special suspension of this constellation could also be captured in the photograph of an ephemeral embrace of the two. Miss Crystal, a shy, noble English Setter dog person in orange belton color, picked up H. C. at the apartment door wagging, ran with her through the whole apartment, showed her all her places, to finally take a seat on her favorite place with sheepskin and let herself be hugged there by Cixous—or hugged Cixous, who am I to tell. Something that no one from the closest pack was ever allowed to do before or after. There are touches of wounds that no longer have to hurt, but open up possibilities of new relationships.

Footnotes

1 It is thanks to the generosity of Dominik Zechner that I may place this thought at the beginning of this text.

2 See: Marcus Steinweg: Splitter. Berlin: Matthes & Seitz 2017, 80.

3 The circumstance that Cixous lets us know this, is the thesis of this text.

4 See e.g.: Hélène Cixous: Insister of Jacques Derrida. Translated by Peggy Kamuf. Stanford: Stanford University Press 2006.

5 The work of the French writer Hélène Cixous is characterized, among other things, by diverse and radical references to what she herself calls autobiografiction. Autobiography is not only extended by the dimension of fiction, but fiction is declared to be its fundamental condition. The writing of one's own life is a fictional one – not only *can* it be a fictional one, but it is constitutively a fictional one. That is, there is no other register to report on one's own life than the register of fiction. See e.g., Elisabeth Schäfer: Hélène Cixous's Life Writings – Writing a Life. Oder: Das Auto-/Biographische ist nicht privat, in: Internationales Jahrbuch für Medienphilosophie Volume 3 2017, Pathos / Passibilität, edited by Jörg Sternagel and Michael Mayer, 81–98.

6 The text by Hélène Cixous was published as a small volume in 2022 in the German translation by Esther von der Osten by the Viennese publisher Passagen Verlag and provided with drawings by the Algerian artist Adel Abdessemed, with whom Cixous has been collaborating frequently for some time. The present text translates (into English) from the (German) translation with the aid of the French original.

7 Hélène Cixous: Job the Dog, in: Hélène Cixous: Stigmata. Escaping Texts, New York: Routledge 2005, 181.

8 Hélène Cixous: Liebes Tier. Für Kinder und Erwachsene, Wien: Passagen Verlag 2022, 11. (Translated by E. S.)

9 Hélène Cixous: Job the Dog, in: Hélène Cixous: Stigmata. Escaping texts, New York: Routledge 2005, 156.

10 Hélène Cixous: Liebes Tier. Für Kinder und Erwachsene, Wien: Passagen Verlag 2022, 23. (Translated by E. S.)

11 Jacques Derrida and Elisabeth Roudinesco: For What Tomorrow…: A Dialogue. Translated by Jeff Fort. Stanford: Stanford University Press 2004, 63.

12 Jacques Derrida: The Animal That Therefore I Am. Translated by David Wills. New York: Fordham University Press, 2008, 47.

13 Hélène Cixous: Reveries of the Wild Woman. Evanston: University of Illinois Press 2006, 44.

14 See amongst others: Jacques Derrida: The Animal That Therefore I Am. Translated by David Wills. New York: Fordham University Press, 2008.

15 Hélène Cixous: Job the Dog, in: Hélène Cixous: Stigmata. Escaping texts. New York: Routledge 2005, 156.

16 Jacques Derrida: The Animal That Therefore I Am. Translated by David Wills. New York: Fordham University Press 2008, 104.

17 Eric Prenowitz: Preface, in: Hélène Cixous: Stigmata. Escaping texts. New York: Routledge 2005, 10.

18 *Animot* is an untranslatable portmanteau. The second syllable of the plural ani-maux of French “animal” (“living being”) sounds exactly like *mot*, the French word for “word” or Plural *mots*, French for “words.” The resulting “word-creature” is part animal, part word/words, and invites us to think that words are living beings that live and weave secretly in language and text. The creation of this portmanteau is mostly attributed to Derrida. The first use of the word *animot* is found in Héléne Cixous's text “La” (cf. Héléne Cixous and Mireille Calle-Gruber (1997): We are already in the Jaws of the Book. Inter Views, in: Hélène Cixous: Rootprints. Memory and Life Writing. New York: Routledge, 1–115, here 168) – long before it was “stolen” by Jacques Derrida for *L'Animal que donc je suis* and continued to be written with a new meaning.

19 Héléne Cixous: Reveries of the Wild Woman. Evanston, IL: University of Illinois Press 2006, 46

20 Héléne Cixous: Reveries of the Wild Woman, Evanston, IL: University of Illinois Press 2006, 91.

21 Hélène Cixous: Three Steps on the Ladder of Writing. Translated by S. Cornell and S. Sellers. New York: Columbia University Press 1993, 132.

22 Héléne Cixous: Reveries of the Wild Woman, Evanston, IL: University of Illinois Press 2006, 42.

23 Hélène Cixous: Paintings, in: Marta Segarra and Joana Masó (Eds.): Poetry in Painting: Writings on Contemporary Arts and Aesthetics. Edinburgh: Edinburgh University Press 2012, 11.

STAYING WITH THE QUESTION[1]

LUCIA D'ERRICO

On the fourteenth of December 2010, an improvisation group from the Royal Birmingham Conservatoire, directed by contrabassist Sebastiano Dessanay announced that its first performance would be a rendition of a Late Renaissance piece, *Super Flumina Babylonis*, by Javier Alonso Marquez Garcia (1541–1614). The program notes illustrated how the original piece had been transposed and reworked for modern instruments. The notes explained the composer was an acquaintance of painter El Greco, who was for him a source of inspiration and who was himself, in turn, influenced by Marquez Garcia. Just like El Greco's revolutionary painting is claimed to have anticipated art movements which only came centuries later, such as expressionism or cubism, Marquez

Garcia was claimed to have been a precursor of hyperpolyphony and free improvisation. The performance opened with a cacophonic explosion of bass trombone, alto saxophone, double bass, violin, and live electronics. Nothing could be further from a transposition of late-XVI-century music – it was much closer to free improvisation. Then, something emerged from that sonic magma: rhythmic and melodic patterns; vocal-sounding contours; quasi-harmonic backgrounds; all of them thinning out into a three-part counterpoint – violin, double bass and trombone, accompanied by echos of melodica and live electronics. Eventually, a much thinner moment of noise coagulated into a collective rhythmic moment, ending up back at the initial magma, with the addition of a short diminuendo coda on the part of the trombone and electronics.[2]

I was among the audience and I should have imagined what was all too obvious: not only was that impro session *not* based on any original text, but there has never even been any such person as Javier Alonso Marquez Garcia, to say nothing of his ostensible acquaintance with, and influence on, El Greco. The program notes were a joke played on the audience, meant to surprise them and decontectualize their expectations about the performance. I said it was 'all *too* obvious': so much so that at the time it didn't occur to me. If, on the one hand, there was an element of obviousness to that joke (namely, that the gestures typical of free improvisation have nothing

to do with Late Renaissance music), on the other hand my attention was focussing on a peculiar process then at work in my musical imagination, a process to do with the *excess* of obviousness identifiable in what was happening. As listeners, our certainty that free improvisation and Late Renaissance music do not belong together, that they are fundamentally anisomorphic, that coupling them can only result in something laughable and nonsensical – all that had been suspended for an instant, suspended in a question. For the rest of the audience, this probably lasted no more than an instant. But with me it stayed. The gap between what we all knew to be obvious and what felt was *too* obvious marked my encounter with a question of a unique kind – the sort of question that doesn't exhaust itself in one answer, no matter how elaborate, but stays with us, keeps haunting us. It looks and sounds like a jest, but underneath that is a face as enticing as it is disturbing – so much so, in fact, that more than a decade has gone by, and yet this question has persisted. It permeates my artistic research, insisting and persisting in (spite of?) all the answers I have given it over the years.

The present text is going to describe the elective space of the emerging field of *artistic research* as the cleavage which some encounters with the signs of art can cut through the fabric of the known, dividing the *obvious* from the *too obvious* and exerting a transformative power on apparently banal utterances, moving from the obvious to the too obvious,

and tearing apart common sense: such is the huge innovative potential which artistic research can apply both to academic research as a whole and to current understandings of art. Such a shift is at its most explicit when it is the state of questions themselves that shifts: artistic research is not just innovative inasmuch as it gives new answers to certain questions (for instance, a composer or a performer are likely to give different answers to the questions asked by musicology or by music analysis). The crucial difference lies in asking new questions, and in the consequent way answers behave towards the latter: questions which accompany us, and which in turn bring about new questions and stimulate a renewal of art and thought, as veritable creative and productive activities.

*

Even though Dessanay's group had in all likelihood not foreseen it, listening to their performance carried out a specific transformation, and not so much from one aesthetical and cultural expectation to another (i.e., moving from late-16th-century music to free improvisation), as that would amount to nothing more than a joke or a polemic. Rather, an obvious negative statement like, "This is not late-16th-century music" was turned into a question with answer: "Is this late-16th-century music? No it isn't."
Answering the question, in this case with a negative, does not reestablish the simplicity

and clarity of the plain negative statement. Paraphrasing Maurice Blanchot, from whose essay "The Most Profound Question"[3] most of the present reflections stem, turning a statement (here, a negative one) into a question performs a crucial step: the answer, be it positive or negative, becomes a possibility, opening the (positive or negative) sentence to its void. "The question places the full affirmation back into the void, and enriches it with this initial void. Through the question we give ourselves the thing and we give ourselves the void that permits us not to have it yet, or to have it as desire. The question is the desire of thought."[4] Having been turned interrogative, the sentence becomes a possibility, and as such infinitely open. The question is movement and opening, its own incompleteness lies at its core, and because of that it *states* – in spite of its interrogative form – that it is only partial, that its scope does not encompass everything. Blanchot notes that in some languages this opening of the word which interrogates is even a matter of sentence structure. In English and German (for instance the questions, "Is the sky blue?" or "Ist der Himmel blau?"), formulating questions requires inverting the positions of subject and verb. The latter suddenly comes first in the sentence, and consequently acquires an emphasis, an almost burning urgency. Through the inversion, the light of the question[5] hits the sentence through the uncertain flickering of being. The verb *to be* itself becomes the focus of

importance, shining at the center of a doubt which imperils it. Therefore, to ask always means to question what is, namely *being* itself.

Inverting the positions of verb and subject, placing the verb in a doubtful and dangerous place, is an act which, through the specific context of artistic research, changes from simple syntactic operation to deep epistemic transformation. Through the question, being itself – now in the position of a subject – decentralizes the sentence, pointing to what is outside of it. The verb *to be* is no longer the neutral copular verb between a subject and its nominal predicate. Better said: nominal predicate and copular verb are torn apart – the sentence opens up. At this point, we get a glimpse of the gap between the obvious (an affirmative or negative statement) and the all-too-obvious (i.e., shifting from an interrogative to an affirmative or negative form, by means of an answer). In a way, the answer is "the question's misfortune, its adversity,"[6] since by restating what is already obvious in the statement the answer takes something away from us: by reaffirming what is and has always been, it closes the question and deprives it of the promise of its opening.

**

"And yet the question demands a response?"[7] Blanchot refers to the mythological episode of Oedipus and the Sphinx, which is centered on the famous riddle. Through the two

characters – Oedipus the man and a threatening, metamorphic, ambiguous being whose questions are enigma – Blanchot compares two types of questions, two "opposing regions"[8]: the "most profound question," embodied by the Sphinx, and the "question of everything," embodied by Oedipus. At first sight, the Sphinx asks and the man Oedipus answers. But the implications of the scene go far beyond that. The Sphinx – a monster made up of several human and animal parts (lion, falcon, goat) – is the non-human interrogating the human. "All of the work of the question aims at leading man to the recognition that before the Sphinx, non-man, he is already before himself."[9] That is, before that part of himself which is "dangerous, inhuman, and sacred"[10]: other. The Sphinx's question is at once frivolous and threatening, amusing and deadly, positing the mystery of a paradoxical, grotesque, disturbing animal, at the same time a quadruped, a biped and a 'triped.' The being posited by the riddle is plural, equivocal, incompatible with the binary logic that characterizes human beings. And Oedipus's answer is the only one which can subsume the contradiction of the question into a univocal, universal definition: that answer is, "man." However, Oedipus does not just provide an answer. Through his definition, "man," the question itself changes meaning. The most profound question gives way to the question of everything, i.e, the question which interrogates and thus demands to probe the world's darkest, most incomprehensible

recesses. The victorious man is returned his share of intellectual sovereignty over an otherwise fragmentary, violent, and insane world. Proclaiming himself "simply man,"[11] Oedipus eliminates that part of his own humanity that is already (or still) inhuman – that part which is aberrant, enthralling, perilous, unfathomable. By answering "man," Oedipus eradicates the monstrousness of the question and brings it within his own territory, his own terms. However, in so doing, he brings the ambiguous horror of the question into his own humanity – he brings upon himself the burden of the punishment that he will have to bear because of his victory, until the moment he has to blind himself, thus getting closer to the blind prophet Tiresias, who was able to see more deeply by refusing the assimilation of what is incomprehensible in human terms. Tiresias could not solve the Sphinx's riddle, but that is because he could seize the mystery of that riddle: he could see it and 'comprehend' the inexhaustibility of its meaning, its incommensurability with the dazzling categories of the logos.

As we move from the most profound question to the question of everything, from a disturbing, polymorphous plurality to a unique, non-contradictory definition, something else happens, something crucial.[12] The 'man' Oedipus invokes is not just one man, this or that particular individual – it is rather *the* human being as a universal category. Oedipus thus operates two shifts: the first from the inexhaustibly other to the self; the second from

the manifold and immanent to the abstract universal. The answer reduces and abstracts the chaos of the existent, turning it into a clear, transparent concept—we might say, 'all-too-obvious.' The universal definition is therefore arrogant enough to purge itself of the mud of the manifold, of the murmur and the chaotic background of existence, surging instead to vertiginous heights to dominate the landscape beneath. This ascent can be compared to the arrogance of a knowledge with rationalistic and formalizing ambitions, which claims not only that 'knowing' and 'doing' can exist on different planes, but also that the former is superior to the latter because purer and more universal. The wrong here is, it flattens the heteroclite world, it reduces truth and knowledge to mere objects which can be appropriated, preyed on, exploited. It superimposes a spherical space, ruled by harmonious correspondences, over chaos and ambiguity—a source of dismay, certainly, but also of a joyful drive to renovation. By emphasizing *doing*, artistic research leads knowledge back to action, obliterates the vertiginous heights, and unmasks the arrogance of the allegedly neutral gaze of the detached observer.

***

Let us go back to the starting musical example. As an audience, we were faced with an enigma, a polymorphous magma of sounds and noises which for at least one

instant we tried to lead back into the ranks of the known and the same. The reassuring category of identity in music – what allows us to recognize a given piece or musical style across thousands of different interpretations – was, for a moment, suspended in a question. Those among the audience wise and clear-minded enough to give the only right answer to the question: "Is this a late-16th-century piece?" were rewarded with the reassuring, solid cultural categories enabling us to frame music through abstract, dogmatic knowledge. I, on the other hand, not very wisely (indeed rather candidly, naïvely, not to say stupidly), stayed with the question – and I am there still. What is late-16th-century music, beyond the definitions learned at school, in manuals, in program and recording notes or from the reassuring voice of common sense and good sense? Isn't there a way of thinking according to which 16th-century music (as well as any other cultural category) actually does not exist as an abstract universal, but is always embodied in an infinite series of concrete and precisely situated instances, in encounters and experiences, in material objects and immaterial representations, in signs, impressions, fragmented information – which all combines into a magma not always harmonious, but rather contradictory and elusive, which thoughts and sensations keep going back to? By staying with the question, we avoid falling into Oedipus's trap of mistaking the most profound question for the question

of everything. In Blanchot's terms, we keep the distinction between 'Work' and 'Book'[13] (in this case, between 'Work' and 'Score'). We refuse the comforting reductionism dictating what things are, often at the cost of identifying them with objectual 'things,' museum artifacts: the work comes to coincide with the physical boundaries of a book or a score. In other words, we preserve the part of the work which, like the Sphinx's riddle, asks to be deciphered yet at the same time incessantly eludes any attempt to do so.

In artistic research, art opens up to its other. Through the question asked by a researcher, the verb 'to be' transitions from an intermediary vessel which an abstract, categorizing knowledge can use to probe the chaos of the empirical, to a primary element, suspended in the doubt of question and of research. It is not merely about emancipating artists and making thinkers out of them, giving them the role of 'producers of knowledge,' a role which used to exclusively belong to musicologists, historians, critics, and philosophers. In artistic research, it is knowledge itself – thought itself – that undergoes a fundamental transformation. Following Gilles Deleuze, this transformation could be explained in almost chronological terms: thought "comes after"[14] the sign of art – it does not come before it, or frame it with a gaze as totalizing as it is detached. The encounter with the signs of art – be it at an aesthetical level, as perception and experience, or at an artistic level, in a concrete actualization through the

media and materials of practice – *produces* a thought capable of also containing the unthought which is always part of it. And the very contingency of the signs of art, their being always concrete and situated, always plural, enigmatic, chaotic and fragmented, all this guarantees the *necessity* of thought in artistic research, and consequently its strictness, in no way inferior to the methods of science or philosophy. What differentiates artistic research from types of research which were legitimized well before it, in other words, is its relationship with the question, its rejection of universalizing categories. It does not exhaust the question in its only correct answer: it stays with the question.

Blanchot and Deleuze acknowledge that a philosophy and a research reduced to totalizing rationalism need to open up to non-philosophy and become a creative act. Similarly, today art is looking for a horizon of non-art in order to revitalize itself, at a time when the concept of avant-garde and even that of aesthetics [15] seem to have exhausted their power of acting upon the world. The advent of artistic research, then, may belong to the (rare) *events*, in Slavoj Žižek's definition[16], i.e., occurrences able to change and influence not just their future, but also – paradoxically and retrospectively – what was before them. So much so that, today, some can talk of 'ante litteram' artistic research, or claim that art 'has always been research.' However, yet again, is this not a way of providing a totalizing (and banalizing) answer

to an issue as historically specific and as inevitably situated as the emergence of artistic research? If the artistic project of historical avant-gardes strived for increasingly open artworks in order to break free from rigid museum schematizations, as well as from stifling ontologies, then artistic research itself becomes the new place for avant-garde, a place where the deepest, most radical opening can happen in a structured, rigorous manner: the opening between being and its other, between the obvious and the all-too-obvious. An artistic researcher has the outstanding if arduous task (unfortunately, not understood and embraced by too many in the field) of yet again opening up the common sense and the good sense of the question of everything to its other, of introducing into academic knowledge the deepness and even the stupidity[17] of questions (which the rationalistic logos keeps regarding as frivolous and threatening) not asking to be answered – asking simply, dangerously, to be stayed with.

****

What if the event of artistic research bore witness to a paradigm shift prepared, wished for, dreamt and accompanied by currents of both practice and thought expanding from Nietzsche[18] to Blanchot and Deleuze? And spanning Modernism, the fragmented, plural languages of the XIX century, the progressive complexification of knowledge due to hypertextual technologies, the explosion of infor-

mation, the discovery in the scientific world of an increasingly more open and manifold universe? Were it so, an idea of research still very much hinging on a so-called 'knowledge gap' might give way to research focussing on what I call a 'knowledge crack.' In the case of the former, the question of everything considers knowledge as if it were a magnificent, complex tapestry covering the whole world. Admittedly, the tapestry is missing a few parts, the aforementioned gaps. The goal of this kind of research would be to identify them and operate a stitching, so as to one day (hopefully) conclude the masterpiece of knowledge and be able to contemplate it as an ultimate explanation of all that exists. An obsession for knowledge as a place to store and accumulate information to be used for understanding and appropriating the world is evident in some modern technologies, which give unlimited access to an increasingly permeating, fast-access database.[19] However, this quantifiable, notional, incremental approach to knowledge confines us within the boundaries of the 'all-too-obvious' which pertains to logical, abstract humans. By contrast, the experience of artistic research may discover that the task of such research is addressing the unfathomable cracks of reality: opening them up, amplifying them, indicating them as that portion of the unknown which is an integral part of any sort of knowledge – which, being 'outside' knowledge and thought, provokes us by means of encounters that, as Deleuze[20] would say, "force us to think."

*****

Let us conclude with a second musical example. As the question born from the accidental encounter with an art sign becomes an object of research, the field of investigation of such research cannot once more regress into abstraction and detached observation. In other words, one cannot fall back into Oedipus's mistake of unifying the infinite plurality of reality under a generalized, one-size-fits-all definition – becoming, in Blanchot's words, "general truth, poor and abstract, making us poor and abstract."[21]
Therefore, an answer able to preserve the question (instead of closing it in its logic, dialectic, specular conclusion) must take place in the musical act, and have an encounter with the ambiguous, polymorphic sign of art as its instrument and method.
That is, if there is a method at all. Because if, on the one hand, the artistic act has the strictness and the scrupulousness (the *necessity*) of a method, on the other hand this strictness and this necessity do not in any way equal an *a priori* formalism or schematic rationalization. In other words, research *through* the artistic act.[22]
After many years, I'm following up on my experience as a visitor at the Royal Birmingham Conservatoire – this time as an artist-researcher, i.e., the person who takes up the task of concretely actualizing the question through the means and signs of the artistic act. What happens to musical practice, if

the very categories of the recognizability of a piece or musical style are questioned? Which new horizons open up, if the field of musical experience is purged of the question of everything and we stay with the most profound question instead?

Let us consider a music piece, any music piece – it is not important which one, the choice is secondary to the operation performed on it. A famous piece perhaps, such as one of the *Diabelli Variations,* op. 120 by Ludwig van Beethoven.

What is this music piece? The 'all-too-obvious' answers by teaching that it is what it is, what the score offers for our appropriation under the guise of information: a series of durations and pitches which, when followed, enable us to say, every time we hear the *Diabelli Variations* performed, "Here it is again." But this musical piece is also something else: a polymorphous, fragmented entity. First and foremost, it is the number 4, which is insistently repeated both in the macro- and the micro-structure of the piece (4 bars, 4 phrases, 4 periods) – and in spite of our cultural inurement to it, this time signature is here particularly noticeable. It is a strong tonal relationship, a C major, perturbed by the downward movement of the leading-tone in the bass line, which introduces the tonal space by means of the arpeggio of the left hand. As such, it is also a spherical space (the self-affirmation of the tonal), only lightly pierced by an initial doubt. It is a gesture of the hand on the keyboard, reminding

us of other cultural worlds (as I'm playing, a vague memory of Schumann emerges: the way he manages to inject leading-tones into a seemingly clear, defined tonal space, and to insist at every turning point till it ends up as riddled with holes as a colander). A waltz rhythm, or rather its memory, and at the same time its disappearance; a caricature, a derision of Anton Diabelli's waltz? At any rate, an accented, delayed upbeat, falling back onto a downbeat. There is more: a descending movement of phrases and intervals of third and sixth, which gets reversed in the second part and becomes ascending. If the music piece is all this (and the list may go on: it is also a year, a month, maybe a day; one or more musical instruments; a historical and biographical situation; a series of consequences in the history of music; the endless, fragmented series of contingencies which are part of listeners' experiences; and so on), then we can imagine and realize a transposition of these elements – a transposition into a new space, a musical experience including all this, yet not closing it up inside the one correct interpretation, i.e., the one respecting all the minimum requirements in terms of pitch and duration ratios, as happens with the question of everything. Quite the contrary: maybe such obvious ratios need to be eliminated, swept off the table, in order to see through Beethoven's music and get to its other, its future, its innumerable and unyielding paradoxes. "But what remains," as Deleuze asks about Carmelo Bene's amputa-

tions of classical theater plays, if one takes away pitches, durations and tones, in short all we take into consideration when we identify Beethoven's music as known and reassuring? "Everything remains, but under a new light with new sounds and new gestures."[23] I propose to readers what I call my 'divergent performance'[24] of the Diabelli Variation No.VIII[25]. Is it Beethoven's Diabelli Variation No. VIII? I'll leave readers with the question.

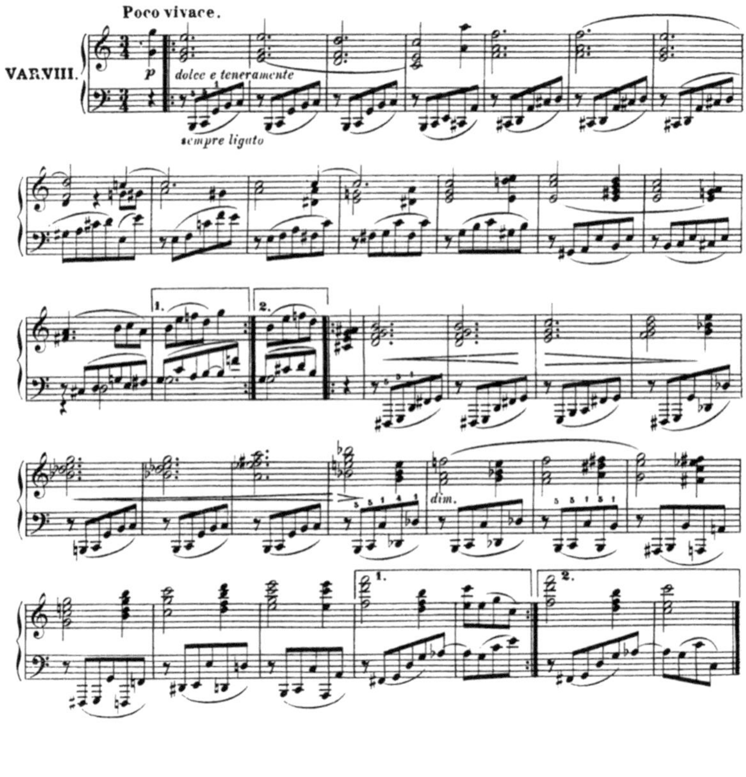

Footnotes

1 An earlier version of this text was published in Italian under the title "Stare con la domanda" for the *Quaderni del conservatorio «Giuseppe Verdi» di Milano*. Pisa: ETS. Special thanks to Marta Zago for the substantial contribution to the English version.
2 A video of the performance is available at https://www.youtube.com/watch?v=Q1bV9fXYqzQ.
3 Blanchot (2003).
4 Blanchot (2003, 12).
5 Ibid., 13.
6 Ibid.
7 Ibid.
8 Ibid., 18.
9 Ibid., 17.
10 Ibid.
11 Ibid.
12 As Valentini acutely noted (2018, 578).
13 Blanchot (2003, 428).
14 See Deleuze (2000, 23).
15 On the current crisis of aesthetics, announced by Friedrich Nietzsche in *On the Genealogy of Morals*, see Agamben (1999) and Rancière (2004).
16 Žižek (2014).
17 As pointed out by Lambert (2012), modern philosophers embrace a candid stupidity precisely in order to set themselves against the wisdom of common sense. Hence Heidegger's questions (childish, idiotic ones, and therefore profound) "What is called thinking?" or — as Deleuze and Guattari ask too, years after Heidegger — "What is philosophy?"
18 In his *Attempt at Self-Criticism*, Nietzsche prophetically predicts the advent of "artists with an inclination to retrospection and analysis" (2000, 5).
19 Possibly the clearest example of this approach to knowledge is GoogleMaps. An increasingly more refined and complex technology covers the heteroclite surface of planet Earth, inscribing it into a self-proclaimed infallible coding storage system.
20 Especially in relation to the image of thought, as formulated in *Proust and Signs* (2000) and later, in a more structured fashion, in *Difference and Repetition* (2011).
21 Blanchot (2003, 15).
22 The pluralistic tendency characteristic of artistic research ecumenically embraces several approaches to research itself: in art, for art, through art, about art (see Freyling 1993 and Borgdorff 2012). As argued in this text, not all these facets of artistic research are equally innovative, nor are they all capable of expressing what I believe to be the greatest promise of artistic research: not all of them can ask the same questions.
23 Deleuze (1997, 245).
24 On the creation and the implications of the musical practice of 'divergent performances' see D'Errico (2018).
25 Available on https://youtu.be/R8KcBKOCblg.

Bibliography

Agamben, Giorgio. 1999. *The Man without Content.* Translated by Georgia Albert. Standford University Press.

Blanchot, Maurice. 1993. "The Most Profound Question." In *The Infinite Conversation.* Theory and History of Literature, v. 82. Minneapolis: University of Minnesota Press, pp. 11–24.

———. 1993. *The Infinite Conversation.* Translated by Susan Hanson. Theory and History of Literature, v. 82. Minneapolis: University of Minnesota Press.

———. 1995. *The Writing of Disaster.* Translated by Ann Smock. Lincoln and London: University of Nebraska Press.

Borgdorff, Henk. 2012. *The Conflict of the Faculties: Perspectives on Artistic Research and Academia.* Amsterdam: Leiden University Press.

Frayling, Christopher. 1993. *Research in Art and Design*, «Royal College of Art, Research Papers», 1, 1, London.

Deleuze, Gilles. 1997. "One Less Manifesto." Translated by Eliane dal Molin and Timothy Murray. In *Mimesis, Masochism, and Mime: The Politics of Theatricality in Contemporary French Thought*, edited by Timothy Murray, 239–58. Ann Arbor: University of Michigan Press.

———. 2000. *Proust and Signs.* Translated by Richard Howard. London: Athlone Press.

———. 2011. *Difference and Repetition.* Repr. with corr. Continuum Impacts Changing Minds. London: Continuum.

Deleuze, Gilles, and Félix Guattari. 1994. *What Is Philosophy?* European Perspectives. New York: Columbia University Press.

D'Errico, Lucia. 2018. *Powers of Divergence. An Experimental Approach to Music Performance*, Leuven University Press.

Heidegger, Martin. *What Is Called Thinking?* Translated by J. Glenn Gray. New York: Harper & Row Publishers.

———. 1958. *What Is Philosophy?* Translated by Jean T. Wilde and William Kluback. New Haven: College and University Press.

Lambert, Gregg. 2012. *In Search of a New Image of Thought: Gilles Deleuze and Philosophical Expressionism.* Minneapolis: University of Minnesota Press.

Nietzsche, Friedrich Wilhelm. 2000. "Attempt at a Self-Criticism." In *The Birth of Tragedy*. Translated by Douglas Smith. Oxford: Oxford University Press, pp. 3–13.

———. 2000. *The Birth of Tragedy*. Translated by Douglas Smith. Oxford: Oxford University Press.

———. 2014. *On the Genealogy of Morals*. Translated by Michael A. Scarpitti. London: Penguin Random House.

Nizzo, Valentino, Antonio Pizzo, and Giuseppe Pucci (eds.). 2018. *Antico e non antico: scritti multidisciplinari offerti a Giuseppe Pucci.* Milan: Mimesis (Filosofie, 603).

Rancière, Jacques. 2004. *Aesthetics and its Discontents.* Cambridge: Polity Press.

Valentini, Antonio. "Dalla 'domanda totale' alla 'domanda più profonda': il mito di Edipo nella lettura di Maurice Blanchot," in Valentino Nizzo, Antonio Pizzo, and Giuseppe Pucci (eds.), *Antico e non antico: scritti multidisciplinari offerti a Giuseppe Pucci.* Milan: Mimesis (Filosofie, 603), 2018, pp. 575–82.

Žižek, Slavoj. 2014. *Event: A Philosophical Journey through a Concept.* Brooklyn, New York: Melville House.

MUSICAL WORKS CITED:

Beethoven, Ludwig van. 1862–65. Diabelli Variations, op. 120. *In Ludwig van Beethovens Werke*, Serie 17: Variationen für das Pianoforte, No. 165, 37–70, Leipzig: Breitkopf und Härtel.

D'Errico, Lucia. 2018. *Variation VIII* (CD track). In Paulo de Assis et al., *Diabelli Machines[8]*. Ghent: Orpheus Institute Series. Available at https://youtu.be/R8KcBK0CbIg

Dessanay, Sebastiano, and Supergroup, 2010. *Super Flumina Babylonis* (improvisation). Birmingham conservatoire, December 14. Available at https://www.youtube.com/watch?v=Q1bV9fXYqzQ

305

03:11:52:18

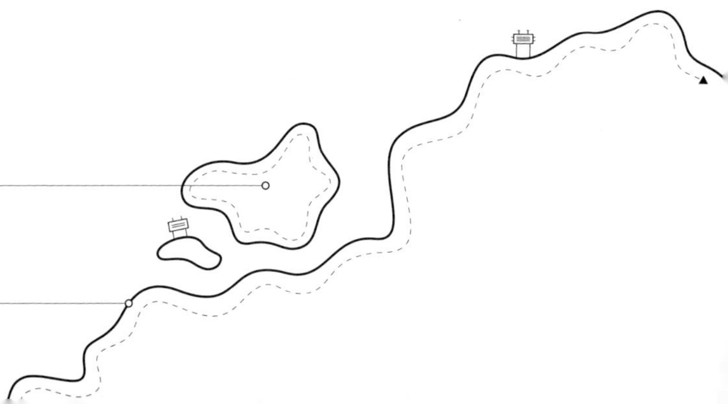

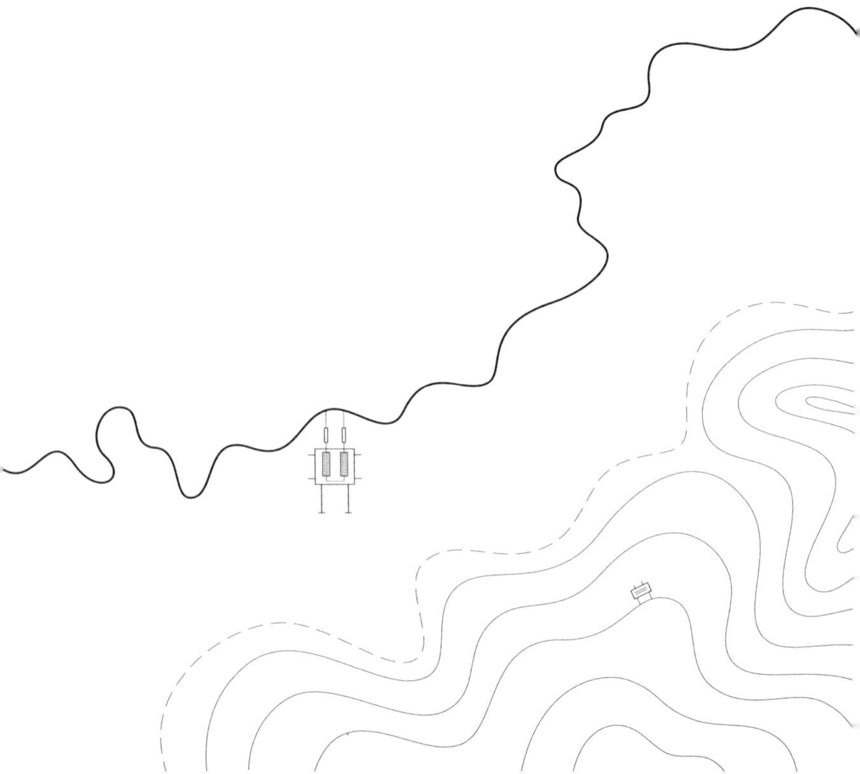

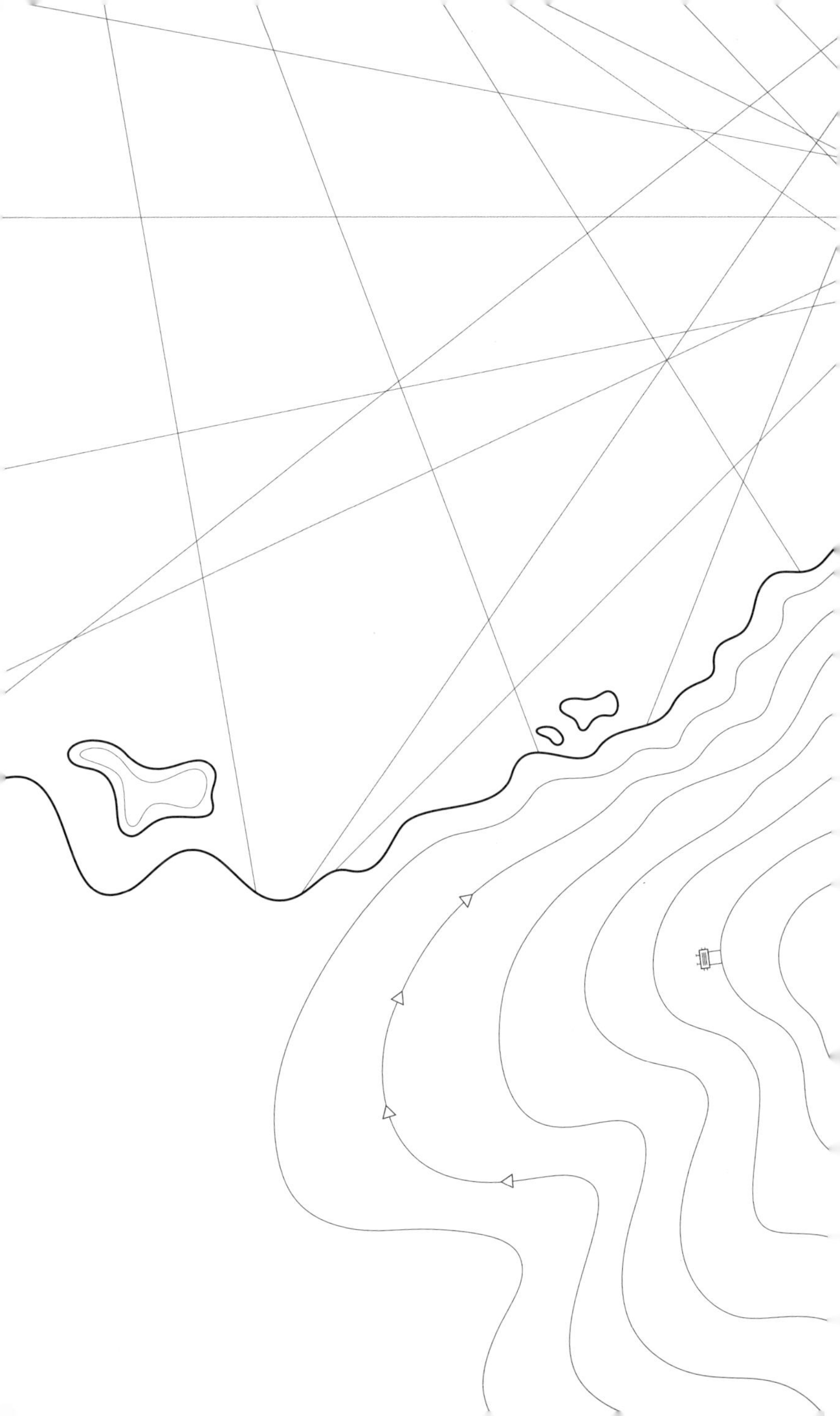

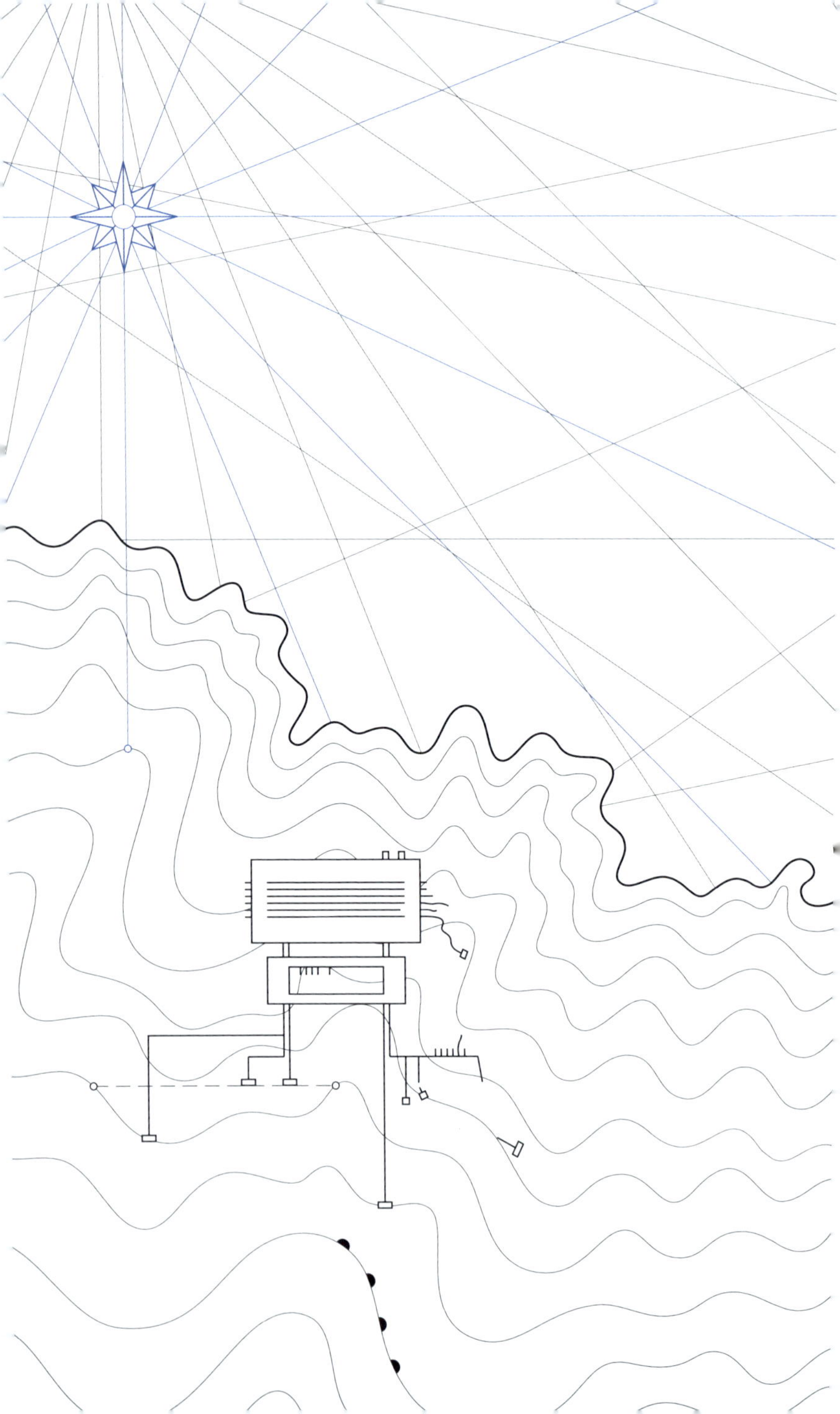

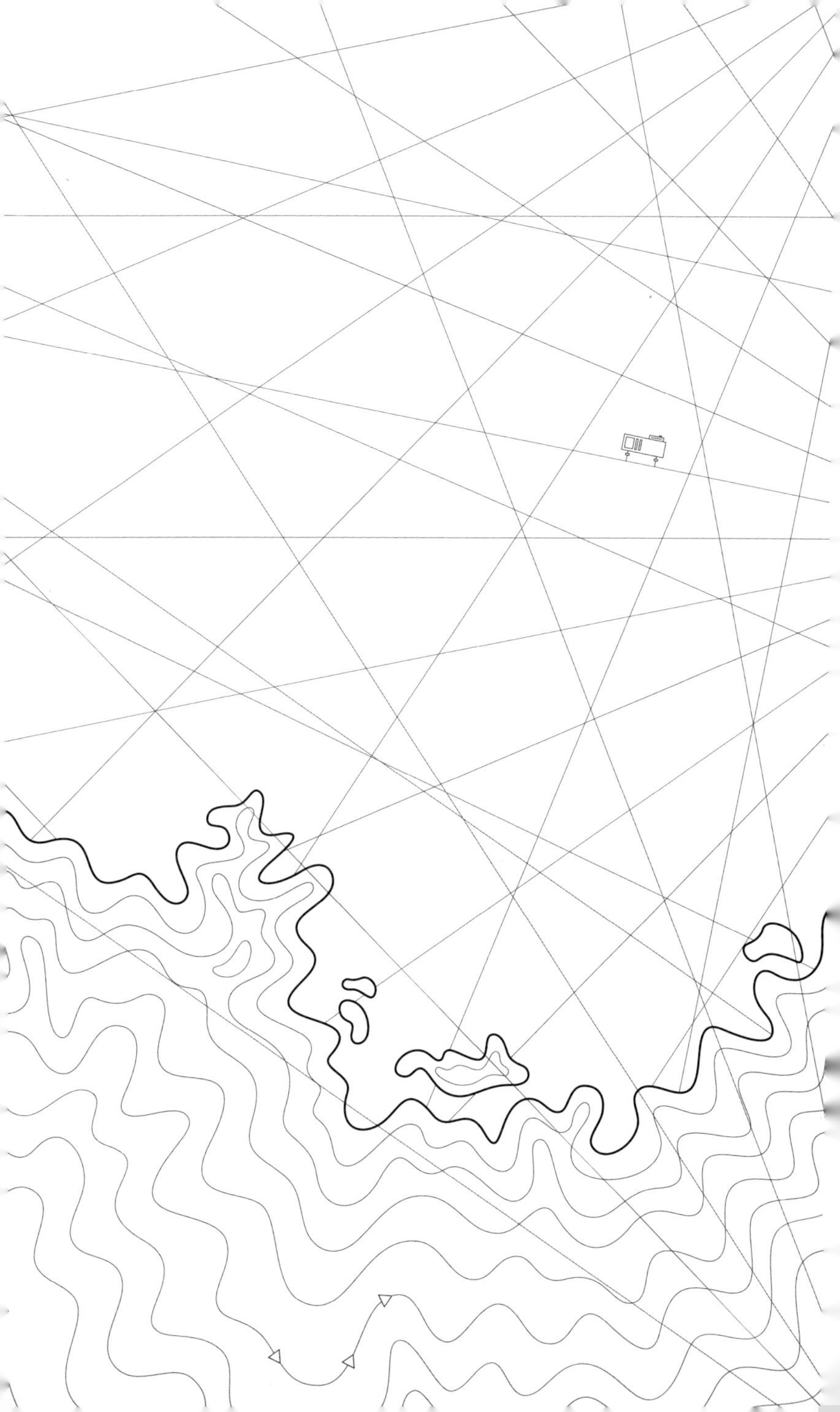

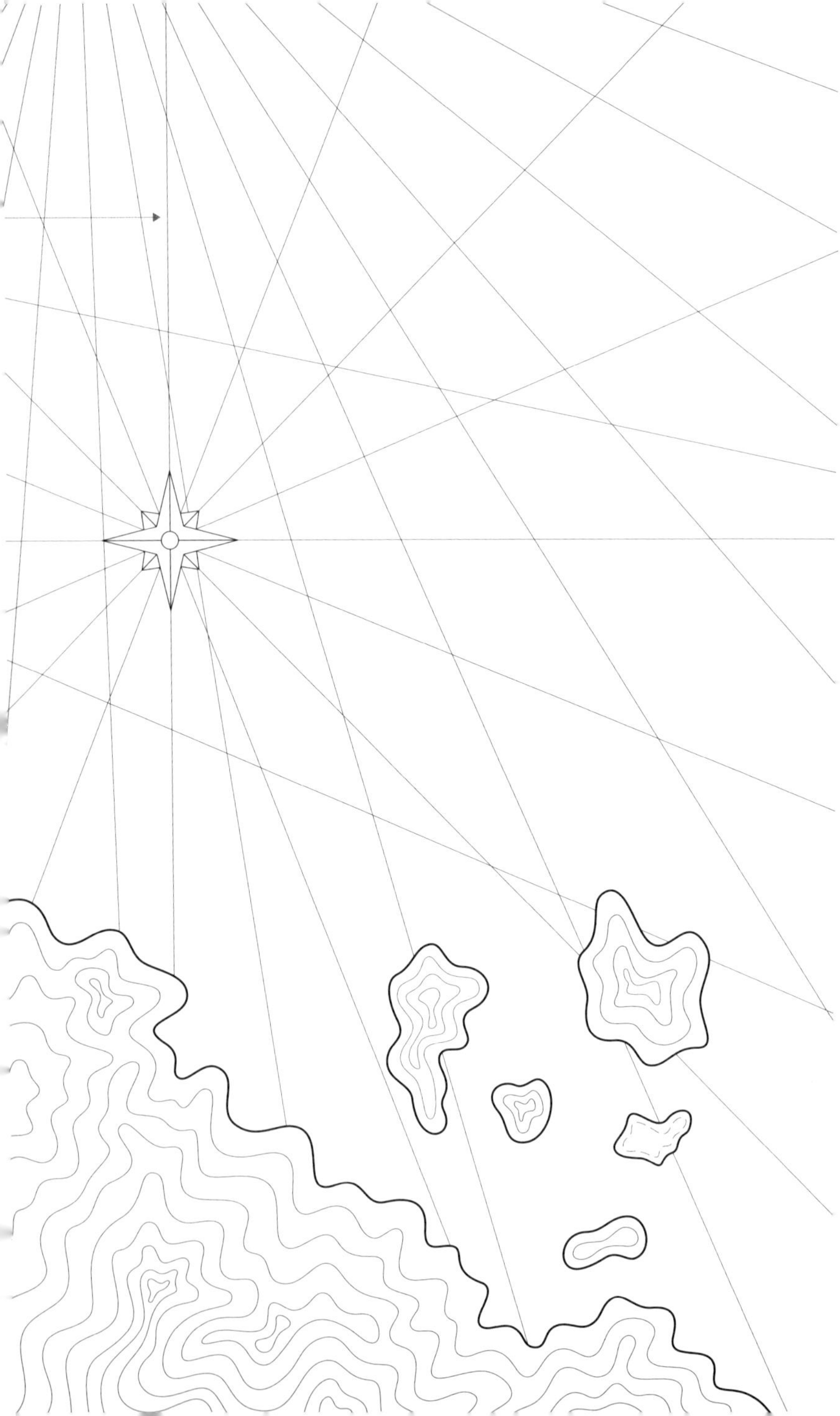

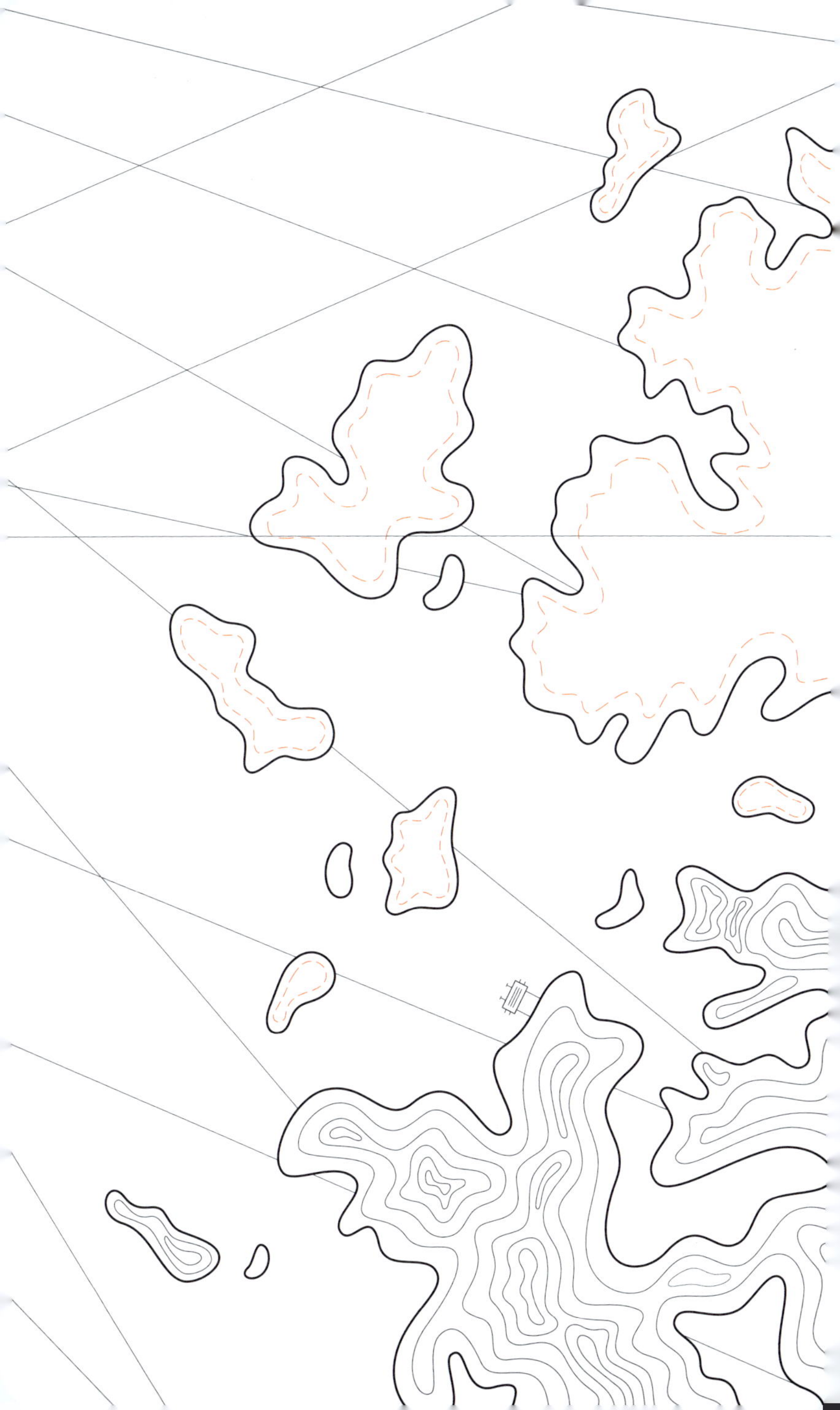

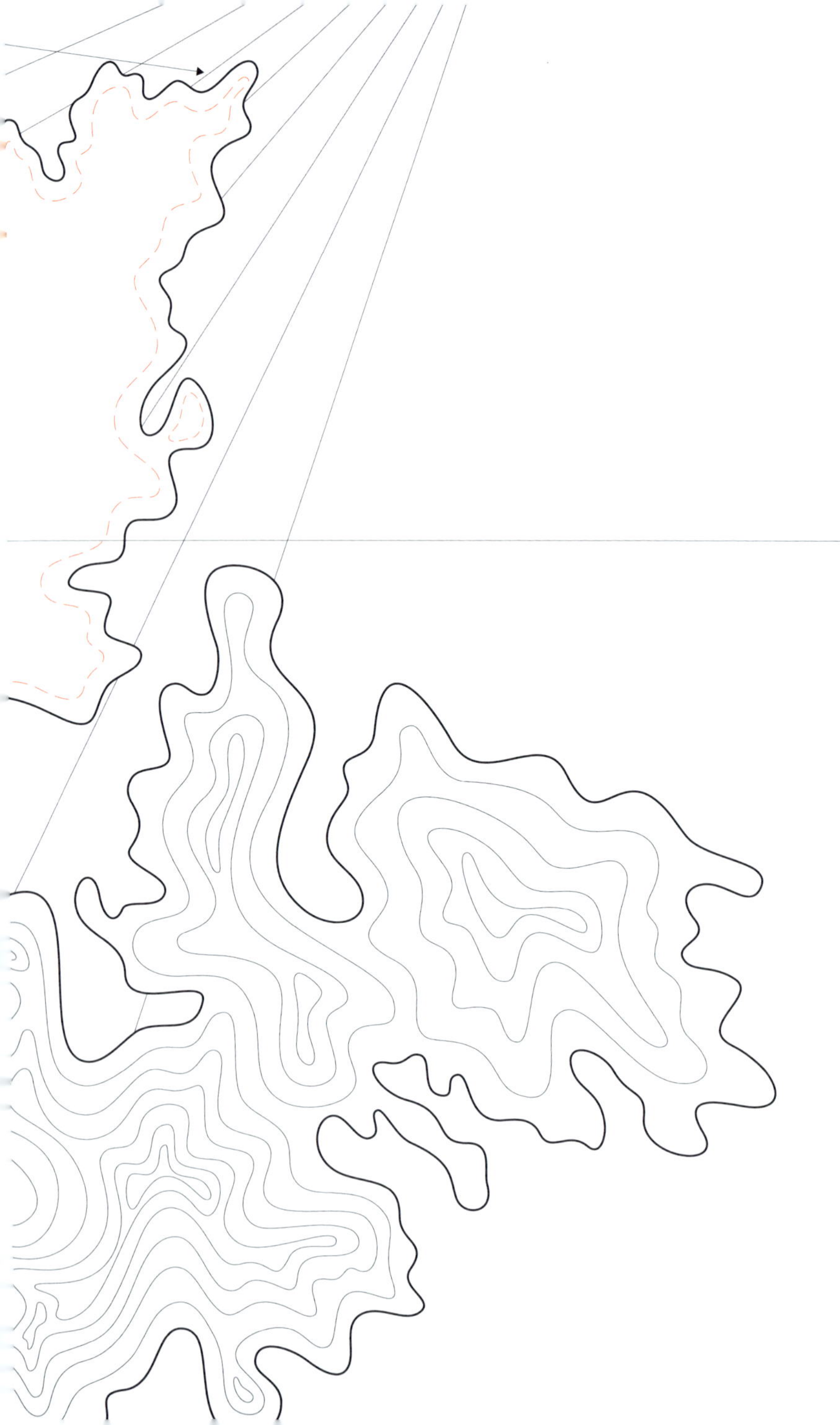

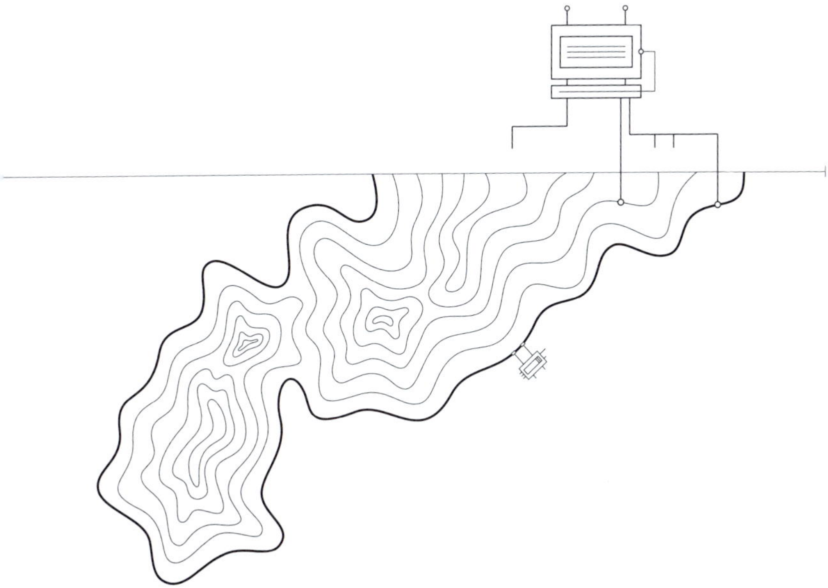

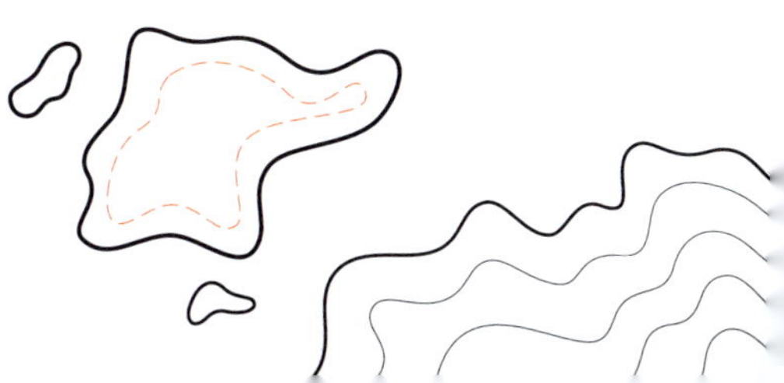

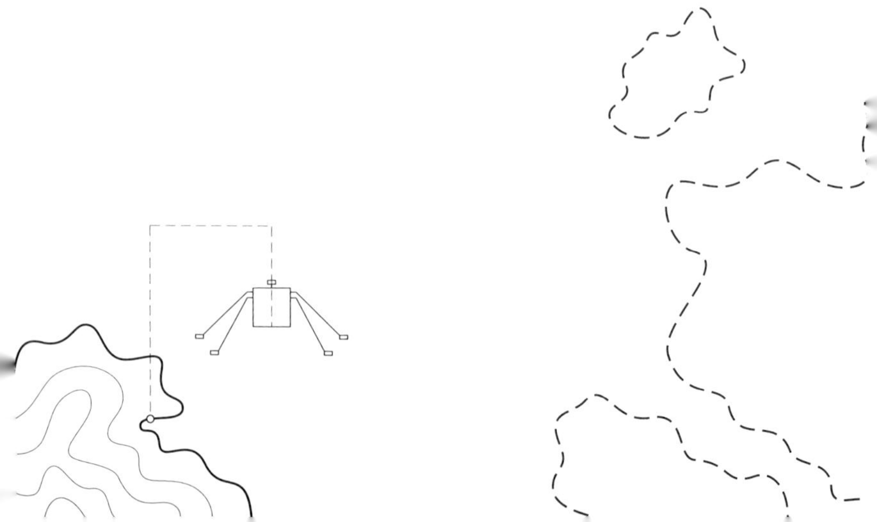

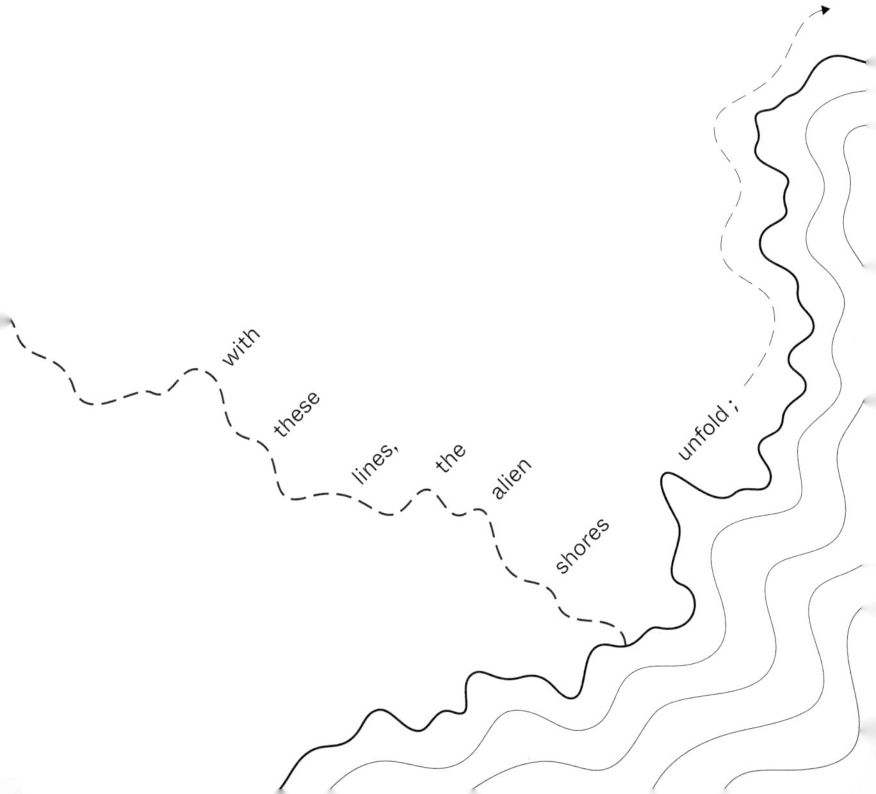
with these lines, the alien shores unfold;

316

03:14:24:05

suddenly unarmed, we stand at the edge of the future

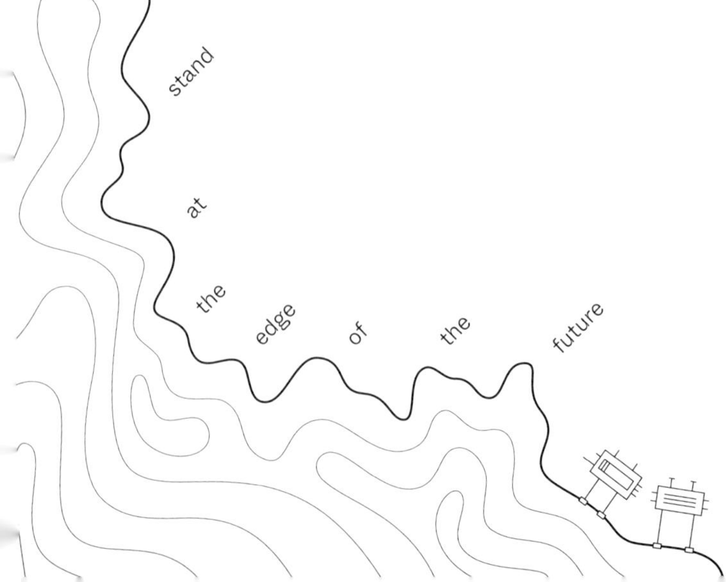

Imprint

Elena Peytchinska
Stage and Film Design, University of Applied Arts
Vienna, Austria

Thomas Ballhausen
Inter-University Organization Science and Arts,
Mozarteum University Salzburg, Austria

With contributions by:
Lucia D'Errico, Sabina Holzer, Elisabeth Schäfer,
Ferdinand Schmatz

Project Management "Edition Angewandte" on behalf of the University of Applied Arts Vienna:
Anja Seipenbusch-Hufschmied / Barbara Wimmer,
A-Vienna

Content and Production Editor on behalf of the Publisher: Katharina Holas, A-Vienna

Translation from German into English: David Ender (all texts by Ballhausen & Schmatz), Stephen Roche (book cover)
Proofreading/Copyediting: David Ender

Layout, cover design, and typography:
Studio Nina Reisinger, D-Berlin

Printing: Holzhausen, the book-printing brand of Gerin Druck GmbH, A-Wolkersdorf
Paper: Munken Lynx 100 gsm and 240 gsm

Typeface: Whyte/Whyte Inktrap, ITC Clearface, gc16

Library of Congress Control Number: 2023935815

Bibliographic information published by the German National Library
The German National Library lists this publication in the Deutsche Nationalbibliografie; detailed bibliographic data are available on the Internet at http://dnb.dnb.de.

ISSN 1866-248X
ISBN 978-3-11-125136-3
e-ISBN (PDF) 978-3-11-125199-8

www.degruyter.com